# 销售力！

## 文案与活动策划撰写完全修炼手册

卢明明◎编著

中国铁道出版社
CHINA RAILWAY PUBLISHING HOUSE

## 内容简介

几乎每个人都知道文案与活动策划的重要性，但很少有人懂得怎样的文案与活动策划才能走心与发挥作用。会写文章≠会写文案，会做写手≠能当文案，华丽夸张≠上等文案，文案写得长≠文案写得好。如何精准抓住用户的痛点、痒点与兴奋点？如何让文案替自己开口说话？如何让文案中的每一句话都成为吸金广告？本书将深度解析这些问题，帮助你全面提高文案写作能力和策划水平，写出令人拍案叫绝的文案与活动策划方案。

无论你现在文笔好坏，水平高低，翻开本书，其实你已经成功了一半。本书特别适合企业策划人员、品牌营销人员、公关与传媒工作者、软文营销人士、企业网络营销推广人员、网店店主、广告及相关专业的学生，以及对文案与活动策划工作感兴趣的广大读者阅读参考。

**图书在版编目（CIP）数据**

销售力！文案与活动策划撰写完全修炼手册 / 卢明明编著. — 北京：中国铁道出版社，2017.5
ISBN 978-7-113-22690-9

Ⅰ. ①销… Ⅱ. ①卢… Ⅲ. ①市场营销学－文书－写作－手册 Ⅳ. ①F713.50-62

中国版本图书馆CIP数据核字（2017）第004716号

**书　　名：**销售力！文案与活动策划撰写完全修炼手册
**作　　者：**卢明明 编著

**策　　划：**巨　凤　　**读者热线电话：**010-63560056
**责任编辑：**苏　茜
**责任印制：**赵星辰　　**封面设计：**MXK DESIGN STUDIO

**出版发行：**中国铁道出版社（北京市西城区右安门西街8号　邮政编码：100054）
**印　　刷：**三河市华业印务有限公司
**版　　次：**2017年5月第1版　2017年5月第1次印刷
**开　　本：**700mm×1000mm　1/16　**印张：**18.75　**字数：**362千
**书　　号：**ISBN 978-7-113-22690-9
**定　　价：**49.00元

# 前言

# PREFACE

会写文章≠会写文案，会做写手≠能当文案，华丽夸张≠上等文案，文案写得长≠文案写得好。

运筹帷幄，决胜千里之外。文案策划在企业中起着极其重要的作用。因为营销策划是对企业外部环境进行准确分析后，有效运用经营资源，对一定时间内的企业营销活动的方针、战略、目标及实施方案做出精心设计和规划，而文案策划则是整个营销策划的基础，因此其重要性可见一斑。

精彩的文案策划是企业的竞争利器，往往能够带领企业拨云见日，收获阳光。策划就像是一个蓝图、架构，但这个架构或者蓝图的铺设非常不简单，铺设得好，企业的后续进展就会有条不紊，方向就不会错。

要想让策划文案发挥如此巨大的作用，必须注意以下几点。

### 1. 写文案，重在创意与思路，要学会精简

首先，出色的文案，不可或缺的是不同凡响的创意与思路，否则再出色的文笔也掩饰不住内在的缺失。其次，文案精简的过程要从舍得删减一些内容，懂得如何精简才有效果开始。绝妙的文案，可以一句顶一万句；绝妙的创意，可以四两拨千斤。

### 2. 策划绝不能靠忽悠，要注重实际，可操作性强

策划要注重实际，不能凭空说大话，一般策划的前期首先要进行调查分析，通过分析结果布局整个策划流程，进行周密的计划。如果方案看似很好，但操作性差，可能会造成人力、物力和财力的浪费，管理出现复杂化，效率变得低下。

### 3. 策划人要会抓问题的要害和逻辑，一眼把握策划主旨

策划文案一定要能抓住问题的要害和逻辑，表达起来要简明扼要，使人能

很快抓住策划书的主旨。另外，策划书的语言不要求辞藻华丽，而是要通俗易懂，有很强的针对性，能让读者迅速领会到策划意图。可以使用逐条列举法和复句改成分句的方法增强句子的简洁和条理性。

本书针对读者对营销策划文案的一些主要困惑而撰写，通过独特的视角向大家展现了如何写好文案的美好构想，里面有实用的写作技巧，内容涉及策划文案的方方面面，有市场战略文案、营销调查文案、定位文案、新产品开发文案、价格文案、营销渠道文案、广告策划文案、广告文案、市场管理文案、营销合同文案、主题活动策划、文化娱乐策划、庆典活动策划、公关活动策划、电子商务策划、会议策划和培训策划等，几乎包含了你所想到、你能用到的各种方面。本书从策划解析、写作技巧、注意事项和案例呈现等四个角度为大家提供了多方面的学习和借鉴。

本书旨在告诉读者撰写策划文案时要做到科学、客观，以市场调查为基础，创造性地灵活运用定位策略、媒介策略、渠道策略等各种策略，在策划文案上做到内容明确，周密清晰有条理，具有很强的可操作性，只有这样才能合理实现营销策划的目标和效果的最大化。

本书特别适合企业策划人员、品牌营销人员、公关与传媒工作者、软文营销人士、企业网络营销推广人员、网店店主、广告及相关专业的学生，以及对文案与活动策划工作感兴趣的广大读者阅读参考。

编　者<br>2017 年 1 月

# 目录

CONTENTS

# 第一章

# 市场战略文案——只看策略性，别谈文案本身

面对风起云涌的激烈市场环境，任何一家想要成功运营的企业都必须做好战略部署。自古以来，商场如战场，也有“不打无准备之仗”的说法。在进入或者继续开拓新的市场之前，一定要做好调查分析，对现今市场环境有一个细致地把握，并准确定位，继而按照规划开展营销活动，如此方能立于不败之地。

## 一、市场开拓文案：市场水很深，做好规划找机会

“工欲善其事，必先利其器”，是说做一件事情，准备工作是非常重要的。古话言之确凿，放在现代的市场经济活动中亦是如此。

企业要想得到长足的发展，需要持续进行市场开发工作，而市场开拓文案的编写是不得不面对的第一个问题。市场开拓文案可以说是一种想得多、想得远、想得周到的企业文书，其起到的作用可谓深远，不仅能够稳定业务团队，鼓励经销商的热情，而且还可以得到公司在政策、资源、人员等诸多方面的支持，将市场开发工作的进度提升不止一个倍数级。

### ● 写作指南

在进行市场开拓之初，企业就要选择目标市场，选择时要考虑目标市场规模、市场竞争状况、产品入市的困难程度以及企业在刚开始时如何运作。

按照规模大小、消费能力的强弱以及竞争程度的强弱，市场通常可以分为三类。

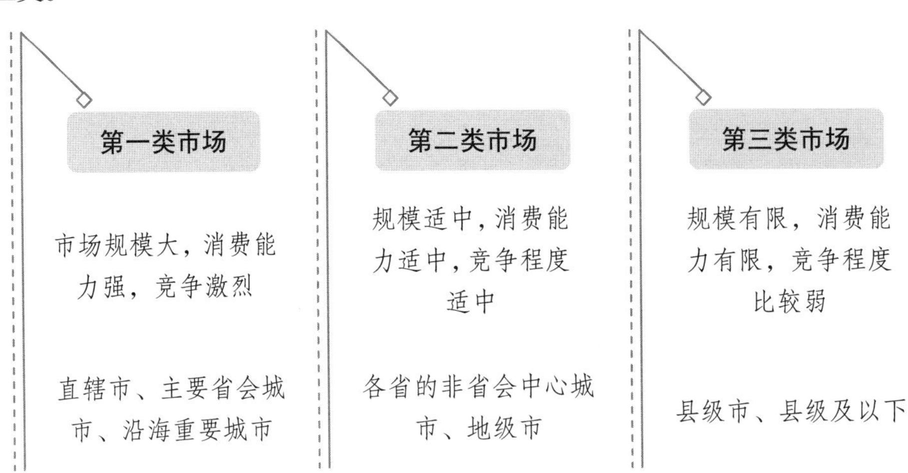


对于不同类别的市场，企业要根据自己的实际情况制定不同的开发策略，提前进行一番市场调查，收集市场信息，继而及时调整市场战略。

下面我们来看一下市场开拓文案的大致框架。

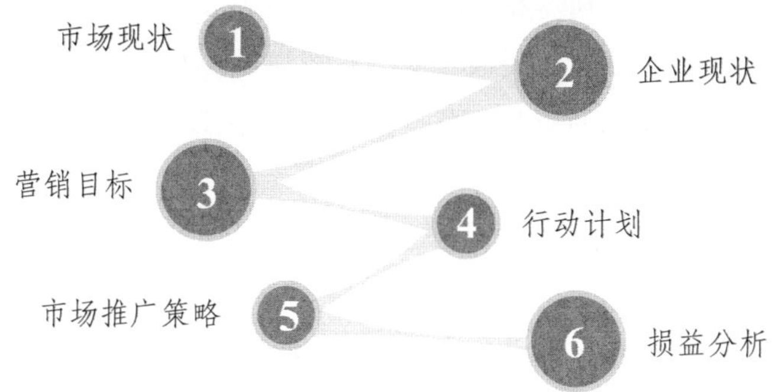


至此，按照上面的框架编写市场开拓文案就很容易了。

一个好的市场开拓文案需要企业去深入市场，结合自身的实际情况去完善其中的内容，同时也需要在制定时多思多想。我相信，只要做到这一点，你的企业就离成功近了一大步。

● 参考范例

## ××微波电子公司国外市场开拓文案

### 一、市场现状

现如今，通信事业的发展十分迅速，通信电子产品的发展也相应得到快速提升。目前，通信行业发展最为迅猛的是美国及西欧，而这正是我们想要开拓的新市场所在。古语有云："凡事预则立，不预则废"，新市场开拓亦如此道。在进入市场之前，我们首先需要了解美国和西欧市场上微波电子产品的现状；其次了解国内的同类产品在以上两大市场的运营情况，"择其善者而从之，其不善者而改之。"

美国和西欧的商业地位非常重要，所以一直以来是各大品牌的竞争所在，我们要找准时机，及时进入市场。德国、法国、美国在近些年来对中国电子产品越来越重视，这对于我们是一个很好的机会，并且目前国内的微波电子产品公司并不多，所以先者为赢。首先，我们需要了解西欧和美国的人文环境、地理位置与经济水平。

其次，我们再对国内的同类公司现状做一下分析。

××：成立于××××年，主要向国内一些××厂商提供××及各主要功能模块，射频模块及其配套产品到整机的全面自主开发，公司以 OEM/ODM 形式向客户提供××、××等产品。到现在为止，该公司尚未准备进军国外市场。

××：成立于××××年，是一家专业经营进口高频微波器件的配套供应商，产品应用于微波直放站，分别为××、××、××、××、××、××等设备。

从上面可以看出，这两家公司的产品结构比较单一，并不完善。

## 二、企业现状

××电子有限公司，成立于 2000 年，主要从事微波直放站的元件现货配套，主要为××、××、××、××等提供配套的元件，同时还经营××、××的各类元器件，具体有××、××、××、××、××、××等，另有南京××电子作为独家代理，库存充足。

目前公司产品品种齐全，能够满足客户的要求。公司员工的业务能力非常强，网络设备健全，且仓储充足，但市场运作思路还不是很完善。

我们现在主要是无法确定目标客户群，第一手的客户资料尚有欠缺，这就需要公司培养一支熟练的业务开拓队伍，健全业务领导班子，重点在发展客户上面做工作，让公司有更长足的发展。

还有一点，就是要提高公司的服务质量，为此，我们要明确顾客在使用公司产品时以及使用之前或之后存在着哪些需求，找出顾客的需求痛点，通过提供互补性产品和完善的服务来满足顾客的需求。

## 三、营销目标

1. 一年以内提升国外市场开拓能力，丰富电子产品外贸经验，夯实进军国外市场的基础。

2. 提升公司在国外市场的知名度。

3. 确立客户群，变准客户为实际客户，额定至少为 5 名。

## 四、行动计划

第一阶段（××年 1～6 月）：完善网站建设，做好网络宣传。

第二阶段（××年 7～12 月）：深入国外市场，进行实地考察。

## 五、市场推广组合策略

### （一）渠道策略

严格管理并维护销售网络，控制价格体系，防止价格过低。

1. 充分调动业务员工的积极性，迅速拓展市场；

2. 通过已有网络获取新客户资料，并发展和保持与客户的良好合作伙伴关系。

### （二）价格体系

适时进行价格调整，使价格合理公平，增加老客户的数量。

### （三）广告策略

1. 增加国外商贸网注册数量，提升公司知名度。

2. 做好口碑宣传，给予老客户一定程度的优惠，老客户会在一定程度上帮助企业宣传。

3. 去国外参展时，要做好准备工作，提前寻找相关准客户资料，参展后登门拜访。另外可以制作一些小型条幅或横幅，放在醒目的位置供参展商观看。

### （四）公关策略

1. 进行国外市场开发，一定要加强与当地行政部门的沟通，定期拜访，处理好与其之间的关系。

2. 做好与各大通信产品公司的协调工作，争取获得一席之地。

3. 争取联系国外的私人通信机构，它们有的涉及航海、航空以及卫星技术，要尽可能与它们做进一步的交往。

### （五）人员推销策略

1. 确定目标，加强对业务员的监督，使其每人牢记“公司商务人员承诺”。

2. 固定时期内联系几家客户，做好详细记录。

3. 严谨对待，整体作战，做到白天工作，晚上探讨、研究。

## 六、损益分析

### （一）费用预算（单位：元，时间：一年）

1. 网站建设费：××

2. 网络宣传费：××

3. 交通费用：××

4. 参展费用：××

5. 培训费用：××

6. 其他费用：××

（二）销售预计（单位：美元，时间：一年）

第一季度：××

第二季度：××

第三季度：××

第四季度：××

## 二、营销战略 SWOT 分析报告：利与不利，贵在改进

一个企业要想运营成功，必须熟悉市场环境，进行合适的市场定位。在前期时，公司就要在调查的基础上明确自身的优势与劣势，从而发挥优势，弥补劣势。公司营销战略规划是一个极其复杂的过程，那么有没有一个使信息清晰化的方法呢？

SWOT 分析法就是一个很好的方法。

何为 SWOT？

从这里不难看出，SWOT 分析法能够用来确定企业自身的竞争优劣势与外部的环境威胁与机会。它是一种系统分析，得出的结论往往具有某种决策性，公司可以根据研究结果制定合适的营销战略。

## 写作指南

SWOT 分析报告往往具有以下几个因素：

### 1．分析环境因素

企业所处的环境大体分为两类：外部环境因素与内部能力因素。机会与威胁即外部环境因素，而优势与劣势则是内部能力因素。

资金充足；企业形象良好；产品质量高；市场份额高；成本降低…

技术力量薄弱；资金少；产品质量差；生产设备旧…

优势

劣势

机会

威胁

政策支持；消费水平提高；新市场开发；竞争对手经营不善…

增加竞争对手；替代产品增多；政策变更；消费者转移偏好；产品危机…

### 2．制定营销战略

营销战略的制定是基于环境因素分析的，这一步的基本思路是发挥优势，克服劣势，利用机会，化解威胁，结合 SO（增长型策略）、WO（扭转型策略）、ST（多项经营策略）、WT（防守型策略）等战略来制定合理的营销策略。

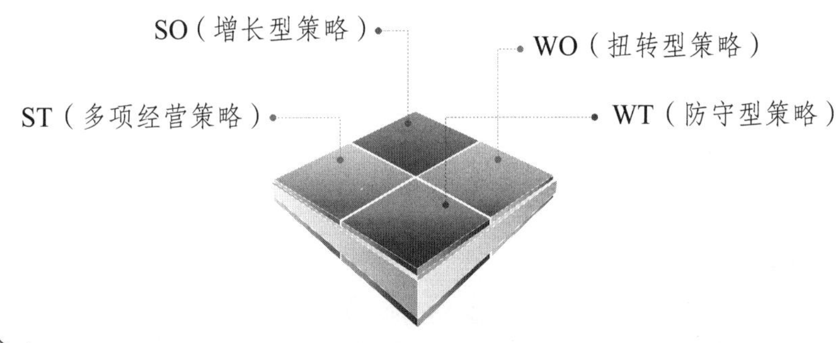

在进行环境因素分析时一定要全面、准确和具体，对自身的优劣势有客观的认识，而且保持分析法的简洁，不要过度分析。

● 参考范例

# 地下超市的 SWOT 分析报告

超市自从 20 世纪 30 年代产生以来，以其极大的便利性和价格优势深得世界各国消费者所喜爱，于是在世界范围内蓬勃发展。然而，城市用地逐渐减少、地价变得越来越贵，超市的经营成本不断攀升，超市之前所具备的价格优势也逐渐不再明显。大城市的商业繁华地带，很多超市为了降低经营成本，开始将店面开在地下。

当今世界，零售业国际化趋势日益加强，跨国零售业集团开始在世界范围内扩张。它们拥有先进的管理经验、雄厚的资金支持、完善的物流配送系统、灵活多变的营销手段，使得零售业竞争日益加剧。地下超市要想在这样的环境中求得生存与发展，必须制定合适的营销策略。

## 一、优势（Strengths）分析

### （一）位于城市中心商业地带，接近庞大顾客群

地下空间与同类地上空间相比更经济，如果城市空间聚集度越高，那么地下空间的开发价值就会越明显。当到达城市中心时，地下空间的开发成本会远远小于地上空间。所以，地下超市往往建在城市中心的商业圈，如此良好的地理位置就为地下超市的发展带来了良机。通常情况下，顾客离地下超市越近，就越可能去地下超市购物。由于城市中心商业圈内的顾客群体非常庞大，因此理论上地下超市会取得丰厚的收入。

### （二）相对地上空间成本少

超市的成本中，地皮租金是其中的大头。由于大城市土地资源紧缺，所以地价昂贵，城市中心繁华商业圈的地租甚至达到每平方米上万元，这样下来，建一个超市就要花费几千万元。投入这么大，费用就转嫁到超市内的商品售价，所以价格不具有优势。

由于地下超市的地皮租金比地上空间低很多，再加上地下空间受到的气候影响比较小，所以维修费用要少得多。而且，地下空间还具有冬暖夏凉的特征，这样大大减少了地下超市在取暖和制冷方面的费用。

## 二、劣势（Weaknesses）分析

### （一）地下位置易引起顾客心理压抑

地下空间是一个封闭的环境，人们进入以后往往会形成一种被隔离的感觉。再加上地下在传说中与坟墓相关，人们的潜意识都会反感，所以人们或多或少会对地下超市有一些心理障碍，一些消费者不愿意到地下超市购物，或者进去以后，心理压抑，会快速出来。

### （二）难以培养忠实顾客

争取新顾客的成本要远远大于维护老顾客的成本，这已是所有企业的共识。所以，每一家企业都在想尽办法维护老顾客，因为这是企业的重要利润来源。地下超市一般地处繁华商业圈地下，相对来说产品价格低廉，人们前来购物大多是路过顺便购买或者追求廉价。所以，虽然人数比较多，但流动性很高，顾客比较随意，导致地下超市很少有稳定顾客群，顾客忠诚度不高。

## 三、机会（Opportunities）分析

### （一）经济发展，收入水平提高

20××年，我国 GDP 达××万亿元，其中零售业总额××万亿元，与 20××年相比，增长××%。除此之外，我国城乡居民收入水平提高不少，20××年，城镇居民人均可支配收入××元，比 20××年增长××%。20××年农村居民人均收入××元，比上年增长××%。

乐观的宏观经济形势为地下超市的发展注入了活力，到 20××年年底，中国限额以上连锁零售门店数达××××××个，增长××%。其中，超级市场×××××个，增长××%；专业店×××××个，增长××%。20××年限额以上连锁零售业零售额为×××××亿元，增长××%，占零售业总额的××%，比 20××年提高了×%。

### （二）消费者逐渐认可

国民经济迅速发展，消费者的收入水平显著提高，消费者的消费行为也随之发生了变化，越来越理性，对购物环境也十分在意。由于地下超市购物环境宽敞，商品类目繁多，商品价格非常具有竞争力，再加上越来越多的地下空间被开发利用，消费者开始适应地下环境。

### （三）顾客在地下超市购物更方便

由于现在城市的生活节奏不断加快，处于繁华商业圈地带的工作人员或居

民没有充足的时间用来购物，而是追求购物的快捷，在这一方面，大型综合超市和仓储式超市虽然能够给消费者提供“一站式服务”，节省消费者的购物时间，但是此类超市对用地要求较高，一般不会建在商业圈中心地带，消费者还要抽出专门的时间来购物。而地下超市地理位置非常有优势，并且里面提供一站式服务，非常适合追求快捷购物的消费者。

## 四、威胁（Threats）分析

### （一）行业内竞争的加剧

我国加入世界贸易组织（WTO）之后，到我国来投资的跨国零售企业逐渐增多，沃尔玛、家乐福、麦德龙、百盛等国际大型零售企业已经在我国形成规模，并在大中城市全面扩张。除此之外，我国零售业的发展也使各超市之间的竞争逐渐加剧，但是我国尚未具有规范的行业机制进行约束，使得超市之间的竞争呈无序状。这两种因素都对地下超市的发展构成了极大的威胁。

### （二）竞争立体化，消费者出现分流

最近几年以来，城市规模的不断扩大，使得城市的商业圈也随之发生变化。消费者不再专门去闹市区购买商品，尤其是在购买日常生活用品的时候，消费者更注重便利性。为此，房地产商专门设计了临近居民区的超市建筑。另外，现在零售业已经进入立体化竞争，零售行业包含多种经营形式，如百货商场、便利店、菜市场等，这些都相应地分流了许多消费者。

## 五、地下超市的营销策略

通过对地下超市进行 SWOT 分析，并结合 SO、WO、ST、WT 战略，笔者提出了以下营销策略。

### （一）调整商品结构，满足顾客需求（SO 战略）

通常情况下，超市都会对商品进行分类标记，以方便消费者寻找。这就是超市的商品结构，其好坏对超市经营目标与经济效益具有重大影响。为此，超市应该深入分析自己的目标消费群，掌握其消费行为特点，从而合理选择经营品种。

鉴于大众化的日常用品已经不再吸引消费者，地下超市应该增加个性化产品的售卖，商品应该做到价高质优，然后通过对购物环境和服务设施的完善，促使消费者前来购买，从而获取高额利润；由于新鲜肉、菜容易腐坏，消费者

大都是就近购买，而且居民区附近大型超市数量也逐渐增多，所以地下超市应该相应减少新鲜肉、菜的比重。

由于地下超市位于商业繁华地带，附近办公人员众多，因此，地下超市应增加休闲食品、办公用品的比重。将商品结构调整好，让消费者能够找到自己中意的商品，这样消费者对地下超市的忠诚自然会建立起来。

**（二）提供优质服务，获取顾客忠诚（WO 战略）**

现在，大部分连锁超市在价格优势、品种齐全和选择自主性方面大同小异，这些因素已经不再是决定超市经营成败的关键。

地下超市虽然具有成本优势，但是要想在竞争中立于不败之地，绝不能单纯靠价格战，而是应该提供优质的售中服务和附加服务，尤其应该在服务中注入情感，在信息与感情方面建立与顾客的交流，慢慢培养消费者对地下超市的忠诚度。

地下超市的主要目标顾客群由于流动性比较强，购买商品比较随意，故而顾客忠诚度比较难以建立。因此，地下超市除了要提供高质量商品及实施会员制以外，还应该提供更丰富的商品资料，以此来加深商品在顾客脑海中的印象，顾客选择商品的余地增多了，其反复权衡商品各种利弊的心理需求也会得到满足。

地下超市只要能够持续性地提供“人性化”服务，不仅能够满足消费者的购买欲望，同时还能获得人性化的关怀，如此一来就不难建立顾客的忠诚度。

**（三）摸透顾客心理，进行促销活动（WT 战略）**

促销的实质是进行信息沟通，刺激消费者的购买欲望，促使消费者做出购买行为。这是超市的一项重要工作，尤其是地下超市。现在消费者的选择日益增多，地下超市因其特殊的地理位置，在市场竞争中往往不占优势，于是做促销活动来吸引消费者的眼球就很有必要。促销活动往往能够突出地下超市的特色，从而提高其经济效益。

促销计划出炉前，地下超市要先对消费者市场和消费心理有一个准确地把握，对促销计划的内容、方式以及消费者对促销活动的反应都应该熟记于心。

掌握了消费者心理后，设计出能够增加消费者购买理由的引导型促销活动，从而激发潜在的消费动机，最终转化为实际购买力。特别需要注意的是，地下超市的促销活动必须具有充足的、合理的理由，否则顾客会认为这是超市在低价甩卖，产品销售不畅，从而降低对超市的信任。

## 三、营销环境分析报告：宏观与微观，两种环境都有机遇

“适者生存，优胜劣汰”是达尔文经过多年苦心钻研取得的重大成果，意思是“不能适应竞争进化的物种会遭到淘汰”。这一理论同样适用于商业领域。在经济厮杀中，企业要想求得生存，必须适应所在环境，找到适合生存的技巧。

营销环境就是企业在市场中的生存空间，里面存在着巨大的机会与威胁。这些都是企业不能控制的因素，时时刻刻影响着企业营销活动以及目标的实现与否。

### ● 写作指南

营销环境可以分为宏观环境与微观环境。

1. 人口环境
2. 经济环境
3. 自然环境
4. 政治法律环境
5. 科学技术环境
6. 社会文化环境

1. 供应商
2. 中间商
3. 消费者
4. 竞争者
5. 企业内部

在进行营销环境分析报告的写作时，要结合对市场的调查研究，准确分析市场环境，做到全面、具体，然后进行 SWOT 分析，最后针对环境提出企业的

发展战略。大致流程如下。

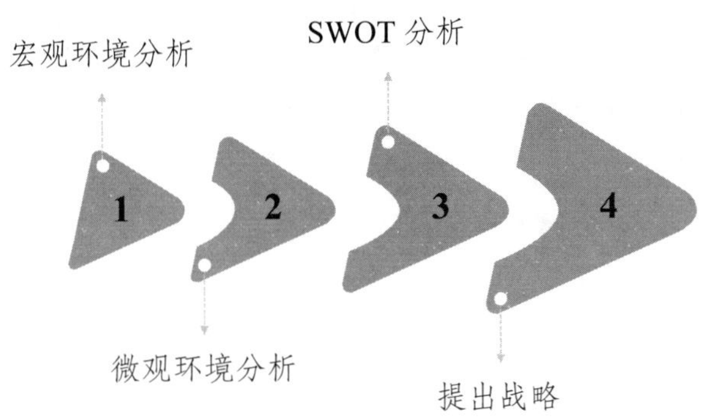

**特别提示**

营销环境是具备可影响性的，企业应积极主动地适应营销环境，运用自己的经营资源影响和改变营销环境，创造更有利于企业发展的活动空间。

**● 参考范例**

## 白酒行业的营销环境分析报告

### 一、宏观环境分析

#### （一）政策及法律法规因素

由于制造白酒消耗的水和粮食非常多，而且污染严重，因此被国家列为限制发展行业，并相继出台了一系列法律法规对白酒行业进行严格把控。

首先，一系列税收政策对白酒行业影响深远。××××年白酒消费税一改以前的差别税率，而是改为××%的统一税率，其目的之一就是要扶持优质白酒企业，去除劣质产能，刺激白酒企业发展高端战略。因此，这对于大型白酒企业和知名白酒品牌的发展十分有利。

其次，禁酒令的颁发对中端酒类市场带来不小的打击，因为大多数消费者饮用中端白酒，故而对高端白酒市场影响不大。

最后，白酒行业仍然存在着严重的保护主义，在一定程度上不利于白酒行业开展良性竞争。

### （二）经济因素

经济因素对白酒行业有着十分重要的影响。由于商务活动和政务活动的费用大幅度降低以及出口锐减，高端白酒的需求量有所下滑，这导致各大白酒企业均小幅度降低了价格。

在最近几年中，我国经济增长很快，居民消费水平大幅度提高，白酒行业又开始回温，由此可见，高端白酒市场的大幅提价只是时间问题。

### （三）社会因素

我国人口基数大，由于生活水平的提高，人均寿命变得越来越长，有着庞大的消费人群。同时，由于居民生活水平的提高，居民收入和消费能力不同于以往，故而白酒行业的市场空间非常大。

然而，人们的消费观念开始慢慢地发生转变，健康意识有所提升，白酒行业内增加了外来洋酒或饮料等竞争品。于是，许多高端白酒公司逐渐将酒定义为收藏品来营销。

### （四）技术因素

科学技术不断进步，白酒酿造工艺也突破了传统的固态发酵技术，现在已经出现液态法白酒酿造技术、人工老窖技术、气相色谱分析技术和白酒勾兑技术。如此多的现代白酒酿造技术为白酒行业带来了更大的发展空间，同时也使得白酒行业的进入门槛降低，竞争变得十分激烈。

## 二、白酒行业微观环境分析

### （一）竞争对手分析

白酒行业高端市场的主要市场份额主要是由××、××、××、××、××等少数几个公司占有，而××与××两家就占据了高端市场××%的市场份额。因此，在高端市场××的最大竞争对手是××公司。

### （二）新进入企业的威胁

白酒行业的竞争者众多，因为该行业规模经济程度比较低而利润率却比较高。但新进入的企业在该行业存在着相当多的门槛。

首先，高端白酒市场需要投入大量的资金进行品牌宣传，建立分销渠道，所以资金壁垒较高。

其次，高端白酒市场较中低端白酒市场需要更为复杂的酿酒工艺。

最后，高端白酒市场需要站稳口碑及文化定位这两项阵地，毕竟我国的白酒文化源远流长，而这对于新进入市场的企业来说困难重重。××的品牌地位较高，文化因素深入人心，获得过无数文人墨客的赞誉。

总的来说，新兴的高端白酒企业相对较少，对于××企业威胁不大。

### （三）替代产品的威胁

高端白酒的替代产品大多数是高档洋酒，比如威士忌、白兰地。但白酒代表我国传统文化，中国人偏好白酒的仍然居多，在这点上进口酒类不占优势。

### （四）供应商

白酒行业的供应商主要是粮食供应商和包装材料供应商。由于粮价不断攀升，白酒的平均价格势必会增加。而高端白酒由于利润空间较大，能够很好地转嫁成本压力，使得平均上涨成本少之又少，对于消费者而言不会产生什么不良影响。

## 三、SWOT 分析

### （一）优势

××是酱香型白酒的代表，素有“××”的美誉。它的出产环境非常独特，原料也是非常稀少。生产出来的××具有透明清润、醇香柔绵、甘爽清冽的特点，适量饮用后人会觉得愉快舒畅，暖意袭身，能够起到舒筋活血的功效。

### （二）劣势

首先，白酒需要在地窖中存放五年后才能出厂销售，无法快速提升产能，规模产量不高。

其次，管理层的经营理念比较落后。

### （三）机会

经济形势持续向好，国民收入水平不断提高，居民生活不断改善，可支配收入持续增长，这些都将有助于提升优质白酒企业的竞争力。随着国家对产业政策进行调整，白酒市场势必会得到进一步规范，优质白酒企业会受到进一步的政策保护，整个行业的发展形势将会变得越来越好。

### （四）威胁

首先，市场上的假冒伪劣商品屡禁不止，随着葡萄酒、白兰地等洋酒进入国内市场，消费者的消费观念发生一定变化，白酒的市场份额有一定程度的下降。

其次，××等产品在白酒市场上的份额逐渐增加，其高档酒在消费者心目中的欢迎度越来越高，消费的口味发生转移，对××的消费有替代可能性。

最后，人们更加关注健康，主动减少饮酒量，在一定程度上减少了需求。

## 四、经营战略分析

### （一）定位战略

××运用其独特的历史文化以及地理位置优势将其品牌定位为××、绿色××、世界上最好的××，丰富了该品牌的形象定位与价值定位。

### （二）营销战略

实行会员制，增加顾客黏性，提升满意度与忠诚度。××成立的“××俱乐部”为会员提供最优惠的价格，并且会员还可以享受消费积分，并享受免费进行真伪××酒的辨别咨询服务，而会员的义务就是把该产品宣传给身边的亲朋好友。

针对不同产品，采用不同的营销策略。针对不同的消费者，企业对不同的产品进行了不同的形象设计，这有利于将产品进行差异化区分，为公司起到了非常显著的推广作用。

### （三）销售战略

1. 增加品种。以往，××只依靠 53 度酒在白酒市场上打拼，之后相继推出××度、××度、××度几种规格的××，以满足消费者对低度酒的需求。

2. 增加规格。之前，××仅有 500ml 一种规格，之后相继推出了 100ml、50ml 各种不同规格的白酒，让消费者的选择更加多元化。

3. 年份定档次。推出“年份酒”，15 年××、30 年××、50 年××、80 年××等拉开了产品的价格档次。

4. 开通电子商务业务。××集团在××年开通 B2C 电子商务业务，而且成立电子商务公司，将传统营销模式向电商模式转化，打通线上线下系统，导致供不应求，秒杀是常事。

### （四）品牌战略

1. 品牌维护。净化白酒市场环境，通过与技术监督部门合作，采用最新防伪技术、渠道透明化等措施对假酒进行打击，维护自己的品牌。

2. 品牌培植。除了推出年份酒，增加低档酒以外，还建立专卖店营销网络，建立营销的第二渠道。

## 四、消费者分析报告：买得起吗？愿意买吗？经常买吗

企业的效益取决于消费者购买的多与少，只有消费者更多地购买产品，企业才能源源不断地获得利润。所以，消费者分析尤为关键。只有摸清消费者的需求，企业才能适销对路，为市场准确地提供产品。

### ● 写作指南

在进行消费者分析时，我们首先需要知道消费者在购买过程中都会经历哪几个阶段。这几个阶段中都隐藏着向下一阶段进发的推动因素。

消费者

以上几个阶段可以用三种消费者心理状态来概括：

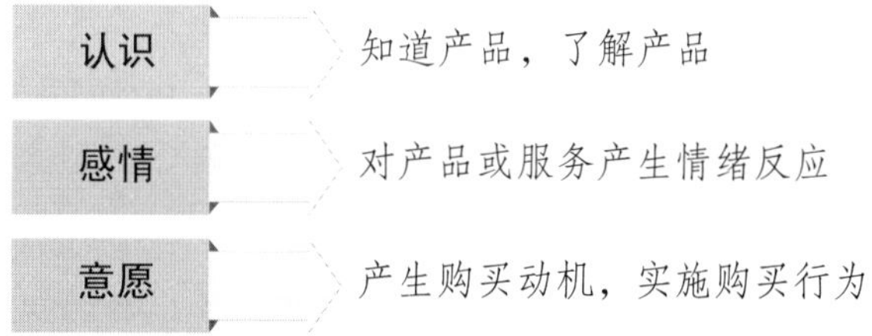


除了分析消费者的购买决策过程，还需要分析影响消费者购买行为的几种因素，主要有自然因素、社会因素、个人因素和产品因素等。

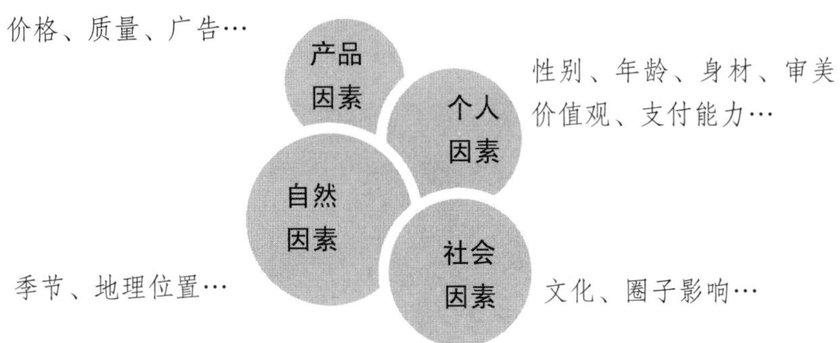

企业要对潜在消费者的特征做一些分析，充分挖掘潜在消费者。潜在消费者特征一般包括：年龄、职业、收入、教育程度等。

● 参考范例

## ×××品牌消费者分析报告

本文致力于分析×××品牌的消费者行为，包括对其决策过程的分析与影响因素的分析，从而制定适销对路的营销策略。

### 一、消费者决策过程分析

大多数女性非常喜爱逛街，逛街购物是她们的一大兴趣爱好。在实施购买行为时，她们有时候会再三考虑，货比三家，将所有商场或商店逛完之后再决定购买；但有时又会非常迅速地将中意的商品买下，其行为具有冲动性。决策过程一般为五个阶段。

#### （一）注意产品

当消费者看到商场里面好看的衣服时，很多人会不禁停下脚步细细品看，甚至产生掏钱包购买下来的冲动。在这种情况下，消费者一般会对需要与欲望斟酌再三，然后决定是否购买。这是消费者对×××产生认知与注意的阶段。在这个阶段，我们应该加强对消费者的刺激，让消费者产生购买动机，其中最常见的方法是做广告或促销活动，以此来吸引消费者的注意力。

### （二）信息收集，以便了解产品

如果消费者意识到自己具有购买×××的需求，并且必须采取行动来解决这一问题时，她们就会开始收集有关×××的信息。消费者在收集信息时，往往会求助于某些信息源，其中有记忆来源、个人来源、大众来源、商业来源和经验来源。比如，消费者到各个专卖店对价格、产品质量进行对比。企业可以充分利用这些信息源，使×××能够在消费者进行信息收集时被注意到，使该产品一直存在于消费者的记忆中。

### （三）评估产品信息

对产品信息的收集进行到一定阶段后，消费者会对各种信息进行对比评价，其标准因人、产品等情况会产生较大的差别。×××的消费者在对信息进行评估时一般采用补偿性选择规则，对产品的优缺点做细致的思考。企业要强化自己的产品优点，从而增加受到消费者青睐的可能性。

### （四）实施购买行为

消费者做出购买行为常常要受到他人的态度、店铺形象与位置的影响。由于×××的消费群体以年轻女性为主，当她们来到×××专卖店时，可能会在注意某件漂亮衣服后试穿一下，大部分人特别在意别人的评价，因此很多人的购买具有冲动性，只要能够支付，就会购买。据此，我们应该雇用一些善于与人沟通的导购员，有效引导消费者进行购买。

×××店铺的颜色以粉色为主，能够带给人以温馨的感觉，与年轻女性的审美观十分一致。店铺内部的布置非常科学，×××将招牌款式一般排放在最佳位置，而且店面玻璃是透明的落地玻璃，穿着主打款式的模特十分亮眼，会吸引消费者前来购买。

### （五）对购买的产品做出反应

消费者购买产品以后，大部分情况下会获得满足，这使得消费者以后还会去这家店购买产品，并向其他人推荐。如果对产品不满意，做出的反应多种多样，有的要求退换货，而有的则会到处向人诉说，这对产品品牌的影响巨大，如果处理得不好，会影响产品品牌的名誉。所以×××规定，消费者如发现质量问题，在三日内可免费退货，这样能够有效减少与消费者的冲突，有利于提高消费者的品牌忠诚度。

## 二、影响消费者行为的因素分析

### （一）购买动机

消费者的购买动机是多种多样的，有的是追求产品的实用价值，有的是追求新潮，有的看重产品品牌，而有的则追求物美价廉。×××产品的消费者大多数追求时尚、新潮，所以×××要坚持品质上等、靓丽时尚的产品形象，以其别具一格的设计风格吸引年轻女性。

### （二）消费者态度

消费者对产品或服务的态度具有持续性，在需要做出购买决策时，消费者往往会受到态度的影响。我们可以转变消费者对×××的态度，提升消费者对产品的喜爱程度，只是这需要企业将产品的正面信息长期灌输给消费者。

### （三）品牌效应

×××品牌已建立十多年，广大年轻女性消费者已经对它有了深刻的记忆。我们应该继续加强优质服务，提高产品质量，延长消费者对×××的记忆。

### （四）环境因素

1. **季节因素**：服装销售的情况会根据季节的不同而出现变动。夏季炎热，广大女性消费者不愿意待在家里，喜欢逛街，购买机会比较多。冬季寒冷，人们通常会选择窝在家里取暖，销售情况会差一些，但我们可以利用一些重大的节日来引导消费者购买。

2. **年龄因素**：×××品牌服装的目标消费者年龄大多是16～28岁的年轻女性，尤其以19～22岁年龄段的人居多。据此，我们应该开发适应不同年龄段年轻女性的服装品种，对产品市场进一步细分，以此来增加市场份额。

3. **价格因素**：根据年龄段来看，×××的消费群有很大一部分是学生，经济独立性较差，虽对品牌有一定认知，但大多数没有购买能力，不过，这群人对服装在流行度和新颖性上要求很高，更换服装比较频繁。

还有一部分是刚步入社会工作的人，虽然追求时尚，购买欲望比较高，也具有一定的经济基础，但其经济实力也不是很好，所以如果价格过高，她们也不会选择购买。据此，我们应该降低成本，给予消费者更优惠的价格。

## 三、营销战略

### （一）广告策略

采用差异化策略，铺排大量具有特色的广告，打响×××品牌服装的知名度。

一系列广告都具有一个独特的广告主题，争取将其打造为一种理念深入消费者内心。本品牌广告主题为“青春可爱，优雅淑女×××”，树立年轻靓丽淑女的理念，增强品牌形象。

### （二）宣传渠道策略

传统宣传渠道多种多样，包括广播、电视、报纸、杂志等，随着信息化时代的发展，网络广告的影响也日益得到人们的重视。由于现在是移动互联网时代，人们大都使用手机浏览网络信息，网络的影响力水涨船高，因此潜在消费者数量颇为可观。

网络广告与传统媒体广告相比，成本小得多。公司不仅可以在官方网站上及时更新服装界的动态及新款服装信息，使消费者及时获得产品信息，而且还可以在微博、豆瓣等新媒体上组织线下活动，吸引已有消费者和潜在消费者参与本活动，潜移默化地扩大产品知名度，提升产品形象。

### （三）新产品策略

服装尤其是时装早晚会过时，当服装失去以前的魅力时，消费者购买的数量便会急剧减少，因此，推陈出新是时装的规律。这就要求我们在平时多关注国际与国内的时装动态，了解主要竞争对手在近期或未来一段时间内的市场动向，争取做到不落于人后，推出更多符合消费者心理的产品。不仅如此，在包装上也要追求新意，不能再像过去一样俗套，而是赋予产品包装时尚、优雅的风格，突出×××的独特品位。

### （四）价格策略

由于价格过高会导致潜在消费者退却、已有消费者数量减少等后果，所以我们应该推出适合的价位，赋予产品“品位高，价格低”的理念，并配合媒体进行广泛式宣传。当节假日或效益不好时，公司可以适当减价，做一些促销活动来吸引消费者。

### （五）售后服务策略

开通×××微博账号与微信公众账号，结合电话热线，增加售后服务人员，接受消费者提出的意见和建议，不推卸责任，然后将消费者提出的问题整理出来，分析总结，并对产品或服务进行改善，力求消费者的满意度更上一个台阶，这也是营销策略获得成功的一大关键。

## 五、竞争对手研究报告：对手，让你更了解自己

企业在市场环境下并不是孤立的，而是存在着众多的竞争对手。竞争对手对于企业来说既是阻碍，也是发展的动力，只有了解竞争对手，并相应地找出对策，才能立于不败之地。

竞争对手是指那些在市场上提供相同或相似产品、服务，并且在市场资源与市场份额上存在竞争的企业。进行信息收集是竞争对手分析的基础。方法有以下几种：

**文献收集法**

在图书馆、档案馆、书籍、杂志、报纸或第三方调查机构的报告中收集竞争对手的信息。

**互联网收集法**

通过恰当使用搜索引擎和网络数据库，运用正确的收集方法，在海量信息中寻找有价值的信息。

**实地调查法**

通过实际走访公司、现场调查、面谈、电话交流、试用公司产品、问卷调查等方法获得第一手资料，但这种资料并不容易通过媒体渠道获得。

此外还有咨询专家、利用人际关系调查等方法。

### ● 写作指南

在收集完竞争对手的信息之后，通过整理，企业要清晰、条理化地罗列出竞争对手的市场情况。重点一般为以下几点：

创新能力
财务状况
产能利用率
市场占有率
信用等级
目标市场
产品档次

通过与竞争对手的对比，企业要得出结论，找出自己的不足，然后提出相应的对策。

特别提示

一定要时刻牢记竞争对手分析的目的，即找出企业与竞争对手相比的优势与劣势，并为此提供战略制定的依据。所以，必须挑选竞争对手的信息，避免盲目，降低效率。

● 参考范例

## 关于×××手机的市场竞争对手调查报告

随着移动互联网时代的到来，中国手机通信市场得以快速发展，同国外的手机制造商之间展开了更为激烈的竞争。通过收集市场信息，了解手机市场的现状和竞争状况，并对这一地区的主要手机消费群体展开了调研，笔者提出一点建议，希望能对我公司的手机市场营销提供有益借鉴。

### 一、调查对象

通过调查，市场内的主要竞争对手有以下几类，具体情况见下表。

| 指标<br>公司 | 市场占有率 | 信用等级 | 产品档次 | 目标市场 |
|---|---|---|---|---|
| XX 手机 | 24% | A，声誉良好 | 中高档，目标群体为中、高消费群体 | 东南及京津冀、苏沪杭地带 |
| YY 手机 | 17% | A，声誉良好 | 高档，目标群体为高消费群体 | 东南沿海 |
| ZZ 手机 | 10% | A，声誉良好 | 中低档，目标群体为中、低消费群体 | 华北地区 |

### 二、企业存在问题分析

1. 产品档次：公司产品的目标消费者主要为高消费群体，虽然符合公司的长远发展利益，但目前进入市场比较困难。

2. 目标市场：公司目标市场范围太广，没有足够的资金支持，后期可能会有资金链断裂的风险。

### 三、应对策略

根据分析，我公司应该运用如下策略：

1. 市场细分，细化目标群体，在产品档次上做出更适合目标群体的产品，为下一步开发市场做好准备。

2. 选定小范围的目标市场。一个刚起步的公司，资金不多，应该先选定一个小范围的目标市场，做足做强，然后再开发更大的市场。

3. 提高信用等级。公司要按照市场规律运营，适应市场环境，提高信用等级，提高企业的美誉度。

## 六、产品分析报告：产品有力，谁都不是问题

移动互联网时代，APP 等网络产品风靡全国各地，受到各类人群的喜爱。互联网+的新业态大行其道，使得经济活动的形态也发生重大变化。市场上涌现出越来越多的互联网公司，相应地，它们竞争激烈，竞相推出各种新产品来争抢用户。

为了更好地打动用户，增加产品的使用率和市场占有率，产品分析变得十分有必要。

### ● 写作指南

产品分析报告的写作情况见下表：

| 步骤 | 主题 | 解释 |
| --- | --- | --- |
| 一 | 产品概况 | 进行产品的一般情况介绍 |
| 二（战略层） | 产品定位<br>目标客户群 | 用一句话简单介绍一下产品定位，确定产品满足用户的需求，然后确定目标用户群 |
| 三（范围层） | 产品功能 | 通过画出功能结构图，区分产品的核心功能和辅助功能 |
| 四（结构层） | 产品信息架构<br>产品交互 | 画出产品信息架构图和产品交互流程图 |

续表

| 步骤 | 主题 | 解释 |
| --- | --- | --- |
| 五（框架层） | 界面设计 | 介绍控件和按钮等布局 |
| | 导航设计 | |
| | 信息设计 | 信息分类如何能够有效呈现 |
| 六（表现层） | 展现视觉设计 | 颜色、按钮风格等设计风格 |
| 七 | 市场表现 | 简要说明一下该款产品在市场上的占有率、下载率等情况 |
| 八 | 运营策略 | 提出一些产品运营的策略，以便于企业后期在推广或运营时加以参照 |
| 九 | 总结 | 对产品的分析报告做一下总结，也可以对未来做一下市场展望 |

特别提示

在做产品分析报告之前，建议先把产品进行深度体验，只有这样，你才能对产品的细节有深刻的了解，分析报告才会使人心悦诚服。

## ● 参考范例

# ××短视频的产品分析报告

## 一、产品概况

直到××年3月为止，××短视频产品的日活跃用户在4 000万左右，每日播放量达7亿次之多，市场估值已超过10亿美元。现在短视频领域正是如日中天的时候，网红资讯爆满天，××产品成为网民经常能够见到的一款应用产品。

## 二、战略层

大部分用户使用该款产品的目的主要是为了观看视频，其次还有拍摄、分享等需求。其中90后群体是主力人群，他们年轻活泼，追求时尚，使用这款产品主要是为了满足自己的娱乐需求、社交需求和观赏需求。在这部分人群中，性别比例比较悬殊，女性占到72%左右，网络环境也是以Wi-Fi为主。

## 三、范围层

××的功能分为三种：基本功能、扩展功能与增值功能。

| 功能 | 具体细分 |
| --- | --- |
| 基本功能 | 拍摄视频、编辑视频、分享视频、观看视频 |
| 扩展功能 | 暂停拍摄、分段删除、滤镜、60 秒 MV 特效、加音乐、弹幕、制造话题、分享、定位、超长时间拍摄 |
| 增值功能 | 明星入驻、××秀、网红等 |

基本功能对于××来说已经没有问题，最主要的是做好扩展功能和增值功能，这两种功能能够维持用户对该产品的新鲜感，不断地吸引用户使用，从而形成习惯，提高用户黏性。

## 四、结构层

| 结构层 | 具体功能 |
| --- | --- |
| 首页 | 关注<br>热门（大家正在寻找）<br>精选（14 分类） |
| 热榜 | 24 小时热榜<br>滑动切换<br>一页显示一个 |
| “＋”号键 | 拍摄、上传视频<br>照片影集<br>直播、音乐相机、快速上传 |
| 我 | 个人信息<br>视频、转发、参与话题<br>关注、粉丝、消息通知<br>免流量视频、红包、悬赏、今日福利<br>设置 |
| 发现 | 悬赏活动、暴走街拍、日食记等<br>21 个板块 |

在功能结构图上我们可以看出，××将自己做得很简洁，重点突出核心功能。而核心功能的拍摄视频流程也很简化，有些步骤可以跳过。

## 五、框架层

### （一）“热榜”板块

热度清晰展示，能引导用户收看优质热门内容，还能提高用户的黏性。

### （二）“+”号按钮

新任务板块被隐藏在“+”号按钮后面，使页面更简洁，但一点击“+”号按钮，整个页面弹了出来，页面感觉很重，最好是去掉白色背景，这样会显得更轻巧。

### （三）视频发送者主页

××在此借鉴了微博的设计方式，话题讨论、个人资料显示方式与微博很相似，能让用户快速适应信息传递方式。

### （四）视频

停留在视频上，视频会自动播放，点击后可以进行暂停或播放视频，下面有点赞、转发、评论按钮，而且双击视频也可以点赞。

### （五）视频编辑

后置摄像头能够使用闪光灯，在拍摄成功后编辑视频时，可以使用变声、水印、音乐特效等功能，还能暂停视频，自由化地删除视频内容，以做调整。除 MV 特效以后，编辑视频特效退出时可以停留在当前页面，使用户使用起来更方便。

从界面设计、信息设计上面来看，××一直在向更轻、更快的短视频产品目标前进。

## 六、表现层

在视觉设计上，××选择了传统的白底黑字作为产品的主色调，这主要是为了突出视频本身，使用户关注视频内容。但在美观度上显然不够，所以还需慢慢打造。

在内容上，××主要是依靠明星等 PGC 进行话题带动，用 UGC 生产内容，如何将两者协调平衡发展至关重要。

### 七、结语

××产品既有社交属性，又有媒体属性，这与微博的特性极为一致。××的用户结构主要是明星、专业领域和普通用户。××能够很好地满足这三者的需求：明星可以在这上面做好自身营销（推出 60 秒的拍摄服务）；普通用户整体呈现年轻化，具有较强的网络社交需求，也有很强的追踪猎奇心理。××的内容能够极大地满足用户需求。

通过与微博展开合作，发起“随手拍”活动，使××的下载量突飞猛进，再加上青少年对明星偶像的崇拜，推出 24 小时热点跟踪能很好地吸引年轻用户，增强用户的黏性，并且由于明星使用××，极大地带动粉丝相互传播，形成热点，因此，明星效应发挥了很大的作用。

××根据用户需求数据，不断地优化产品技术及运营方案，使得推广期过去以后，用户数据也能快速增长。

在未来，××应该继续完善数据库建设，优化产品，实行精细化运营，巩固产品、运营和明星效应的三角布局，为用户提供更优质、更贴心的短视频内容与服务。

## 七、市场营销计划书：有计划，拿准方案不用怕

市场营销计划书是后期执行营销方案的重要依据，企业制订营销计划的最终结果要写在营销计划书里，让企业管理人员看清未来发展方向，做到以顾客或市场为根本，一步一步、踏踏实实地深入市场。

### ● 写作指南

市场营销策划书的格式多种多样，但有它的规则，有些内容是必须具备的。下面大致了解一下市场营销计划书的基本框架，详见下表。

| 序号 | 框架构成 | 主要内容 |
| --- | --- | --- |
| 1 | 计划概要 | 这一部分是对计划主要内容的概括，能够使决策者快速了解主要内容 |

续表

| 序号 | 框架构成 | 主要内容 |
|---|---|---|
| 2 | 市场状况 | 这一部分主要概括地说明一下目标市场中的宏观环境、产品状况、竞争状况等信息 |
| 3 | SWOT 分析 | 找出企业的环境威胁或机会，发现问题，分析问题所在，确定应对战略 |
| 4 | 营销目标 | 企业的营销目标是盈利，在这里，企业一般要标明自己的财务目标或销量、市场份额等目标。营销目标一般体现为数字，清晰具体 |
| 5 | 营销战略 | 营销战略可以通过确定目标市场、产品定位、价格策略、销售策略、广告策略等来展开实施 |
| 6 | 行动方案 | 在这一部分要表明企业为了实现业务目标将要采取什么行动，谁来实施行动等内容 |
| 7 | 预算费用 | 在进行市场营销时，必然会产生各种花销，为了保证利润最大化，预算要保持适当，如果预算太高，就要适当削减 |
| 8 | 风险控制 | 风险管理应该是企业关注的焦点之一，由于风险无处不在，因此企业要对风险的来源有一定的了解，从而制定出风险控制的方法 |

**特别提示**

营销计划书还可以对市场营销的效果进行一下预测，这种预测也是经过对产品和市场的准确分析来得出的，而不是信口开河。

**● 参考范例**

## ××××饮料市场营销策划方案

### 一、计划概要

现在是快速消费品时代，生活水平也与以往相比提高不少，而且人们饮食经常不规律，大鱼大肉食用过多，担心自己体内胆固醇过高，有患上高血压、脑卒中等疾病的危险，因此，消费者对能够促进身体健康且方便食用的食品需求旺盛，其中就有新鲜的瓶装水果饮料，因此其市场很大。

××××摸准了消费者喜爱自然、绿色食品的需求，先后推出×××、×××、×××等果汁饮料，但是这次推出的饮料新品种具有清热、润肺的效果，非常适合在夏天饮用，因此企业要抓住这个特点，以此为重点来推广本产品，推广××××的品牌形象，提升产品的销售量和品牌知名度。

## 二、营销状况

### （一）宏观环境

1. 政策环境

“十三五”规划期间，国家将继续强调供给侧挖掘消费潜力的机制，而果汁饮料行业仍将是其重要驱动力。国家政策如此扶持，果汁饮料行业的发展机遇很大。

2. 社会经济环境

生活水平提高，消费能力大幅度提升，而纯果汁饮料产品将会是果汁饮料行业的主力产品，继凉茶、含乳饮料之后成为新的流行趋势。

3. 文化环境

人们的消费观念已经发生转变，追求健康理念，使得人们越来越关注健康食品，而纯果汁饮料的美味健康成为吸引消费者的主要动因。

### （二）竞争者状况

目前国内的果汁饮料市场，企业的竞争对手主要有中国台湾的××，这家公司的产品包装经常创新，口味多样；还有××、××等大陆知名企业；国外的竞争对手便是跨国公司××××、××××等。

### （三）市场状况

××××自从××××年上市以来，一直受到消费者的青睐，这次营销的目标市场细分为：××市居民及大学生，所在高校分别是：××××学院、××××学院、××××技术学院、××××学院、××××信息学院、××××大学、××××大学等××××地区高校。

### （四）产品状况

核心产品为××××，功效为清热、润肺，价格通常是每瓶3元，规格是500ml。产品主要配料为纯净水、果汁、白砂糖、冰糖、食品添加剂等，本品采用塑料瓶装。现在正处于销售的成长期。

## 三、SWOT 分析

优势：品牌形象好，公司实力强，市场占有率高，具有很大的发展空间，而且公司具备很强的技术开发实力。

劣势：口味种类比较单一，难以满足所有大学生的需求。

机会：国家政策扶持，果汁饮料行业发展前景良好；消费者消费观念转变，喜爱饮用果汁饮料。

威胁：竞争者众多，替代产品众多，且口味丰富。

综上所述，××××要依靠公司实力和国家政策的支持，努力开拓市场，并且利用消费者的健康意识和自身的技术实力，开发新产品，拓展新的细分品牌，提升品牌竞争力，领跑行业对手。

## 四、营销目标

销量达到 1 000 000 箱，通过营销推广，使××××的市场份额占果汁饮料行业的 60%。

## 五、营销战略

### （一）定价策略

××××的定价是 3 元，××××纯果汁的定价是 3.5 元，而××水果园的定价是 3 元，由于本公司生产技术实力雄厚，生产成本下降，故而为了吸引消费者，特此将价格定为每瓶 2.5 元。

### （二）通路策略

为了更广泛、更方便地将产品送达给目标消费者，企业应该将产品铺排在以下场所：超市、便利店、美食广场、西点面包店、餐厅、饭店、车站、机场、学校小卖部、小吃店、路边摊等。

### （三）广告策略

为了强化消费者对公司产品的印象，公司要加大广告力度，在以下媒体播放广告：

1. 电台：××、××、××、××
2. 电视：××电视台黄金时段
3. 报纸：×××报、×××报、××××报

4. 杂志：××、×××、××××、×××××

5. 车体广告

6. 直投广告，宣传册、海报

广告语设置为：清热润肺新主张，滋养身心，就喝××××！

（四）促销策略

1. 免费品尝

聘用导购员在促销地点让消费者免费饮用××××，以此来激发潜在消费者的购买欲望。

2. 惠赠活动

只要消费者购买两瓶，即送一瓶，这样能增加消费者购买更多产品的机会。

3. 抽奖活动

只要消费者收集到 5 个带有“心字形”的瓶盖，就可以换一打饮料，且有一次免费抽奖的机会。

4. 赞助电视节目

在××××、××××等节目上提供奖品，提升品牌形象。

5. 增加折扣

为了鼓励中间商、经销商多从公司进货，本公司可以拉大批零差价，给予中间商、经销商适当的折扣。

6. 派发传单

在各大学校门口、学校内部的各宿舍楼外面以及里面派发传单，总计派发 2 000 份。

## 六、费用预算

| 场地 | 5 000 元 |
|---|---|
| 人员 | 10 000 元 |
| 物料 | 10 000 元 |
| 运输 | 5 000 元 |
| 传单 | 70 元 |
| 总计 | 30 070 元 |

## 七、风险控制（略）

# 第二章

# 营销调查文案——市场调查精准导航，企业快车不走弯路

市场风云变幻，信息纷繁复杂，如何正确掌握重要信息，并以此来分析市场，做出决策，显得尤为关键。市场调查是非常重要的一个环节，不可缺少，而且需要考虑周全，过程复杂。撰写营销调查文案可以方便企业人员抓住调查核心，更加条理化地整理并分析数据。

## 一、市场调查文案：勾勒调查蓝图，市场调查有路走

在进行市场调查时，很多调查人员不知道该如何下手，经常会手足无措，或者采集到与企业经营目标无关的信息，影响市场决策。这就是没有抓住细节的表现。所以，企业要在开始市场调查之前，拟好调查方案，让调查人员能够按着既定方案走，不至于迷失调查方向。

### ● 写作指南

只要把握住市场调查其中的几个要点，调查文案就不难出炉。市场调查文案的构成要点及各个构成部分的重点内容详见下表。

| 序号 | 项目 | 重点内容 |
| --- | --- | --- |
| 1 | 调查目的 | 市场调查的最终目的就是为了分析数据，结合自身实际，扬长避短。所以，在这一方面要充分明确，具有层次性，并罗列出细节。这样能够提高对问题的重视程度，把握重点 |
| 2 | 调查内容 | 调查内容是调查目的的具体展现，切忌过于烦琐，没有重点，不要把无关信息列入其中 |
| 3 | 调查对象 | 消费群体是调查对象的大部分，其他的还有零售商或批发商。在调查消费群体时，要注意购买者和使用者的不一致现象，比如，儿童读物，读者为儿童，但购买者大多数是家长 |
| 4 | 调查形式 | 由于现在是互联网时代，调查形式也变得多元化。不仅有传统的地面拦截方法，而且还可以在网上发布。这要视企业自身情况而定 |
| 5 | 调查问卷 | 调查问卷在市场调查中颇为关键，是一种必备工具，因此要特别设计，考虑用户的行为模式，做到简洁大方，内容精炼，利于用户做出选择 |
| 6 | 调查范围 | 调查范围一般与企业产品的销售范围一致，但由于调查样本数量十分有限，不可能做到任何地方都能展开调查，所以一般会根据人口分布情况，按比例划分出一个小范围的调查区域，这样能够减少访问的时间和工作量，提高效率，减少费用 |
| 7 | 抽样 | 首先制定能够反映总体情况的抽样方案，一般准确度要求越高，样本数量就要求越多。样本数量可以根据市场调查的用途来确定 |

续表

| 序号 | 项目 | 重点内容 |
| --- | --- | --- |
| 8 | 资料整理 | 一般采用统计学中的方法，在 Excel 表格中进行处理 |
| 9 | 掌握进度 | 市场调查是阶段性的，要按照步骤来进行，所以一定要掌握调查进度，为下一步计划做准备 |
| 10 | 评估预算 | 尽量用最低的成本获得最有价值的信息，在调查过程中要控制人力成本与物力成本，所以在调查之前就要做好预算 |

特别提示

调查内容要做到主题明确，选择性高，能够让用户第一时间做出选择，这样的数据才会更有意义。

## ● 参考范例

# 关于××饮料的营销调查文案

××饮料早在20世纪初就已经在我国登陆，迅速传遍中国各地，品种也在不断增加。而且预测，××的消费需求还会不断攀升。为了更好地进行销售工作，做好营销调查工作十分重要。

## 一、调查目的

了解市场状况，对消费者的人口、家庭、年龄资料进行统计，推断市场潜力；了解消费者的偏好，为××进行营销策划提供市场信息和客观依据。

## 二、调查内容

### （一）消费者

调查消费者的个人资料，比如年龄、性别、工资、学历、家庭成员等；对××的消费方式，比如饮用方式、支付金额、购买习惯、购买地点、对××的看法等。

### （二）市场

调查各大市场区域中××的数量及销售状况；消费者对××的需求与购买力状况；销路渠道情况；物流状况等。

（三）竞争者

调查市场上的饮料种类，同类饮料的品牌种类及其定位、档次等；竞争对手的广告策略和销售策略等。

### 三、调查对象

目前市场上的知名饮料品牌非常多，所以在确定调查对象时要有所侧重。选择消费者×××户，其中包括收入 3 500 元以上、3 500 元以下、大学生与其他；选择竞争者××家，其中尤其注意××饮料公司。

### 四、调查方法

选用端庄大方、态度热情并具有能够把握谈话氛围能力的访员进行户外访问或售点访问，并进行问卷调查。

### 五、调查进度安排

（一）计划阶段

制订计划——2 天；审定计划——2 天；确认计划——1 天。

（二）问卷阶段

问卷设计——2 天；问卷调整——2 天；问卷印制——3 天。

（三）实施阶段

访员培训——2 天；市场调查——10 天。

（四）研究分析阶段

数据整理输入——2 天；数据分析——2 天。

（五）报告阶段

市场调查报告——2 天；打印市场调查报告——2 天。

### 六、经费预算（略）

## 二、市场调查问卷：市场调查的制胜法宝

市场的信息就隐藏在一份份简单而小巧的调查问卷中，你会不会觉得非常神奇？调查问卷作为科学收集整理并分析市场信息的工具，在编写时往往要注

意很多方面。

在进行问卷设计时要遵循以下步骤：

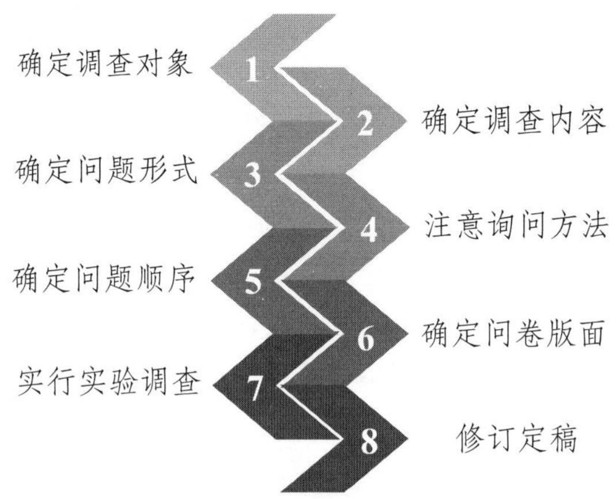


## ● 写作指南

在问卷设计中，问题的内容十分关键，直接决定着收集市场信息的成功与否。所以，在问卷中一定要设置与目标市场消费者相关的问题，切忌跑题。

### 1. 问卷中问题的一般形式

问卷中问题的形式一般分为单项选择题、多项选择题和开放式问题三种，具体设置方法及示例详见下表。

| 问题形式 | 设置方法 | 示　例 |
| --- | --- | --- |
| 单项选择题 | 这类问题一般是设置相互对立的答案，用户要选择其中一个 | 您吃过这种巧克力吗？<br>（1）吃过<br>（2）没有吃过 |
| 多项选择题 | 用户要在三个以上的答案中选择不限于一个的答案 | 您都去过以下哪种场所购买冰激凌？<br>（1）商场　（2）商业街<br>（3）小卖部　（4）网吧<br>（5）冰激凌店 |
| 开放式问题 | 不列选项，用户可以自由回答 | 请问您对××品牌有什么建议 |

### 2. 问卷结构布局

问卷中一般都要将被调查者的年龄、性别、职业、月收入等信息问题列出，往往被设置为前边的问题。

问卷一般包括标题、引导语和调查内容，有的还让被调查者填写手机号码、真实姓名等私人信息。

特别提示

为了提高样本数据的可靠性和准确度，有时还会在问题的选项后针对性地添加指导语“继续回答问题”和“谢谢合作，停止调查”。

## ● 参考范例

### 电影院市场调查问卷

您好！我们是××影院的市场调查员，为了解消费者对电影院的消费状况，以及对影院的真实看法，进而完善××影院的设施及服务水平，请您抽出宝贵的几分钟时间填写这份问卷，对于您的积极配合，××影院会赠送您礼品一份，以示衷心感谢！

1. 您的性别

□男　□女

2. 您的年龄

□小于 18 岁　□18～22 岁　□22～30 岁

□30～40 岁　□40～50 岁　□大于 50 岁

3. 您的职业

□学生　□政府、事业单位员工　□企业员工　□个体户

4. 您的月收入水平（税后）

□<1 500 元　□1 500 元～2 500 元　□2 500 元～3 500 元

□3 500 元～5 000 元　□>5 000 元

5. 您经常通过何种方式看电影

□网络　□光碟　□电视　□电影院

6. 您去电影院看电影的原因有（多选）

□体验影院的视听效果　□工作需要，商业应酬　□社交需要

□打发时间　　　　□喜爱电影

7. 您去电影院看电影的频率

□喜欢的新片上映就去看　　□有大片才去看

□偶尔一次　　□不去影院

8. 你经常和谁一起去电影院看电影

□家人　　□情侣　　□同事　　□好友　　□自己

9. 您常去哪家电影院观看电影

□××××影院　□××电影城　□××××影院　□×××××影城　□××电影城

10. 您是如何知道此影院信息的

□电视　□报纸杂志　□互联网　□影院宣传海报

□亲友介绍　□其他

11. 哪些因素吸引您去这家影院观影（多选）

□影院环境　□影院设备　□优惠活动　□规模大小

□影院位置　□服务　□其他

12. 您去影院最关注影院的哪些方面（多选）

□影片价格　□观影环境　□排片放映时间　□便捷的售票系统　□影院口碑　□配套服务

13. 您最想要什么样的优惠

□学生证打折　□会员折扣　□节假日优惠

□特殊时段优惠　□团购优惠

14. 您对哪些类型电影更有兴趣（多选）

□青春爱情片　□惊悚悬疑片　□科幻片　□喜剧片

□战争片　□古装武侠片　□动漫　□警匪片　□纪录片

15. 您喜欢哪个地区的电影

□欧美　□日韩　□港澳　□大陆　□好片都喜欢

16. 您一般什么时间去影院看电影

□12点以前　□13：00～17：00　□17：00～21：00　□21：00～24：00

17. 您心目中的理想票价是多少？

18. 请问您对××影院有什么宝贵建议吗？

## 三、市场调查分析报告：数据说明一切，分析有理有据

经过辛苦的调查访问，公司终于获得了重要的资料信息，经过整理之后，录入计算机数据库系统，接下来就要进行数据分析了。数据分析之后工作人员就可以据此编写出市场调查分析报告，帮助企业掌握市场现状及未来趋势，提高应变能力。

市场调查分析报告的类型也多种多样，根据调查对象不同可以分为市场供需情况的调查报告、产品市场调查报告、消费者调查报告、销售状况调查报告或者竞争情况调查报告等。

### ● 写作指南

市场调查分析报告由标题、引言、主体三大部分构成。

#### 1．标题

标题的形式分为两种，如下图所示。

公文式标题　关于×××的调查报告

概括式标题　全省汽车消费者潜在消费动力探析

有时，概括式标题还会采用正副标题的结构，这样会更加引人注目。比如：未来的市场更宽广——全国智能电视用户问卷调查分析报告。

#### 2．引言

引言要求简练扼要，一般表明调查目的、时间，调查对象、调查范围和方法等即可。这样做能够使读者快速了解全文的大概内容。当然，不要忘了使用一个过渡句，以便于引出主体部分。这一部分有时根据情况也可以省略。

#### 3．主体

市场调查分析报告的主体包括以下三个部分：

**1 调查情况介绍**

这一部分是调查报告的主要内容，应该将调查对象的历史与现实情况表明清楚。可以采用小标题，在说明时添加图标或表格来对数据进行一下阐释。

**2 分析预测**

这一部分是在数据分析的基础之上对市场发展趋势做出预测。这一步对企业的经营决策有着重要影响。

**3 营销建议**

这一部分是要在上文调查情况和分析预测的基础上提出可行性措施，供企业领导者做决策时参考，所以要注意建议是否具有针对性。

在市场调查报告里，数据必不可少，有了数据的支撑，分析才更有说服力。所以在调查情况介绍部分要善于采用图表、表格等形式将数据清晰展现出来。

**● 参考范例**

## 家教市场调查分析报告

为了对家教市场进行了解分析，本人于××××年××月××日进行了一次问卷调查，总共发出1 000份问卷，回收的有效问卷达845份。现将调查研究情况汇报如下：

### 一、消费原因

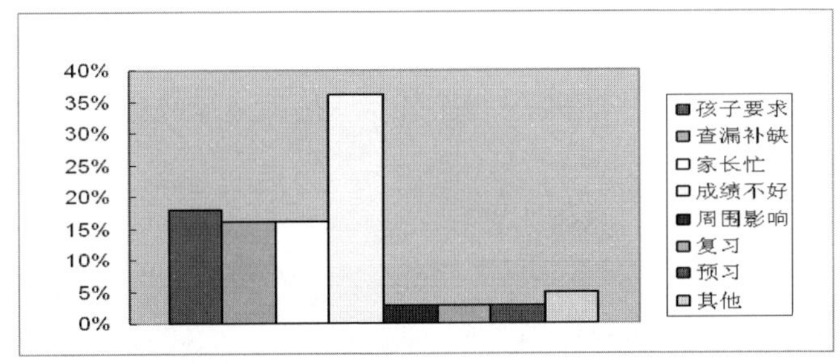

由数据可知，家长请家教最主要有四种情况：学生成绩不好，家长想请家教来提高孩子的成绩，比例达36%左右；孩子主动请家教、上课没听懂，课后查漏补缺、家长忙，没时间辅导孩子等各占16%左右。家长给孩子请家教主要是为了让孩子提高学习成绩，其群体大多是中间群体，即那些成绩不好不坏，属于中上等的那些学生。因为学习优秀的孩子学习能力很强，请家教的需求不高，而差等生几乎不愿意学习，也不会接受家教。所以，中间那部分学生群体是家教市场的消费主体。

## 二、家教成员构成

| 家教成员 | 比例 |
| --- | --- |
| 教育机构 | 12% |
| 大学生 | 43% |
| 教师 | 42% |
| 其他 | 3% |

由数据可以知晓，大学生和在职教师成为家教市场的主要成员。在职教师成为家教的主力军，一方面是由于大多数的家长认为在职教师有更为丰富的教学经验，能帮助孩子更好地提高学习成绩，另一方面教师工资较低，而家教市场利益丰厚，不少教师投身于家教市场。

原因分别如下：

1. 大学生教育程度较高，家长认可其能力，而大学生可以借此机会勤工俭学，提早进入社会锻炼自己。

2. 在职教师教学经验丰富，能够很好地帮助孩子提高学习成绩，并且教师工资普遍较低，家教工资又比较高，因此成为教师投身于家教的动力。

## 三、家教状况

经过调查发现，现在的家教市场既有让人感到欣慰的地方，也有一些社会乱象。现总结如下：

### （一）中介机构言无其实

很多家教中介机构在宣传时带有欺骗性，有的给自己带上一种荣誉的名号，宣称“在校团委直接领导下工作”，还有的宣称教师是“学生会联合推荐”的。

其实很多家长对此抱持怀疑态度，对家教的素质很不放心，生怕浪费时间和金钱，又耽误孩子的学习进展甚至前程。

（二）有些家长对家教要求很高

很多家长积极地为孩子请家教，且对家教要求很高。有的家长希望为孩子找不同科目的教师；有的家长特别注重家教的人品、修养、知识面以及沟通能力等；有的家长则希望找勤工俭学的大学生，为孩子树立榜样。

（三）选择家教具有盲目性

很多家长在选择家教时具有盲目性，他们不考虑家庭教师的自身素质、教育能力及经验等方面，而是通过价格、第一印象或者熟人介绍来进行选择。这样毫无规范的选择必然会引起诸多问题。

（四）学生对家教有抵触情绪

学生是请家教的最初动力源泉，因此学生的态度非常重要。通过调查我们发现，有些学生因为课余时间不多，对请家教带有抵触情绪，因此学习过程中十分不配合，效果肯定会差强人意。

四、思考与建议

1. 由于家教市场存在乱象，所以相关部门应该加强市场管理，让家教市场正规化；家长则应充分了解家教市场，谨慎考虑，合理选择家教。

2. 由于学生考试压力比较大，学习任务繁重，家教人员在保持正常的教学能力的前提下，还要具备一定的教育学、心理学素养，在心理上对学生进行一些疏导，为此教育机构应定期对家教展开心理知识与教学技能培训，提升能力。

3. 家教培训机构或者教育机构应建立健全家教的职业道德规范，使其更专注于家教工作，全身心投入其中，从而保障教学质量，培养客户家长的忠诚度。

## 四、市场预测报告：市场的未来，你知道吗

市场预测，顾名思义，就是对市场未来的发展趋势做出一种预见。市场预测要以市场调查为基础，分析调查材料，用科学的方法预估市场形势。在“市场调查报告”中我们也提到过，其报告中要进行市场预测，所以说，市场预测报告其实是市场调查报告的某种特殊形式。

## ● 写作指南

市场预测报告具有预见性、科学性以及针对性，它是充分收集真实可靠的数据资料，针对某一产品或市场提出未来趋势的预见性观点，并提出建议措施。其写作格式一般按照以下方式：

### 1．标题

市场预测报告的标题与市场调查报告的标题相同，都分为公文式标题与概括式标题。

### 2．前言

在这一部分要简要概括预测报告的主旨或者主要内容，当然也可以将预测结果放到这里，以便于引起读者的注意。但这一部分有时也可以不写。

### 3．正文

正文有三部分的内容构成：

**1 交代情况**

这一部分是在数据分析的基础之上对市场发展趋势做出预测。这部分对企业的经营决策有着重要影响。

**2 市场预测**

进行定性分析与定量分析，预测经济活动的趋势和规律。

**3 提出建议**

依据预测到的市场发展趋势来提出对策，这是写市场预测报告的目的所在。这一部分与预测一样，需要准确可靠才能发挥其应有的效用。

### 4．结尾

这一部分可以重申自己的观点，以便于加深认识，还可以总结预测结论，对未来提出展望，鼓舞企业信心。

**特别提示**

由于市场预测的范围与内容十分广泛，因此在进行市场调查与预测时，企业要具有针对性，只能针对某一具体的经济活动或产品，往往预测对象越具体，预测报告的准确性就越高。

## ● 参考范例

# 关于××牙膏在大学生用户中的市场预测报告

×××××股份有限公司在日益激烈的日化产品竞争中损失惨重，为了提升利润，公司推出了高端品牌××××。为了解××××牙膏在大学生用户中的市场前景，我们特别成立了市场调查小组，前去各大高校进行调查，共发放问卷 7 200 份，男生占比为 62%，女生占比为 38%，问卷回收率为 100%。经过这一段时间的市场调查与分析，我们对××××牙膏在大学生用户中的市场前景做出了预测。

## 一、市场状况

### （一）市场竞争异常激烈

| 品　牌 | | 选择比例 |
|---|---|---|
| 外资品牌 | ××× | 30% |
| | ××× | 20% |
| | ×× | 15% |
| | ×× | 5% |
| 国产品牌 | ×××、×××、×× | 30% |

从上表可以看出，选择×××、×××、××、××这几个外资品牌的人占到被调查人数的 70%，而选择×××、×××、××等国产品牌的人数只有 30%左右。×××不仅要在中国市场与国外品牌展开竞争，还要和国内的日化企业争夺市场，所以市场竞争异常激烈，××××上市面临的风险十分严峻。

### （二）成本增加，利润减少

由于人工及原材料的成本增加幅度比较大，企业的利润空间缩小，因此××××要想尽快赢得市场，产品价格方面将会受到很大的压力。

### （三）品牌形象过时

×××的品牌形象一直没有得到更新，为了改变品牌形象，××××以受年轻人追捧的偶像明星×××作为其形象代言人，但在接下来的很长一段时间内，×××的品牌形象在消费者心目中不会改变太多，将会影响××××的营销推广。

### （四）××××推广力度不够

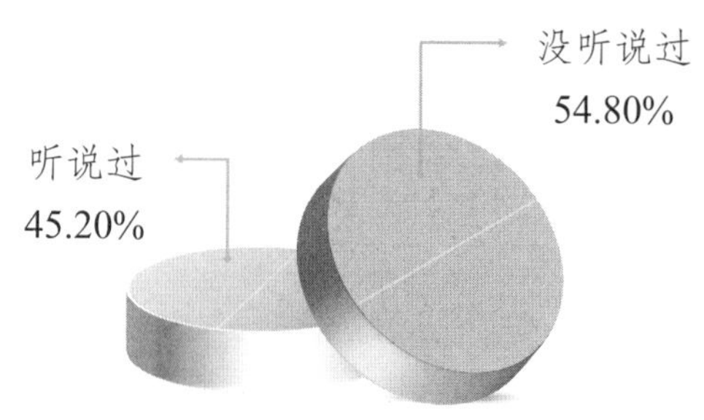


××××的市场认知度（一）

根据上图可知，被调查的人中超过一半的人没有听说过××××，听说过的人只有 45.2%。

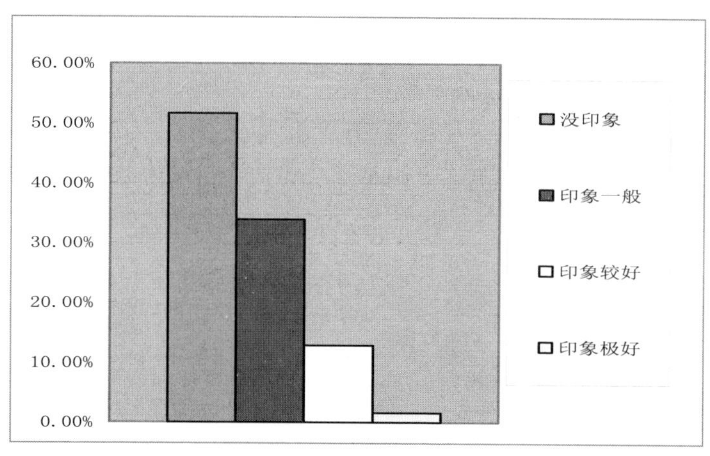


××××的市场认知度（二）

根据上图可以看出，被调查者中，超过 50%的人对××××没印象，超过 30%的人对××××的印象一般，而对××××印象较好和非常好的人则只占到 12%和 2%左右。我们据此推断，大学生对××××的认知度很低，××××的产品推广方面与外资品牌有着相当大的差距。

### （四）大学生群体具有其特殊性

大学生群体同其他群体相比，有其特殊性，第一，追求时尚、新潮与个性；第二，消费时既有理智，同时也有冲动性；第三，消费行为受家庭条件的影响很深；第四，饮食费用、服装费用、电子产品费用、话费和网费明显比其他消费行为高得多。

## 二、市场预测

根据以上数据分析，我们得出结论，××××在大学生中的市场前景有限，不容乐观。原因有以下几点：

### （一）大学生的购买力有限

尽管现在人们生活水平提高不少，但普通大学生花费在饮食、通信、上网、社交等方面的费用已经占去绝大部分，很少有人手里有富余的钱去购买高端牙膏。

### （二）价格不具优势

××××牙膏的价格一般在13～30元之间，大学生通常不接受此种价格。

根据调查发现，消费者在购买牙膏时首先考虑功效，然后便是其价格，大学生群体由于经济条件有限，更愿意购买物美价廉的产品。

所以××××这样的高端牙膏在大学生中问津极少。

### （三）挑战品牌黏性难度大

消费者在使用一种牙膏后，如果觉得满意，一般在下次购买时还会选择该品牌，时间一久便会形成品牌黏性，很少会去尝试使用一种陌生的品牌。国外的日化企业利用其强大的推广能力与资金实力，通过广告、促销等一系列手段在消费者心目中树立了良好的品牌形象，抢占了巨大的市场份额，这使得××××的发展空间十分受限。

## 三、建议

### （一）推出中端产品

应该推出一款适合大学生群体的中端牙膏产品，令价格略高于低端产品，同时高端产品的定价保持不变。这样不仅能够全面开发大学生市场，拓宽××××的受众，而且××××的高端时尚品牌形象也不会受到损害，从而保证企业的盈利空间。

### （二）加大推广力度

1. 加大××××在校园的广告投放量，可以通过校园微博、微信公众号以及其他互联网产品推送硬广告和软广告，在大学食堂、体育场等场所放置引人注目的广告。将广告投放立体化，使××××品牌渗入大学生消费者的内心，树立良好的品牌形象，逐渐使大学生消费者接受该产品。

2. 多赞助学生运动会及演讲比赛等校园活动，通过高频率的形象展示，让××××的产品理念深入学生群体中。

3. 播放口腔医学宣传片，请口腔专家做口腔健康讲座，让大学生多层次、全方位地了解××××牙膏的真实功效。

### （三）扩大铺货范围

1. 向学校和周边的超市及便利店供货

采取让利的方式，与学校周围的销售商建立良好的供销关系，这样销售商便会大力推荐该产品，其展现位置也会得到极大的改善，从而更有利于其站稳大学生市场。

2. 利用节日开展活动，拓宽销售渠道

牙膏作为一种日常消费品，消费者使用频率极高，所以只把它摆放在超市的货架上是远远不够的，销售人员更应该主动寻找消费者。建议××××在女生节、光棍节、情人节、圣诞节等校园节日时，在人流量比较大的区域开展产品展销、促销或产品体验活动，这样不仅可以增加销量，而且还提高了大学生消费者对××××的品牌认知度和忠诚度。

## 四、结尾

尽管目前××××牙膏在大学生市场的发展前景十分有限，但只要××××的管理人员能够发现大学生市场的特殊性，并根据其特殊性制定合理的营销策略，控制好成本与收益之间的关系，严把质量关，加强市场推广的强度和力度，相信××××一定可以在大学生市场上开拓一片新天地。

# 第三章

## 营销定位文案——99%的文案都在自嗨，怎样击中用户痛点

企业要想获得利益，首先要满足消费者的利益。消费者的利益点在哪里呢？这就需要企业去做营销定位。当企业在消费者心目中树立了独特的产品形象、品牌形象和企业形象时，企业的营销定位就算大功告成了。

## 一、市场定位报告：看准了，我在这里最独特

市场定位，首先要找准目标，不然位置定在哪里呢？所以首要的就是要找准目标市场。市场定位的目的是为了让自己的企业与其他企业鲜明地区分开来，使消费者能够很迅速地认识到这种差别，并做出选择。

市场定位有四大原则。

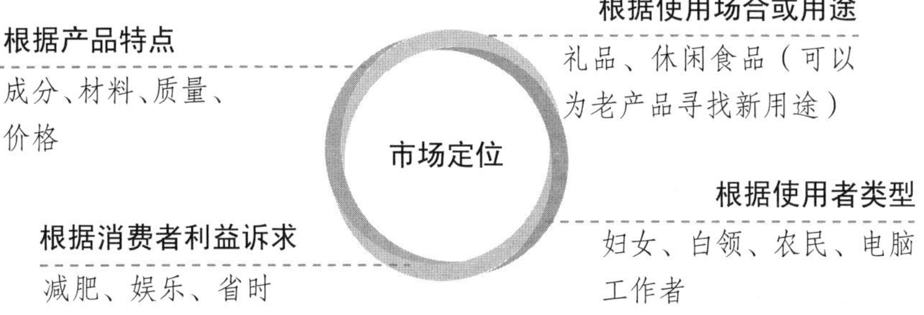


由于市场定位的多维度性与多侧面性，公司在进行市场定位时，这些原则可以相互结合。

### ● 写作指南

市场定位的方式一般有三种：避强定位、迎头定位和重新定位。

| 定位方式 | 定义 | 特征 |
| --- | --- | --- |
| 避强定位 | 避免与其他有力的竞争对手直接竞争，而是开拓新市场，产品特性与竞争对手鲜明区分 | 能够在市场上快速立足，占据消费者的内心；风险较小 |
| 迎头定位 | 与竞争对手正面竞争，进入竞争对手的市场领域 | 竞争过程吸引人注意，竞争激烈；风险较大 |
| 重新定位 | 对销量差的产品进行二次定位 | 帮助企业摆脱经营困境，焕发新活力 |

市场定位的方式还有区域定位（市场区域：国际市场、国内市场、某市市场等），阶层定位（个体工商户、事业单位、私营企业、服务人员），职业定位（大学生、农民、经理、白领），个性定位（象棋爱好者、羽毛球爱好者）和年龄定位（母亲、年轻女性、老年人）等。

特别提示

重新定位一般发生在以下两种情况：（1）竞争者新产品定位于本企业附近，侵占本企业产品的市场占有率；（2）消费者需求转移，产品销量骤减。

● 参考范例

# 关于×××汽车的市场定位报告

## 一、市场分析

从20世纪到现在为止，汽车业的市场竞争日渐趋于白热化，高档轿车市场涌现出了诸多驰名品牌：美国的××××，英国的××××，德国的××、××，法国的×××，意大利的××等。为了在消费者心目中树立并巩固良好形象，各个汽车厂家斥巨资制作大量优质广告来宣传汽车产品和企业形象。

世界汽车市场始终在不断地发展变化，供求关系、关税政策、环保法规、经济形势、原材料和能源价格等因素使汽车市场充满了种种不确定性。在如此众多的汽车品牌中，每一个品牌都发出了自己的与众不同的声音：××强调“驾驶乐趣”，×××强调“安全至上”，×××强调“可靠可心”，×××注重“飞一般的感觉”，×××则强调它的“跑车feel”，×××打造“精力充沛”气质，每种品牌都有不同的定位。

## 二、××卖点

### （一）安全性能高

据统计资料显示，世界范围内，每年因交通事故伤亡的人数达25万人之多，汽车的安全问题非常受消费者的关注。××一向重视交通安全问题，首创×××车型，开发×××安全气囊。

其实不仅现在，××从20世纪50年代就开始研究汽车安全问题。1953年××发明了×××结构，这让车身制造标准向前迈出了重要一步：车要既美观又安全。在×××结构的基础上，××又研制出了××××内舱，这种内舱在发生交通事故时由行李箱和发动机轮承受巨大的冲击力，从而使内舱不至于被压扁；方向盘的转向柱可以收缩，防止摔坏司机。可以这么说，车身上为安全服务的零部件达136个之多。

（二）节能环保

虽然汽车带给人类巨大的便利，但是也带来了巨大的污染。发动机的噪声、汽车尾气的难闻……汽车的未来以环保为主题，能源一般会是电能，这就使汽车能源不再单一化，还能有效减低噪声与废气的污染。

××一直以来关切环保问题，致力于环保技术的开发与研究，重点研发节能环保的新型汽车。

××公司每年都会播放强势广告来巩固企业形象，表现对环境问题的高度关心。大多数的汽车公司以××环保法规为最终标准，汽车产品开发也是根据其标准来进行的，但××制定了比××环保法规还要严格的品牌管理规定。

### 三、本企业汽车产品的市场定位：时尚先锋

××的定位是“年轻、时尚、安全、乐趣多”，广告中较多使用偶像明星代言，抢占年轻人市场。

品质优越、安全性能高、技术先进、绿色环保和以人为本是××汽车制造的基本指导原则，公司出产的汽车都必须符合这些原则，缺一不可。

尽管××的汽车品质十分优越，但在价格定位上，还是选择了低价策略，与国际名牌相比，价格要低得多。这也是符合现代年轻人想开车而经济拮据的现状的。

## 二、企业定位报告：做什么能收买消费者的心

企业定位是在消费者需求的基础上，通过优质产品和良好的品牌形象，将企业的文化和形象扎根于消费者的心目中。企业定位与产品定位、品牌定位相比，抽象化比较突出，主要是用来表现理念。然而，刚开始企业定位并不是这样的，总是要经历产品定位、品牌定位和企业定位合为一体到渐渐分离的过程。

### ● 写作指南

企业定位包括的方面很多，主要有以下几点：

1．客户定位

“客户是上帝”，只有找准了客户，才能找到生财之道。客户定位就是要寻找那些企业可以为之服务、提供价值并取得回报的客户，这些客户能够让企业赚钱，反之就要放弃选择。

2．盈利模式定位

在这一步，你要扪心自问：“我该怎样做来获取收益？”你要发现适合自己的盈利模式，找到为客户创造价值的正确方法。

3．竞争模式定位

企业要开展良性竞争，分析判断竞争对手的价值与己有何不同，找出差异，突出自己的特征，运用营销手段强化自己的品牌形象，打击竞争对手的力量。

4．业务定位

企业要从事什么样的生产经营活动？想要为客户提供什么产品或服务？

特别提示

由于客户是营销的中心和重心，所以不是说定位之后就能够一劳永逸，企业要懂得适时变位或换位，根据消费者的需求和兴趣做出应有的反应，只有这样才会坚强地立于市场之中。

● 参考范例

## 关于×××外卖的企业定位报告

### 一、客户定位

随着现在社会节奏的加快，人们越来越喜欢足不出户完成某件事情。互联网的出现就是最好的动力因素。相应地，外卖也从之前的电话订购发展到时下最火热的O2O模式。这一模式使商家与消费者之间的信息不对称尽量缩小，使外卖服务更快捷地到达消费者手中。×××作为一家O2O模式的公司，应该看到外卖市场的集中消费群是大学生和白领人士，年龄一般在20～30岁。

本公司正是从校园发展而来，一直在大学校园周围发展。因为白领市场竞争较为激烈，在发展初期，我们选择学校市场可以较为轻松。因为学校食堂的饭菜口味较单一，还不能提供送餐服务，这对于很多大学生来说十分不方便。再加上现在的大学生成长在一个互联网快餐消费时代，更愿意享受互联网交流方式。

## 二、经营模式定位

由于大部分餐厅或饭馆都没有自己的官方网站，因此消费者想要订餐只能打电话，而在高峰时期电话通常是占线的，十分不方便，消费者对此多有怨言。我们应该看到这一市场机会，向餐馆提供信息平台，与淘宝的模式相类似，也就是“C2C 订餐”模式，这样可以将消费者与餐厅相连接，为他们交流搭建一个沟通平台。

## 三、盈利模式定位

根据上面我们提到的经营模式，× ×主要依靠以下方面来获得利润：

### （一）管理费

免除入驻平台的费用，只在商家的月销售额中抽取一定的管理费。

### （二）竞价排位

设置广告位，放置在页面最前端的显眼处，商家想要获得这几处显要位置，需要通过竞价来夺得，这样××既能收取月租，也能为商家引流，实现双赢。

### （三）增值收费

××会定期开展一些活动，到时会吸引消费者的注意，这对于商家的销售是一个利好时机，所以商家想要参加活动需要支付一定的费用。

### （四）广告收费

为商家做推广，收取广告费。

## 四、经营思想定位

××的经营思想定位为“满足顾客挑剔口味，提供年轻化的生活方式，促进健康饮食新风尚”。

为了保证满足消费者的多样化要求，××需要邀请更多的加盟商，营造良性竞争环境，促进餐饮业的整体质量得到提升，惠及广大消费者。

### 五、营销目标定位

××的营销目标是成为中国最大的O2O餐饮平台。现在的××关注中小商家的入驻，随着市场的扩大，还会吸收大型餐饮行业进入。线上线下平台互通有无，力争做到让每一个消费者吃到满意的食品，引领餐饮行业的电商化，做行业领头羊。

### 六、营销手段定位

线上线下联合推广，是××的一大特色。线下推广方面，宣传规模非常庞大，不仅使用发传单等传统地推方式，而且还在地铁、公交站台等公共场所发布广告，形象代言人是当红的偶像×××；线上推广则主要依靠微博、微信，在微博上发布一些与饮食和健康有关的内容，既贴近生活，还能提升××的品牌形象；在微信上则开设微店，消费者在微店上可以直接下单。

## 三、产品定位报告：一切围绕需求转

市场定位是指企业选择目标消费者或目标市场的过程，而产品定位则不同，它是指企业需要提供何种产品来满足目标消费者的需求。

一般来说，应该先进行市场定位，接下来才是产品定位。产品定位要以市场定位为基础，但比市场定位要深刻得多，企业要在产品定位的过程中赋予产品一定的特色，为消费者选择产品提供一条决策途径。

产品定位需要遵循以下两个原则。

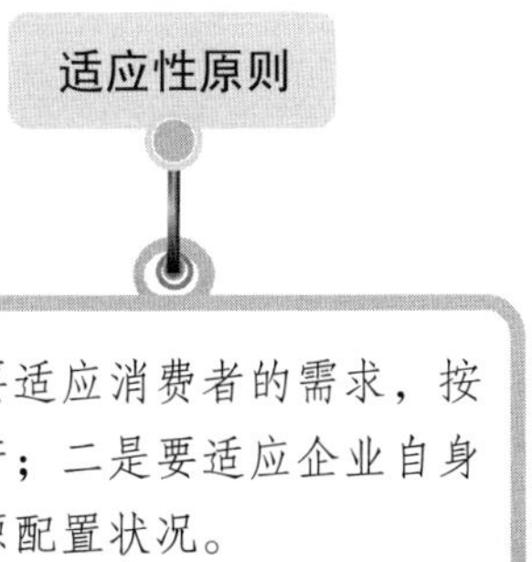


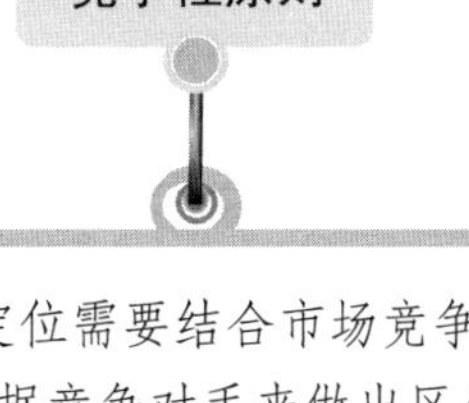

## ● 写作指南

产品定位要按照以下五步走，如下图所示。

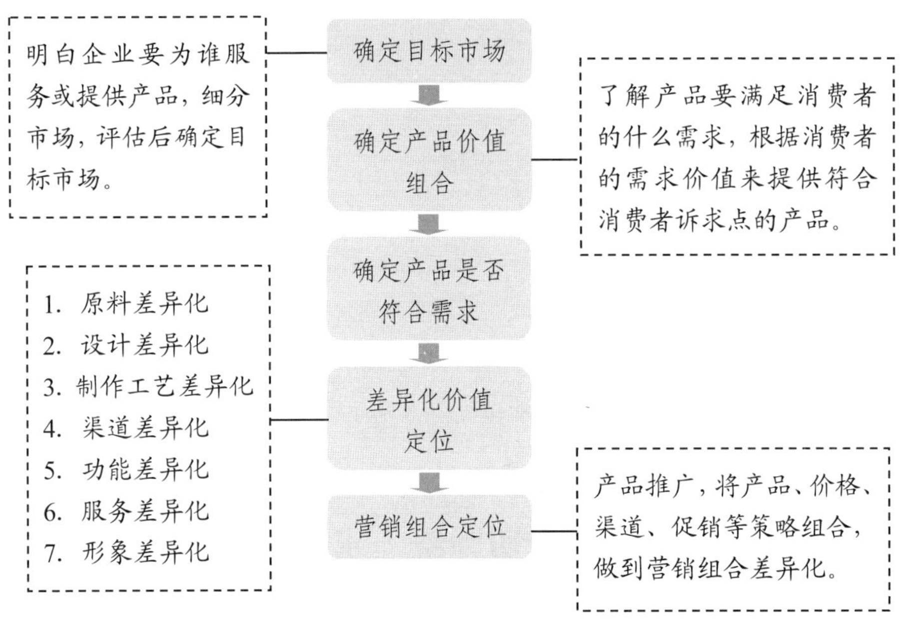

**特别提示**

当在细分市场时发现竞争对手过于强大，不能直接对抗时，这时你是一个市场跟随者角色，在定位时要学会寻找市场空位，比如，洗发水开发出“老年人专用系列”，大打感情牌，占据市场先机。

## ● 参考范例

# ××智能电视定位分析报告

### 一、市场分析

现在的家电市场已经渐渐走向穷途，据资料显示，全国大部分著名家电企业都不同程度出现利润下降的情况，其中，×××家电产业集团的销售收入几乎下降一半，××家电业务毛利率同比减少××%；××的家电业务毛利率同比下降××%。

整个行业集体遭遇困境，在这种情况下，企业要想挽救损失，除了开拓海外市场，互联网转型也是重要方式之一。

于是，近几年互联网电视竞争日益激烈，各大彩电企业纷纷推出智能电视、云电视等产品，试图抢占消费者客厅这一重要阵地。由于传统彩电厂商在软件上的不足，企业多采取与互联网公司合作的方式，因此这对于双方来说既是资源抢夺战，更是用户的争夺战。

## 二、需求分析

我们现在要分析用户购买智能电视的目的究竟是为了干什么。经过市场调查，我们发现，有很多消费者购买智能电视是为了看电视剧。也就是说，他们看中的是电视联网，看电视剧方便，而且价格合适，仅此而已。然而，这样的智能电视与大号的显示屏有什么区别呢?

其实，智能电视的功能很多，比如体感游戏、智能家居系统等，由此可以看出，用户对产品并不是很了解。虽然有的用户在刚开始时也会玩体感游戏，但时间一久便毫无兴趣，搁置一边。

可见，智能电视的核心还是其内容，也就是丰富方便的信息资源，这也就是用户的核心需求。

## 三、产品分析

××在20××年推出了××系统，到现在为止，公司已经达到月销量120万台，在智能电视的终端环节拥有了规模优势。

在内容与应用方面，为了弥补先天不足，××先后与××和××开展合作。××月××日，××与××、×××××联合宣布，将共同建立××××生态圈，此时××已不再是单纯的硬件生产商，而是转变为“互联网+”生活服务商。

此生态圈有三大服务：影视、音乐与游戏，不仅如此，还包括健康、旅游和购物等板块。在应用方面，由于与××合作，用户可以用电视进行社交活动。

至此，××通过丰富的内容资源和应用资源，连接了整个家庭，成为家庭娱乐中心。

## 四、产品定位

曾经人们坐在客厅里，围坐在电视周边一起观看电视节目，一家人其乐融融。而现在，个人终端将人与人相互隔离，精神世界各自为营。××智能电视就是要打破现在的僵局，重新定义电视，重新将家人连接在一起。

××的运营模式是“终端+平台+内容+应用”，做好用户体验，在产品设计与功能上着手，使家长与孩子、丈夫与妻子沟通更顺畅。

体感游戏、教育内容、分享音乐、同步自拍……这些都可以丰富家人的精神生活，而且家庭私人教师、健身中心、旅游定制和医师预约等是家庭生活的优化者。

### 五、营销组合定位

1. 在宣传上，重点突出××的产品技术创新。OLED 电视的兴起是大势所趋，而××在这一方面领先于市场，而且 HDR 显示技术也是一大主流，××也早有布局。

2. 销售渠道上，坚持分销模式与直销模式并列。在大中城市设立分部，以分公司为基础设置分销部门，然后设置办事处协助市场推广和销售等工作。在官网和电商平台设置网店，可以方便消费者快捷购物。

3. 现在很多家庭喜欢将电视挂在墙上，这样既能防止孩子触摸电器，也能使电视与电视墙融为一体。所以公司产品要注重壁挂式电视。充分考虑壁挂式电视的方便与否，由于壁挂式电视与墙壁挨得很近，所以不宜将接口放置在背面，而是要放在侧面或下面。不仅如此，挂架质量也要有所保证。

4. 差异化功能定位。××是××的高端形象产品，按照现代家居需求，设计理念极简，用户能够享受到更简单舒适的家庭生活，而且其画质非常突出。

## 四、品牌定位文案：消费者有需要，随时想到我

品牌定位与市场定位、产品定位有着密不可分的联系，可以这样说，市场定位和产品定位是基础，品牌定位才是核心。

品牌定位的目的就是为了将产品转化为品牌，让消费者产生需求时能在第一时间想到。

品牌定位侧重点在文化与个性，而不是单纯的产品特征差异。

突出现有产品与竞争对手产品的差异，其差异点主要体现在：产品性能、质量等有形因素。

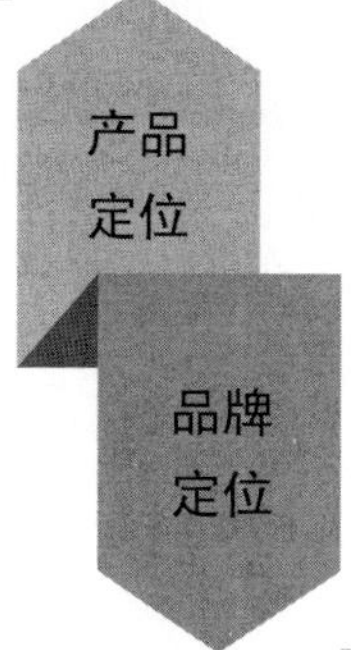


品牌差异化。由于产品差异化日益难以分别，侧重突出产品的风格、文化或个性，给消费者带来精神和情感利益，占据消费者的心理据点。

## ● 写作指南

在进行品牌定位时，需要遵循四个原则，如下图所示。

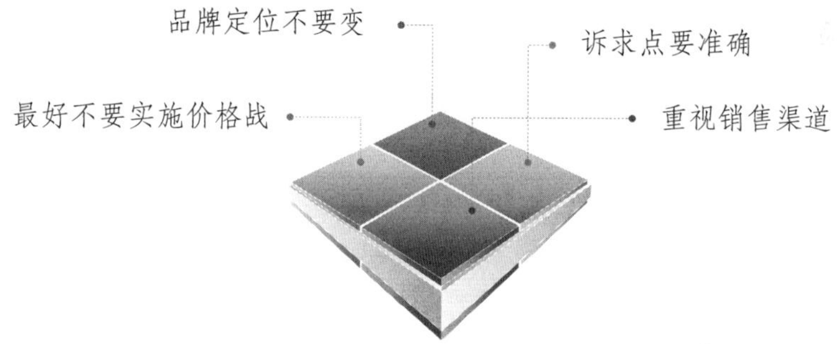


### 1．品牌定位不要变

品牌定位是公司的核心，不要因为外部市场的变化而轻易做出改变。如果品牌定位做出调整，消费者对该品牌的信任和认知就会发生不可逆转的变化。这对于企业生存来说，往往是致命的。

### 2．诉求点要准确

品牌定位一定要单一，形成一个声音，以便于消费者听得清楚，形成正确的品牌认知。如果定位太多则会引起消费者对品牌形象的认知混乱，导致这个品牌什么都不是。

### 3．最好不要实施价格战

降价，往往意味着消费者对该品牌的认知下降。这埋藏着消费者对该品牌丧失兴趣的危险。试想一下，降低品牌认知后，再想抬价，消费者还会买账吗？

4. 重视销售渠道

渠道是企业与消费者接触的关键。完整的渠道系统包括销售途径、产品覆盖率、分配系统、销售地点、库存和物流等方面，其中供应商、分销商是重要的一个方面。

特别提示

品牌定位的过程与市场定位相同，即 STP—Segmenting（细分市场），Targeting（选择目标市场）和 Positioning（定位）。

● 参考范例

## ××旅行的品牌定位报告

### 一、市场现状

目前中国的在线旅游市场正处于高速发展期，根据数据资料可知，××年中国在线旅游市场的交易规模达××××元，其中移动端的覆盖用户持续发展。移动互联网和在线旅游产品在特征上更加一致，在线旅游产品在移动互联网时代会乘势得到进一步发展。

在线旅游日益受到消费者的喜爱，究其原因体现在价格实惠、使用方便、互动多。目前在线旅游市场的消费者大多数是高学历、中高收入的中青年人群，他们已经具备网络习惯，热爱旅游，消费行为的网络化、自助化倾向比较明显。

### 二、品牌定位

××旅行作为一个在××××年成立的在线票务公司，现如今已经成为中国领先的在线旅游预订服务中心，且已在美国纳斯达克成功上市。

本公司运用高效的互联网技术和电子通信技术，为消费者提供灵活方便、优质优惠而又个性化的旅行服务。本公司的市场定位是那些中等收入中等收入以上的白领群体。

众所周知，白领群体一般收入较高，文化层次较高，在一般生活质量得到保证的前提下，非常希望提升生活质量。再加上工作繁重，精神压力巨大，周末或节假日休息是一种很好的放松方式。

××会为这些目标消费者提供酒店预订、机票预订和度假旅游等服务，不仅与大城市的星级酒店合作，而且还将注意力转向中档酒店，抢占更多的细分市场。

## 三、竞争对手分析

××在线旅游市场上的对手有很多，主要是××旅行、×××旅游网、××网等。除此之外，还有团购网站××。由于××××年××网与××旅行合并，现在只讨论该公司与另外两家竞争对手的分析（以酒店预订为例）。

### （一）业务类型

××现在主要的服务内容是国内酒店，并没有涉足国外酒店，因为××的切入口是本地生活，主要是借助全国各旅游城市的地推优势来发展酒店业务；××旅行则将重点放在了国外酒店和非标准住宿。××旅行与二者不同，它同时包括了国内外酒店和非标准住宿、场地出租等，业务范围是最广的。

### （二）业务模式

××主打 B2C 模式，上游酒店供应商资源能够很好地把控，使预订数据更加可靠，而且浏览体验更好，但酒店资源不太丰富，相对来说成本较高。

××旅行采用 C2C 模式，消费者可以与卖家直接联系，对卖家的控制比较宽松，但对平台的质量把控严格。

××旅行采用的是代理模式，消费者在平台上享受服务，不用直接与代理接触，也就是传统的 OTA 模式。这种模式能够在各个城市推广，成本相对较低。

### （三）支付方式

××的预订只支持线上提前支付，支付模式比较单一；××旅行主打“信用住”，消费者在线上预订后即可入住，退房时消费金额在××中扣除，消费者在消费的过程中不用支付押金等费用；××旅行主要是免费预订，有的也需要支付部分定金，而且用户无须登录网站，只需填写姓名和手机号码即可预订，这种方式虽然方便，但很容易造成商家资源的浪费。

## 四、品牌推广

××在品牌推广时除了与搜索引擎或旅游节目合作以外，更要注重广告传播的影响。

××的推广主题是“××在手，说走就走”，在传播上尽显××作为旅行服务提供商的本质特色。

广告片是以一个简短的故事来呈现的：一名商务型男出差途中在机场看到了一位美女，心生喜欢。他问：“一个人？”女生回答：“嗯，去三亚。”心动的商务型男立刻在手机上预订了去三亚的机票。下一个镜头——商务型男坐在美女旁边，说道：“要不然，两个人一起？”美女马上低下头露出微笑。

广告片中的人物形象其实就是暗指××的目标消费群体——商务人士和白领群体，通过简单的爱情故事让广告受众了解了××预订机票的便捷迅速，还有力地与消费者建立了情感联系。

# 第四章

## 新产品开发文案——新品走心，企业占领新阵地指日可待

市场一直是“优胜劣汰”的战场，新产品就是公司或企业手中源源不断的得力武器，只有新产品不断问世，促进企业产品的更新换代，才能在消费者心目中留下不灭的印记，在竞争中独善其身，甚至鹤立鸡群！

# 一、新产品上市策划文案：新产品，如何闪亮登场

新产品是指企业想要获得新的利润增长点而新近研发、准备上市的产品。当然，新产品不仅仅是指之前从未有过的产品，也可以是企业有所改进、使其功能有所扩大的已有产品。

新产品上市过程中，三种因素互相推动，缺一不可：

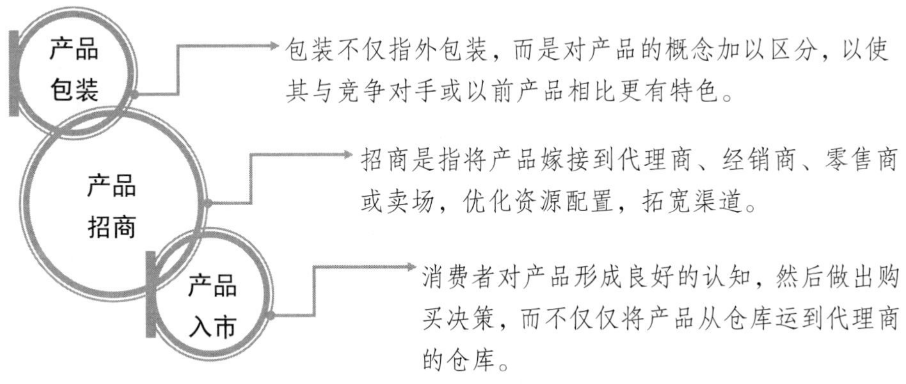


## 写作指南

为了让新产品上市更顺利，新产品的上市推广就要遵循以下流程：

**了解市场状况**

市场状况包括市场潜力或容量、消费偏好、接受程度和渠道的推广意愿，只有对这几个方面做了真实的了解，新产品才能有针对性地推广开来。

**根据需求选择产品**

新产品是否合适，要看其是否具备几个特点，包括新卖点、新利润、互补性、差异性。

**拟定推广方案**

推广方案包括背景分析、目的分析、推广阶段和策略分析，这些都帮助新产品上市有章可循，有条不紊地推广。

#### 组织实施方案

组织实施方案要做好以下工作：组织纪律、培训、跟踪考核。

#### 评估方案执行效果

效果评估包括以下几个方面：方案是否具备可操作性，有无纰漏；方案能否继续执行；销售数量、销售额或利润额等硬性标准。

新产品上市对企业具有重要的影响，所以在上市时需要注意八个问题。

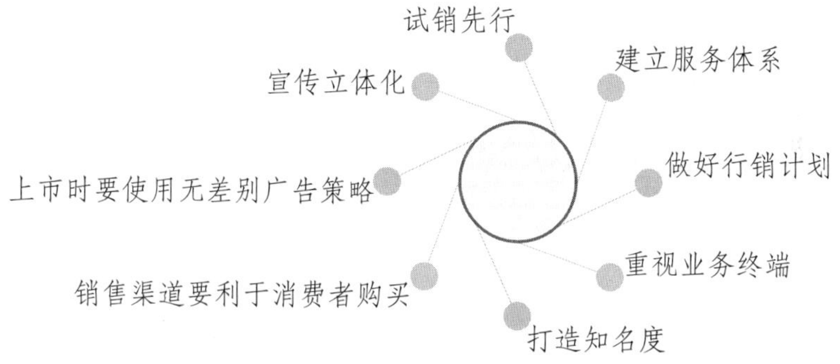


1．试销先行

市场调研难免有纰漏，试销可以反映出其中的问题，从而加以修订，为产品的正式上市打下基础。

2．宣传立体化

要多准备几种宣传方案，评估哪一种方案较好，就使用哪一种。立体化的宣传攻势可以让消费者多渠道接触产品信息，对市场销售大有裨益。

3．上市时要使用无差别广告策略

使用这种策略可以集中资金在市场上推广固定的一种理念，强化产品主题，深化消费者对产品的认知。

4．销售渠道要利于消费者购买

如果铺货渠道太窄，容易造成销售受阻，浪费广告费。厂商要根据产品档次和性质选择合适的铺货渠道，分布均匀，能让消费者就近购买为宜。

### 5. 打造知名度

新产品在上市初期，由于消费者对此关注甚少，产品的品牌忠实度、消费者认知都非常低，为了使产品迅速被广大消费者知晓，可以进行适当的广告宣传，制造新闻效应。

### 6. 重视业务终端

业务终端是指货架上的产品。整理货架的工作对销售有着很大的影响，如果理货不合格，消费者可能会产生购买不便的体验，大大影响销售状况。

### 7. 做好行销计划

根据试销情况制订 3 个月的行销计划，对计划的实施和监督、评估进行严格管理，保证每一计划都能顺利完成。

### 8. 建立服务体系

上市产品有可能会遭遇到各种投诉，比如包装问题、质量问题、价格问题等，那么，售后服务则必不可少，这里包括对经销商的服务和消费者的服务，有利于树立产品形象。

**特别提示**

新产品上市之前要预估一下上市后一年之内每月的销量，这样能够让生产单位和销售单位在产销方面协调合作。

## 参考范例

# ××手机新产品上市策划书

## 一、背景分析

现在的手机市场竞争极为激烈，市场不断细分，女性手机的需求量逐日上升。女性人口占比为 40%，而且女性对个性化的要求比较丰富多样，所以这款

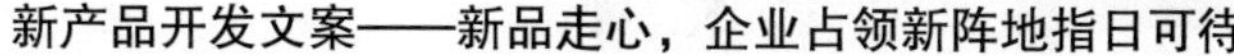

市场潜力巨大。××手机是××市××有限公司的核心品牌，在这块市场已经站稳了脚跟，值此之际，公司特推出新款女性手机××女王版。

## 二、上市推广目的

新产品的推出旨在加强消费者对××手机的认知，于无声处渐渐改变消费者对××手机的印象和态度，增加××手机的忠诚顾客数，在女性手机市场再次激起一层女性手机的热潮。

## 三、产品定位以及消费群定位

这款新产品属于中高端产品，消费群体是20～30岁之间的年轻女性，大学生及社会白领。她们喜欢流行与时尚，追求高品位，所以在消费时希望产品能彰显女性风采，展现得美观大方，而且由于她们大都个性强烈，消费时容易受情绪影响，购买时具有冲动性。××手机根据女性消费者的喜好与兴趣设计，在外观和具体功能方面都做了改进，其外形时尚靓丽，且专为女性设置了专用软件，十分贴合女性消费者的需求。

## 四、产品远景

### （一）产品导入期

在新产品刚推出时，先在电视上投放广告，以此来提升产品的知名度。可在××电视台和××电视台投入广告费用，同时在官方网站以及行业媒体发布新产品上市信息，使消费者对该新品形成一定的认知。

### （二）产品切入期

通知代理商、零售商和相关的媒体，定期开展新品发布会，在销售渠道上铺开一条大路，使各大销售网点及实体店展开销售，同时展开一定量的促销活动，比如送赠品、限额抽奖等。

### （三）产品成长期

产品在消费者心目中的欢迎度越来越高，产品销量日益增加，这时要加强生产力度，加快生产速度，降低生产成本，在满足市场需求的同时追求利润最大化，使其成为公司主要盈利产品之一。

### （四）产品成熟期

此时产品销量到达顶峰，产品的质量与价格已被消费者承认，××手机的品牌形象与知名度得到大幅度提升，成为女性手机中的一线品牌。这时公司的利润增加，打算顺势推出新产品，以此来巩固市场竞争力。

## 五、价格组合策略

1. 增加专卖店和加盟店，使价格保持统一，这有利于建设品牌形象。
2. 承诺经销商更多的利润，吸引更多经销商加入，拓展市场铺货范围。
3. 产品定价要适中，保持在市场上的大品牌与小品牌之间。

## 六、渠道策略

1. 建有××手机官网。
2. 网上销售：如××唯一天猫旗舰店、××唯一京东旗舰店等。
3. 在各大城市及中小城市设立营销网点。

## 七、促销策略

1. 举办“知性女生风采大赛”活动，××手机作为奖品发放。
2. 赞助具有影响力的重大活动。
3. 在“女生节”或者其他女性喜爱的节日里大量铺货销售。

## 八、服务策略

1. 开通服务热线，以及微信、微博账号，接受消费者的投诉或建议并妥善处理。
2. 完善保修服务，使用产品保修卡，建立客户档案。
3. 做好售前工作，提高成交率。

## 九、推广的组织分工

1. 招商部负责制定整体招商方案并执行招商活动。
2. 市场部负责进行市场调查以及策划、广告等业务。
3. 销售部负责销售产品，以及收集行业信息和客户反馈意见。
4. 物流部负责采购零配件，配送产品。
5. 客服部接待客户，向客户咨询提供解答帮助，以及管理售后服务。

## 十、推广进度

第一阶段：进行市场调查。第二阶段：电视、广播、杂志、报纸等媒体立

体化宣传产品。第三阶段：促销活动，继续媒体报道。第四阶段：针对销售终端开展促销活动。

### 十一、推广效果测评

通过以上方式对××手机进行推广，我们可以预计××手机将获得以下推广效果：

1. 提升产品形象，知名度大幅度提升。
2. 优化产品结构，销售渠道积极性增强，销售网络更为完善。
3. 为其他新品上市奠定有力基础，开辟了独特的销售模式。

## 二、新产品说明书：就这样熟悉了陌生的你

新产品上市之后，如果消费者购买，他们会如何使用产品？大家都知道，现在的产品一般都会有产品说明书，上面记录着产品的名称、构成、作用等基本情况。这些信息能够使消费者很快熟悉产品及其作用，便于更好地使用。

产品说明书一般有以下三大功能。

产品说明书

宣传产品：这是产品说明书的基本功能。宣传产品能够激发消费者的购买欲望，引导消费者做出购买行为。

扩大消息：产品说明书的信息会在产品销售过程中得到扩散，从而扩大信息流量。

传播知识：产品说明书中含有大量的科学知识，内容和产品类别有所区分，但都是行业内的专业知识，凝聚着知识的结晶，是产品价值的体现。

### ● 写作指南

产品说明书在写作与制作时，有一定的要求，必须遵循产品说明书的基本特点。

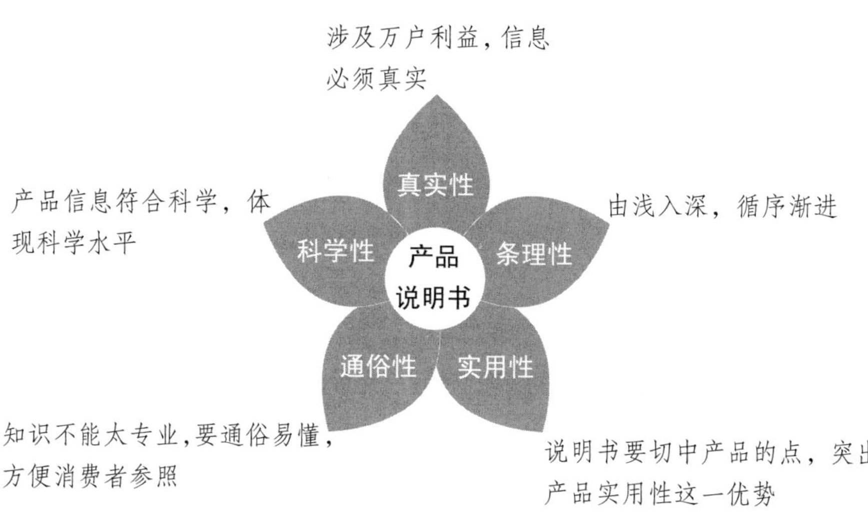


那么，产品说明书的结构是怎样的呢？它主要由以下三部分构成。

产品说明书

- 标题：产品名称加上文种
- 正文：产品特征、性能、使用方法、保养、维护、注意事项等
- 落款：生产者或经销商的名称、地址及联系方式等

**特别提示**

产品说明书不能只说出产品的优点，同时也要把使用产品时可能出现的情况标示出来。

**● 参考范例**

## 智能手表产品说明书

### 一、产品概述

本产品是塑料底壳，TPU 表带，不锈钢面壳，带有摄像头、MIC 孔、USB 插口及喇叭孔，USB 接口能够给手表充电，传输数据。手表屏幕是 OGS 全贴合

触摸屏，主要功能都可以在触摸屏上得以实现。手表的电源键能够开关机，灭屏，也能返回主菜单。

## 二、产品使用方法

### （一）进入界面

开机，向左拖拉，进入下一页；向右拖拉，返回上一页；向上拖拉，进入主菜单；向下拖拉，进入通知栏。需要注意的是，拖动距离要超过显示屏的一半，否则被认为是点击。

### （二）设置表盘

方法一：开机进入表盘界面，点击表盘中间位置即可更换。

方法二：开机进入菜单，点击“设置”—“手机设置”—“待机菜单显示”—“解锁类型选择”，进入界面后选择喜欢的表盘。

### （三）设置主题

主题有“炫丽”“多彩”“经典”三种，开机进入菜单后，点击“主题”—“主题设置”即可设置自己喜欢的主题。

## 三、安卓软件使用

### （一）下载软件

请扫描下方二维码××，下载与本机搭配的安卓软件程序。本软件程序只适用于同步手表与智能手机的数据，不会消耗手机流量。

如果您已经下载该软件，请核对版本是否正确，最好使用最新的版本，以保证功能正常使用。如果软件升级，请及时更新软件。

### （二）安装及使用软件

安装：请您在智能手机上安装安卓软件，安装完成后存储在手机内。

使用：安装好以后，进入智能手机，点击“设置”—“辅助设置”—“蓝牙通知”即可使用此服务（遇到提示时点击“确定”即可）。

继续点击“通知服务”—“通知应用”即可选择您想要推送的应用。

## 四、蓝牙连接和同步

### （一）手机端连接手表端

点击手机中的“设置”—“蓝牙”—“搜索设备”，发现手表名称××××时，点击“配对”，同时在手表端点击“是”即可配对成功。

同步电话簿时点击“确定”—“下次不再提示”，这样在下次连接时就可以直接同步了。

（二）手表端连接手机端

打开手表，点击“蓝牙拨号器”—“搜索蓝牙装置”，发现手机名称××××，点击“连接”，同时在手机端点击“是”即可配对成功。

## 五、菜单说明

（一）信息

储存手机端同步过来的短信或者本机收到的消息。

（二）蓝牙

可以设置蓝牙状态，“打开”或“关闭”。

（三）通话记录

首先连接蓝牙，然后可以查看最近一段时间的通话记录。

（四）蓝牙拨号器

选择与手机端进行连接。

（五）远端通知

接收手机端同步的信息，包括微信、短信、微博、QQ等信息。

（六）远程拍照

用手表端控制手机进行拍照，但需要提前开启手机的摄像头。

（七）防丢失

手机丢失后，手表端可以帮助寻找手机，可以与手机进行双向防丢失。

（八）计步器

进入计步器页面，向左拖拉，能够看到自己走路的步数、消耗的能量以及速度、距离等信息；当想要在运动过程中回到主菜单而不退出计步功能时，直接按电源键即可。

（九）睡眠监测

手表会根据您睡眠的长短来估计您的睡眠质量。

（十）久坐提醒

您可以设置时间，到时间后手表会提醒您起身活动。

### 六、注意事项

1. 用前请充电 2 小时，充电线请使用标准配件，也可以使用安卓手机的充电线。

2. 蓝牙功能不能超过 10 米。

3. 蓝牙断开后会自动连接，如果 5 分钟之内还未连接，请手动连接；同时注意选择同步电话本，否则将不能显示来电。

### 七、故障及排除

#### （一）手表无法开机

这可能是按开机键的时间太短，请按开机键超过 3 秒；如果还未开机，有可能是电池电量过低，请及时充电。

#### （二）手表自动关机

这可能是电池电量过低所致，请及时充电。

#### （三）手表无法充电

1. 电池是否可用，电池在使用几年后性能会降低；

2. 充电器是否损坏，请更换充电器；

3. USB 接口是否插好，请再重新连接一次。

#### （四）来电时未显示来电者姓名

1. 蓝牙连接时没有选择上传通信录；

2. 蓝牙断开，再次连接时未同步通信录，可以再配对连接一次。

## 三、新产品上市建议书：产品新，上市受宠未可知

当企业的新产品即将推向市场之际，企业要仔细分析一下市场调研结果，拟定一份产品上市的参照性文件，这份文件就是新产品上市建议书。

产品建议书主要是对产品上市应该采取何种措施提供建议，因为毕竟新产品在进入市场之前面临着各方面的因素影响，能否成功打开市场还未可知。

## 写作指南

产品上市建议书一般包括八个方面的内容。

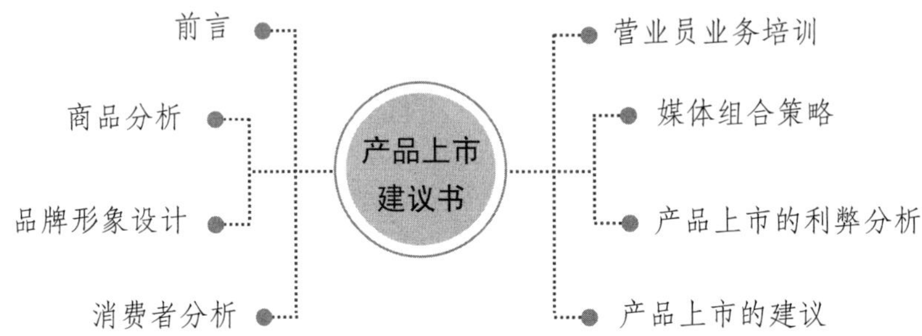


### 1. 前言

在此可以简要说一下产品上市的背景，尤其是市场状况的分析。任何产品上市首先都要了解市场，找准市场需求，进行市场定位。

### 2. 商品分析

新产品是什么样子的？有什么功能？能够满足消费者哪一方面的需求？这些方面都要简要做一下分析，只有对产品性能充分了解，才能具备成功上市的信心。

### 3. 品牌形象设计

品牌在市场竞争中占据着独特的位置，是消费者选择产品的重要依据，是人们地位和实力的象征，所以品牌形象设计的意义非同一般。品牌形象设计主要包括名称、标识物和标识语，这是品牌区分的重要标志。

### 4. 消费者分析

适销对路，这一句话概括出了消费者分析的重要性。摸准消费者心理与决策机制，巧妙地推出符合消费者利益的产品，消费者哪有不欣然接受之理？

### 5. 营销员业务培训

产品推出后要进行市场推广，这就少不了营销员的努力。为了提高营业员的工作效率，从而加快占领市场的节奏，有必要对营销员开展业务培训。

6．媒体组合策略

媒体组合策略一般有三种方式。

媒体组合策略

**视觉媒体与听觉媒体组合**

视觉媒体一般是指报纸、杂志、户外广告、公共汽车广告等；听觉媒体主要有广播、电台等，电视则是听觉与视觉结合的媒体。视觉媒体直观，听觉媒体给人以联想。

**瞬间媒体与长效媒体组合**

瞬间媒体一般是指广播、电视等依靠电波电子传播的媒体，由于信息不易保留，需要与能够长期保留信息的长效媒体配合使用，比如印刷品、广告牌等。

**大众传媒与促销媒体组合**

大众媒体传播面广，传播声势比较浩大，主要侧重“面”的传播，缺点是与销售现场相脱离；促销媒体一般是指传播面小、具有直接促销作用的媒体，主要侧重“点”的传播，主要有招贴、户外广告等。

从以上可以看出，视觉媒体、听觉媒体、瞬间媒体、长效媒体、大众传媒和促销媒体之间有交叉点，这不是主要问题，只要能正确使用媒体组合策略，就能够加快产品推广的步伐。

7．产品上市的利弊分析

这里所说的利弊分析和之前谈到的 SWOT 分析很相似，主要分析产品上市面临哪些机遇和威胁，自身的优势和劣势有哪些，以此“对症下药”，提出有针对性的建议。

8．产品上市的建议

根据以上分析提出自己的建议，以便于企业管理者在进行市场推广时参考。

特别提示

由于媒体自身具有覆盖范围的局限性，因此媒体组合策略能够弥补单一媒体覆盖面的不足，扩大传播面，使产品知名度提高，而且由于媒体的覆盖对象有时会出现重复，这可能带来受众增加接触广告次数的作用。

## ● 参考范例

### ××智能钱包上市建议书

#### 一、前言

移动互联网时代，很多人都有了网银、支付宝、信用卡等支付工具，似乎觉得钱包可以退出市场了，其实不然。真实的情况是：传统的钱包还有很多人在使用。毕竟人们身上都要携带现金，以备不时之需。俗话说：出门必念六字箴言，钱包、钥匙和手机，钱包还是排在首位呢。

消费者在使用钱包时大都是为了存现金和银行卡，然而现在市场上已经推出了具有防盗功能的智能钱包。当钱包与智能手机通过蓝牙连接后，只要钱包离开身体超过 10 米，就会发出警报。智能钱包是这几年新出产的产品，未来市场前景广阔。

#### 二、商品分析

本款产品有不同的样式供消费者选择，里面位置充足，有手机位、现金位、银行卡位、票据位和充电电源层。

这款钱包是由普通钱包和防丢器组成，当手机与钱包通过蓝牙 4.0 连接后，只要手机离开钱包一定的距离，手机和钱包就会发出响声。当找不到钱包时，按下手机 APP 的寻找按钮，钱包就会发出警报声，从而实现防丢的功能。

这款钱包还能为手机充电。只要把手机放在手机位，然后将一个超薄的无线充电源放入钱包夹层即可为手机充电，一般可以为手机充两次电。

本公司的这款商品不仅功能齐全，产品样式也多种多样，有牛皮商务版、羊皮时尚版，颜色有黑色、棕色、咖啡色和粉红色四种。

## 三、消费者分析

1. 消费者购买钱包主要是为了存储现金、手机和银行卡，所以包的容量是第一要解决的问题。由于现在消费者办业务的数量很多，用到了很多银行卡，所以钱包银行卡位要足够大，必须能够装得下足够多的银行卡。

本款产品配备10个银行卡位，基本能满足消费者存储银行卡的需求。

2. 钱包保存着身份证、手机、银行卡等重要物件，一旦丢失，后果不堪设想。所以，消费者一般对钱包的丢失和被盗心存忌惮，丢失钱包的人往往心情沮丧，生活受到影响。所以钱包的防盗功能是智能钱包的核心功能。

本款产品不仅能在手机或钱包离开身体一定距离后发出警报提醒消费者，还能显示钱包丢失的时间和地点，以便于消费者准确寻找。

3. 消费者在打开钱包时，一般都会想迅速拿出想要的银行卡，以便于节省时间。可是很多钱包会出现银行卡粘贴在钱包内，不易取出的情况，这委实让消费者感到恼火。

本款产品还装有一个智能按钮，只要按一下按钮，银行卡就会自动弹出，取用非常方便。

## 四、品牌形象设计

关于本产品上市的×××智能钱包的品牌形象设计的具体内容见下表。

××公司×××智能钱包的品牌形象设计构成表

| 构成 | 具体内容 |
| --- | --- |
| 基本要素 | 公司名称；品牌标识；商标图案；公司宣传语 |
| 应用要素 | 商品橱窗；产品包装设计；媒体广告；产品说明书；样品 |

## 五、营销员业务培训

为了保证××公司的×××智能钱包获得极佳的经营业绩，应该对营销业务员进行以下几方面的训练和培训：

1. 公司经营理念，公司文化；
2. 业务员的营销技巧；
3. 业务员的心理建设；

4. 业务员对产品定位和市场定位的知识培训；

5. 客服技巧培训；

6. 掌握推广流程，了解营销组合策略；

7. 团队合作精神的灌输。

## 六、媒体组合策略

1. 在各大电商平台推出新产品，利用“饥饿营销”模式，限量购买，激发消费者的购买欲望和购买激情。

2. 利用微博、豆瓣、陌陌等新媒体推广产品，还可以请商务模特来模拟场景，放到社交媒体转发传播，形成热点，加强消费者对该产品的认知。

3. 举办线下活动，邀请现场的消费者试用该产品，并请消费者说出该产品的优点，同时给予一定的奖励。

4. 多种媒体组合进行宣传，广播、网络、海报、现场试用等，多方位、多层次地扩大产品的知名度，在消费者心目中树立产品的优质形象。

## 七、产品上市的利弊分析

### （一）有利点

1. 市场潜力大；

2. ×××智能钱包具有其他钱包不具备的特点，如款式多样、自动弹出银行卡、充电时间短等。

### （二）不利点

1. ××品牌是后起之秀，产品的功能得到强化，与本产品极为相似，但售价较低；

2. 公司资金实力不够强，不能打价格战。

## 八、产品上市的建议

由于竞争品牌××与本产品的功能极为相似，且售价较低，非常容易引流客户，造成本公司的消费者数量减少，所以我在此建议：保持本产品的核心功能，在广告宣传中侧重宣传其防盗防丢的功能，在这方面加大投入，占据消费者心智，并健全售后服务体系，全心全意为消费者服务。

# 四、订货会策划文案：客户齐聚，谁能订走我的货

订货会是一种实实在在的营销方式，它以产品实物来吸引消费者购买。订货会可以由一个公司举办，也可以是公司联合举办。订货会能够让消费者看到公司的真正产品，实地考察产品的质量、规格，以便于准确判断产品。

订货会这种营销方式可以缓解公司推销员不足的困境，短时间聚集大量消费者，起到巨大的广告宣传效应。

不过，关键一点在于，订货会的成功必须在细节上下功夫，设计到流程安排不能出现细节性的错误，以避免将订货会效果大打折扣。

## ● 写作指南

订货会的前期准备工作是非常重要的，也是订货会成功的关键。在准备订货会时，公司需要注意六个方面。

订货会前期准备

### 1. 明确邀请对象

邀请对象一般是全国代理商、分销商或者分布在全国各地的店主。

### 2. 明确主推品项

订货会的目的是为了宣传产品，所以一定要提前确定主推哪种产品。由于公司的产品种类往往并不是单一的，因此要提前进行市场调查，找出市场机会更大的产品作为主推产品。

### 3. 制定订货政策

主推产品要有一个与之适应的促销政策，这就是订货政策。合适的订货政策能够扩大订货量。

### 4. 明确订货会主题

订货会的主题就像销售产品时说出的理由，没有一个理由，消费者很容易产生防范心理。

### 5. 选择场地

举办方要根据邀请人数选择订货会地址。场地的选择要遵循“交通便利，容易找到”的原则。

### 6. 发送邀请函

在安排好时间，准备好订货资料后，举办方可将邀请函发送给邀请对象，在上面要注明订货会的时间和地点。举办方还可以把产品资料、价格表以及促销活动通知也一并送达客户手中。

订货会的布景也是十分重要的，一个好的布景能够突出订货会主题。布景一般有以下五种。

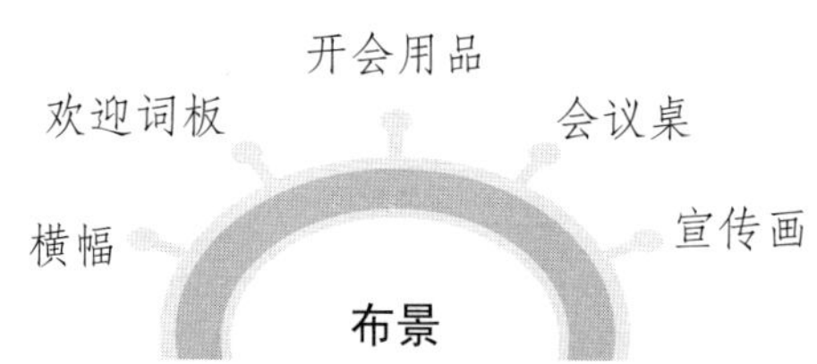


订货会的气氛能够无形中影响客户。举办方要善于制造轻松愉悦的气氛，这不仅能够使客户积极参与其中，调动积极性，而且也能消除其防范心理。制造气氛的方法有游戏环节、娱乐节目、抽奖活动、有奖问答、小型讲座和座谈会等。

**特别提示**

订货会举办完以后，客户订货，看似订货会已经成功举办，但请不要大意，这只是成功了一半。举办方一定要落实成交结果，在订货会后及时发货，还要做好电话跟踪和走访跟踪，收取保证金，确保达成最后的合作意向。

● 参考范例

# ×××订货会策划文案

## 一、活动目的

提高×××产品的市场竞争力，提升消费者对×××的认知度，促进市场销售额的提升，增进公司经济效益。

## 二、活动时间

××××年×月×日至×月×日

## 三、活动地点

××市××街××酒店

## 四、参加活动的人员

公司相关部门人员、×××全国代理商、分销商以及店主。

## 五、订货政策

### （一）订货奖励返点政策

| 订货额 | 返点数（%） |
| --- | --- |
| 3万~5万元 | 3 |
| 5万~10万元 | 4 |
| 10万~20万元 | 5 |
| 20万元以上 | 6 |

### （二）奖品政策

订货会当天，订货最高额的前三名客户，如果在当天打款30%以上，可以获得公司提供的神秘大奖。

### （三）销售奖励政策

年销售额达到100万元的，除了年终奖，公司还会提供各种不公开的奖励，比如汽车、房产等。公司设立“杰出代理商”奖项，业绩突出的代理商可以获得赠匾奖励，还能参加公司举办的领导研修班，并且能够获得香港双飞游的奖励。

## 六、活动现场布置

### （一）公司入口

1. 横幅，标注“热烈祝贺×××订货会隆重召开”。

2. 红色拱门1个。

3. 花篮10对。

### （二）公司大楼门口

1. 展架4个。

2. 喷绘与灯箱。

3. 来宾签到台，在这里，服务人员将会给来宾统一发放签到本、签到笔、通行证和服装。

### （三）展厅

1. 墙体的主题形象画。

2. 产品陈列。

## 七、订货会流程

### （一）订货会前

销售部门的各区域主管与客户进行座谈，了解客户对公司的运作有何意见，并回答客户提出的问题。

### （二）实物展示

1. 在会议厅搭建产品试用台。

2. 销售部负责实物展示工作。

### （三）订货会后讨论会

按区域划分客户，区域销售主管各自主持客户讨论会，了解×××目前各区域的经营状况、经营模式、销售网点建设以及代理商在市场拓展和推销等方面的问题，并询问客户对公司未来发展方向的意见。

## 八、日程安排

| 日期 | 时间 | 内容 |
| --- | --- | --- |
| ×月××日 | 全天任意时间，最好在晚上9点以前 | 来宾报到，安排住宿酒店 |

续表

| 日期 | 时间 | 内容 |
| --- | --- | --- |
| ×月××日 | 8：00~11：00 | 座谈会 |
| | 14：00~17：30 | 订货会订货 |
| | 18：00~21：00 | 晚宴 |
| ×月××日 | 8：00~12：00 | 出外游玩 |
| | 下午 | 安排来宾离开 |

## 九、经费预算

| 费用名称 | 单价 | 数量 | 价格（元） |
| --- | --- | --- | --- |
| 会场租金 | 5 000 元/天 | 2 天 | 10 000 |
| 套房 | 1 000 元/间 | 5 间 2 天 | 10 000 |
| 单间 | 200 元/间 | 3 间 2 天 | 1 200 |
| 标间 | 300 元/间 | 6 间 2 天 | 3 600 |
| 早午晚餐 | 50 元/人 | 20 人 | 1 000 |
| 晚宴 | 2 000 元/间 | 5 间 | 10 000 |
| 物料 | 10 元/份 | 50 份 | 500 |
| 旅游费 | 500 元/人 | 20 人 | 10 000 |
| 合计 | 46 300 元 | | |

# 第五章

# 营销价格文案——不要小看，价格可不是数字那么简单

产品的价格对销售起着至关重要的作用，是一个非常敏感的因素。企业要想提高销售量，一定要正确进行价格定位，制定合理的价格策略。这样可以在消费者心目中留下良好的形象，更有利于以后销量的提高。

## 一、定价策略文案：好价格，买卖双方双向决策

定价策略在市场营销中至关重要，因为企业要依靠价格来促进销售，获取利润。价格的制定要考虑到企业的成本，同时也要考虑到消费者对价格的接受程度，这两个方面使价格具有了买卖双方双向决策的特点。

### ● 写作指南

#### 1. 成本导向定价法

企业要想获得利润，必须要将成本考虑进去，成本是企业定价策略中的下限，如果定价低于成本，企业就会亏本，不利于持续经营和再生产。

所以，企业在进行定价时可以使用成本导向定价法。这种定价法往往是一个企业定价时首先要考虑的方法。依据产品的单位成本，加上预期利润，这就是成本导向定价法。这是最常用、最基本的定价方法。

计算公式如下。

单位产品价格＝单位产品总成本×（1＋目标利润率）

其中，单位产品总成本的计算公式如下。

单位产品总成本＝单位产品成本＋单位产品变动成本

#### 2. 需求导向定价法

市场和需求决定了定价的上限。企业不能随便定价，定价太高，消费者也不会进行购买。

因此，企业还要学会使用需求导向定价法。依据需求价格弹性、市场上的供求关系以及顾客的消费心理来确定价格。

#### 3. 竞争价格策略

竞争对手的动态也会是定价时需要考虑的因素之一。同类产品的竞争最明显的表现就是价格竞争，所以企业要密切关注竞争对手的价格策略，及时做出反应。

### 4．依据产品生命周期制定价格策略

企业在制定定价策略时，首先要认清自己的位置，知道自己的产品处于什么阶段。根据产品的阶段，企业要采取不同的定价策略。

| 产品阶段 | 特点 | 定价策略 |
|---|---|---|
| 介绍期 | 初涉市场，批量小，宣传费用高 | 品质高，不易模仿：撇脂定价策略 |
| | | 需求弹性大：低价薄利多销策略 |
| 成长期 | 销量增加，竞争加剧，产品性价比具有优势 | 规模大的知名企业：价格略微提高 |
| | | 规模较小的企业：目标价格策略 |
| 成熟期 | 需求趋于饱和，竞争白热化，具有价格战威胁 | 竞争价格策略，用降价来抑制竞争，保持销量 |
| 衰退期 | 新产品取代风险加大 | 尽快销售，避免积压：小幅度逐渐降价，辅以奖励、赠品等非价格手段 |

特别提示

表格中提到的“撇脂定价策略”是指产品生命周期的最初阶段，即介绍期，将产品价格定得很高，以便于获得最大利润。撇脂定价策略需要具备以下条件：（1）市场上购买者众多，需求弹性小；（2）即使高价减少需求，高价带来的利益也不会抵消；（3）独家经营，高价制造高档产品形象。

● 参考范例

## ×××移动电源定价策略文案

### 一、市场背景

移动电源是智能手机等移动智能设备的标准配件，目前市场竞争非常激烈。当前的市场有每年销售数百万台的大牌子，也有销售几万台的小牌子或者山寨产品，每一种产品都有各自的市场，但差距非常大。随着智能手机销量的快速增长，移动电源的发展空间依旧很强劲。正因为如此，以后会有越来越多的品牌进入这个市场。

### 二、定价目标

移动电源对价格高度敏感，低价能强烈刺激需求的增长。生产与分销的成本会随着生产经验的积累而下降。在保证利润的前提下，低价可以打退现有和潜在的很多竞争者。

### 三、产品成本

×××移动电源的成本体现在很多方面，首先是原材料成本。移动电源是由电芯、PCB板、外壳及数据线组成。所有这些成本加起来不会低于60元，这还是在具有上游资源优势的情况下，成本可以分摊。×××移动电源定价69元，是根据市场现状和竞争对手的情况专门研究所得出的一个平衡价格。这个价格在保证质量水平的基础上，紧贴成本价，为的是做到规模生产，持续经营，薄利多销。

由于这个价格在市场上已经是行业成本价，竞争对手想要超越就必然要设置一个更低的价位，但那样的话，哪怕销量再大，利润也很难得以保证。

### 四、定价策略：渗透定价

在产品上市之初将价格定得较低，可以吸引大量消费者购买，扩大市场占有率。低价有两个好处：

第一，低价能够很快被消费者接受，借助批量销售降低成本，巩固市场地位；

第二，低价可以阻止竞争者进入，增强自身的市场竞争力。

69元就能买到性价比超高的移动电源，这对于消费者来说是一种非常不错的选择。×××移动电源专注于网上运营，日营业额有了几十倍的增长，这很能说明问题。

## 二、价格定位文案：顾客心，跟着价格感觉走

现在企业的价格定位往往与产品定位密切相关。价格定位是指企业将产品或服务的价格定在某种水平上，在消费者心目中建立一种价格类别的形象，消费者会根据产品的价格对产品产生一定的认知以及内心评价。

与定价策略类似的是，价格定位时也要考虑产品的成本与市场的需求，并

根据产品的生命周期来确定定价方式。

在进行价格定位时，通常还要进行该产品的 SWOT 分析，以分析出产品的机遇和劣势，找出不足加以改正，从而更加巩固市场地位，落实价格措施。

## ● 写作指南

价格定位一般有四种情况，如下图所示。

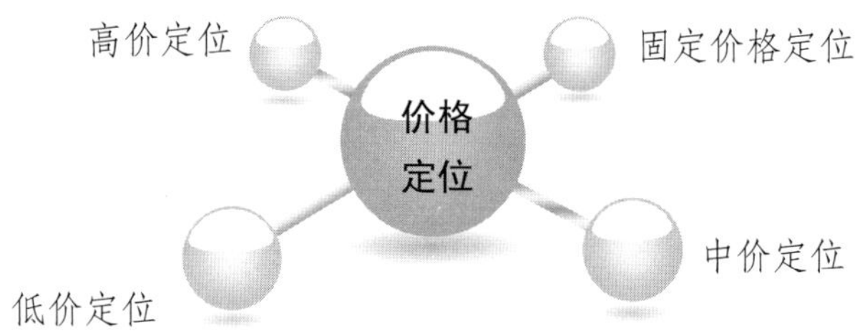


### 1. 高价定位

这种价格定位是将不低于竞争对手产品质量的产品价格定得比市场价格高出很多。高价格往往象征着高质量。只要企业或其产品具有很好的品牌优势、质量优势和售后服务优势，属于“高质量”的类别，那么高价格就不会使消费者感到吃惊，而是觉得合情合理。比如，法国的香水。

### 2. 低价定位

这种价格定位是指将产品价格定得远远低于竞争者的价格。这种产品的质量并非都比竞争者差，有的还会比竞争者好很多，而最主要的原因就是该企业具有成本优势，销量大。有的产品虽然质量比竞争者差一些，但只要差别远远小于价格差别，这种价格还是具有无穷的诱惑力。那些收入不高的人，对价格的重视程度要远远大于对质量和服务的重视程度。

### 3. 中价定位

这种价格定位又称为“市场平均价格定位”，是指将自己产品的价格定在目标市场消费者所能支付的价格区间内。这种价格水平下的产品，其质量也处于中等或偏上水平。

由于支付中等价位的消费者占绝大多数，所以企业大都喜欢采用这种价格定位，但由于价格特征不突出，所以企业要在其他方面加强特色定位。

4．固定价格定位

一般具有良好声誉的企业或产品才会使用这种价格定位。这种价格定位的特征是产品不打折扣，价格标注得清清楚楚，不会降价。这样可以消除消费者对价格的不信任，也能省去砍价的麻烦。

特别提示

企业的价格定位并非一成不变，当处于不同的营销环境时，在产品的不同生命周期阶段，企业发展的不同阶段，价格定位可以依据当时的情况灵活变化。其实，市场上出现的价格大战就是企业之间进行的价格定位的竞争。

● 参考范例

## ×××休闲男装的价格定位文案

### 一、市场现状分析

现在的生活节奏加快，工作学习压力增加，人们在业余时间为了追求一种放松与悠闲的心境，在服饰选择上更加注重舒适和时尚，所以休闲装成为不可阻挡的潮流。休闲装的行业规模正在不断扩大，服饰代表的内涵也在不断延伸。根据调查得知，购买休闲服装的人很多，抽样调查时占 67%的比例。休闲装分为休闲男装和休闲女装。

消费者购买休闲男装时主要看中衣服的款式、舒适度、面料和价格。

### 二、SWOT 分析

（一）优势

1. 商场中的知名度较高，品牌代言人深受年轻人喜爱，消费者很容易联想到该品牌。

2. 价格回旋余地大。

3. 市场定位比较高端，竞争优势明显。

（二）劣势

1. 消费者容易误解该品牌的适用年龄层。

2. 公司的宣传力度还不够。

3. 品牌形象与价格定位不太相符。

（三）机会

1. 消费者对该品牌的偏好是有一定基础的。

2. 现代男性对时尚的关注度提升了不少，对个人形象更加注重，这代表着需求的提升。

（四）威胁

1. 海外产品进入，竞争日益激烈。

2. 国内市场也有众多成熟品牌，自身专利优势明显，其地位尚不能动摇。

根据存在的问题和自身具有的优势，我们应该继续加强品牌代言人的广告频率，定位于年轻人群，开发价格低的时装品种，使价格与品牌形象互相搭配。

## 三、目标设定

×××休闲男装的目标人群是25～35岁的年轻人群，潜力消费者范围定在18～25岁这一区间。通过市场策划逐渐加强消费者的品牌认知度，扩大市场占有率。

## 四、低价定位

（一）定价目的

1. 快速进入市场，被消费者接受。

2. 避开竞争者的恶性价格竞争。

（二）竞争对手定价

×××的定价为500元左右。

××的定价为700元左右。

×××的定价一般是600元左右。

（三）影响定价的因素

竞争对手的价格、广告费、物流费等费用。

综合考虑以上各项因素，我们最终采取低价定位使新产品进入休闲男装市场，基本定价为25～35岁的为450元，18～25岁的为300元。

## 三、价格促销文案：价格回馈，顾客得实惠

价格促销是促销技巧中非常直接有效，消费者最为敏感的促销方式，非常容易实施执行。商家采取让利的方式，给予消费者实实在在的优惠，所以消费者非常喜欢。特别是在城市，中低消费人群占 80%以上，购买力丰富，价格促销的效果更为突出，而且基本上屡屡有效。

### ● 写作指南

商家要想正确运用促销方式来提高销量，首先要明白价格促销的形式有哪些。下面我们就来看一下它的各种形式，并举出相关例子，详见下表。

| 价格促销 | 表现形式 | 示　例 |
|---|---|---|
| 直接折扣 | 现场折扣 | 1. 全场×折优惠<br>2. 部分商品×折起<br>3. 配合促销主题（5.1××折） |
| | 减价优惠 | 原价××元，现价××元，为您节省××元，在原价上画叉 |
| | 现金回馈 | 购买 1 大袋洗衣粉，凭购买凭证获得 20 元现金回馈 |
| | 统一价 | 取长补短，定出一个统一的价格（全场牛仔裤统一价 150 元） |
| 变相折扣 | 多件数购买赠送 | 买二赠一、买三赠二等 |
| | 组合销售 | 口红、眼线笔和指甲油一起购买只要 88 元 |
| | 加量不加价 | 重量增加 300 克，还是原来的价格 |
| | 回购 | 一般用在耐用商品中，××年后商家用稍低的价格回购产品或者以旧换新 |

除了以上两大类价格促销方式以外，商家还经常使用优惠券、代金券和退款优惠的方式来促销。

特别提示

使用赠品促销方式时，不要把赠品看得不重要，而是要送给顾客与产品相关联的赠品。比如，买牙膏赠塑料杯子；买西服赠一个滚毛刷等。

● 参考范例

## ××咖啡促销文案

### 一、促销目的

（一）销售量增加

元旦假期是一个购物的黄金阶段，本公司要力争将销量提高到去年同期的2倍。

（二）增加消费者兴趣

这个时段消费者的消费热情非常高涨，咖啡等饮品的需求也会增加，所以本公司要在元旦期间举行促销活动，唤起消费者的购物兴趣。

（三）增强消费者忠诚度

本公司处于××商业区，这里的竞争相当激烈，所以本公司一定要在这次的促销活动中提高消费者的忠诚度，只有这样市场份额才能逐渐扩大。

### 二、促销对象

本次促销活动主要的促销对象为全家团圆的家庭，都市白领阶层和活动现场的消费者。

### 三、促销主题

"××暖心，拉近你我距离"。

### 四、促销时间

促销时间为××年12月28日××年1月3日。

具体的活动安排如下：

（一）××年12月20～12月27日

这一段时间为本次促销活动做一些宣传工作，提前让消费者知道活动的时间和促销活动的内容。

（二）××年12月28～12月29日

以全家团圆的家庭和活动现场的其他消费者为促销对象，举行促销活动。

（三）××年12月30日至××年1月3日

以都市白领阶层和活动现场的其他消费者为促销对象，举行促销活动。

## 五、促销内容

（一）××年 12 月 28～12 月 29 日

活动地点：×××超市，××购物广场

促销方式：当天购买××咖啡的消费者可享受 7 折优惠。

促销人员在超市比较显眼的地方放好××咖啡促销物件的堆头和陈列摆放，促销人员在现场进行促销，并在促销结束后统计销量，总结促销经验。

（二）××年 12 月 30 日至××年 1 月 3 日

活动地点：×××超市，××购物广场

促销方式：

1. 抽奖赠免费商品，每天 10 套，送完为止。消费者在消费达到 50 元时即可参加这次活动。

2. 捆绑销售，消费者购买产品后可获得咖啡饮具一套。

## 六、促销广告

（一）店内促销广告

促销期间，店内广播不断重复促销活动的相关情况，强调活动主题，而且采用促销 POP 烘托活动气氛，以便于加深消费者的印象。

公司制作广告单，详细说明促销活动的情况，由专门的送单员送到消费者的手里。

（二）户外促销广告

可以在店外悬挂 LED 显示屏，播放促销活动的广告，通报活动内容，另外在车体上登载广告，做流动的广告宣传，争取做到广告内容富有艺术性，成为这一期间公共交通生活中一道美丽的风景线，强化公司的美好形象。

## 七、活动配合

企划部：布置场地，制作 DM 海报，监督活动的执行情况。

人力资源部：招聘促销人员，监督促销人员的促销情况。

采购部：与供应商洽谈，商议赠品的相关事宜。

## 八、促销预算

| 费用名称 | 单价 | 数量 | 总价（元） |
|---|---|---|---|
| DM 宣传页 | 0.2 | 500 | 100 |
| 海报 | 70 | 10 | 700 |
| 奖品 | 50 | 40 | 2 000 |
| 促销人员工资 | 200 | 10 | 2 000 |
| 场地费 | 200 | 7 | 1 400 |
| 条幅 | 30 | 10 | 300 |
| 现场布置费 | 300 | 5 | 1 500 |

总计：8 000 元

# 第六章

## 营销渠道文案——填平顾客前的鸿沟，条条渠道通“罗马”

产品要想到达消费者手中，需要通过一定的方式，或者是零售店，或者是网络店铺，这些方式就是销售渠道的体现。然而产品要想销售，不仅终端建设要跟上，而且营销推广更是必不可少的工作。那么，消费者获悉产品信息，企业传播信息的媒介便是营销推广的渠道。熟练掌握营销渠道的铺展，企业的发展之路自然会顺利。

## 一、媒体整合渠道文案：对单调 say no，传播渠道立体化

企业的形象与产品要想广为人知，需要依靠媒体来传播。在现在这个时代，仅仅依靠单一媒体已经远远不够了，而是需要综合运用文字、图片、音频、视频等方式进行立体化传播。这就是所谓的媒体渠道整合。

媒体渠道整合对于企业来说非常重要，需要企业严谨制定，这样才能取得传播的良好效果，为企业带来更多的收益。

### ● 写作指南

在制定媒体整合渠道文案时，要综合考虑各种媒体渠道，包括报纸、杂志、电视、电台、户外广告、公共活动及新媒体等。这是媒体整合渠道问安的主要内容。制定媒体整合渠道文案时，企业需要注意以下几点。

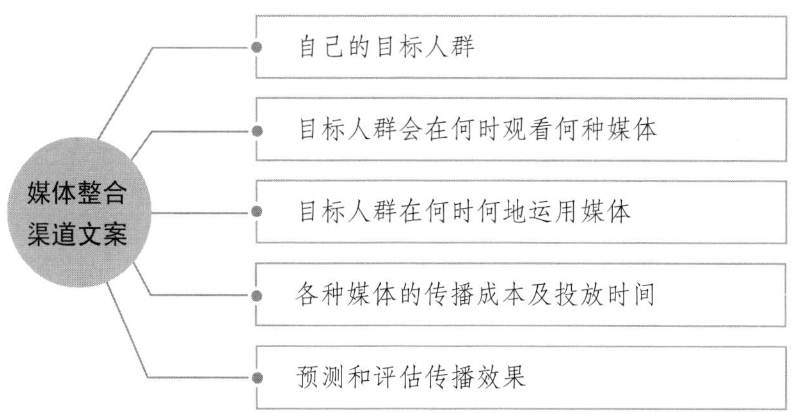


在综合考虑以上的基础上，企业可以结合销售的周期，以可以接受的成本来组合媒体，制定最好的媒体整合渠道文案，从而有效地覆盖目标人群。

特别提示

企业在制定媒体整合渠道文案时还要注意一点，并不是所有的媒体传播方式组合到一起就是媒体渠道整合，而是要有针对性地采用媒体传播方式，不必要的，对产品的传播没有多大帮助的媒体传播方式是可以省去不用的，这样既可以节约宣传成本，还能更有效地组织媒体宣传。

● 参考范例

# ×××洗发水媒体整合渠道文案

## 一、市场情况

中国洗护发产品是日化产业市场规模最大、市场竞争难度最大的产品类别。中国是目前世界上洗发水产量和销量最高的国家，市场规模早已超过300亿元。洗发水同质化现象比较严重，市场上比较占有优势的强势企业逐渐垄断市场，竞争主要体现在垄断企业的内部。××旗下一共有5种洗发水品牌，系列多达20多个。每种品牌都有准确的市场定位，几乎覆盖所有的目标人群，×××洗发水只是其中之一。

## 二、目标人群

目标人群分为三个年龄段：20岁以下，20～50岁，50岁以上。其中20～50岁的消费者占据了90%左右的购买份额，这一年龄段的购买人群比较理性，相信只有实实在在地用过产品后才能知道它真正的效果，而20岁以下的人群偏于感性，比较容易受到广告等外界因素的影响。

按性别分，女性消费者占72%，所以女性消费者对产品的销售起决定性作用。她们的购买欲望比男性消费者大得多，比较容易受到广告和促销因素的影响，甚至会在没有真正需求的时候购买产品。

## 三、媒体传播方式组合

### （一）报纸

由于报纸传播速度快，信息传递及时，信息量大，并且容易保存，可以占用报纸的半版来提醒消费者。广告文案采用情感诉求方式，避免引起读者反感。

### （二）杂志

×××洗发水属于中高档产品，而白领或者中高收入者是高频杂志订阅户，他们一般会在闲暇时浏览杂志。可以选择发行量大的杂志登广告，广告版面不宜过大，画面制作一定要精美，突出产品“清新自然，大气淡雅”的形象。

### （三）广播电台

现在汽车用户越来越多，车载广播越来越普及。为了让广告受众轻松接受宣传信息，可以采取温馨怡人的方式在广播上宣传。推荐方式如下：为×××洗发水创作一首歌曲，朗朗上口，歌曲主题就是×××洗发水代表的情感诉求，力求能打动听众。

（四）电视

由于×××洗发水所属的公司资金雄厚，所以可以选择在央视的黄金时段播放广告。广告的拍摄要定位在时尚、青春和感人方向，用微电影或者 MTV 的方式渲染气氛，于无形之中感染电视观众，激发潜在消费者的购买欲望。

（五）户外广告

这种广告需要用到平面设计，路牌、灯柱、建筑物等载体种类丰富，最重要的是要选择人流量多的地段来投放，使用具有视觉冲击力的画面，以便于受众记住。

（六）公共活动

举办各种公共活动，树立×××洗发水的美好形象，巩固其早已占据的市场地位，不断扩大市场份额。

1. 亲身体验活动

在人流量大的地方现场搭台子，与理发店合作举办这次活动。请理发师给路过的人洗一次头发，亲身体验×××洗发水的品质。还可以现场找出一位具有最柔顺头发的人，然后免费送给他×××洗发水大礼包，这样既能增加现场气氛，也在无形中宣传了本产品。

2. 促销活动

在情人节推出情侣套餐，优惠不断，吸引情侣购买；中秋节推出家庭团圆套餐。

春节推出限量包装，将包装设计成爆竹的样式，并举办开盖有礼活动，集齐 12 个带有祝福字样的包装可以领取奖品。

3. “乡村最美女孩”活动

在农村开展“乡村最美女孩”活动，获胜选手可以得到奖品，不仅奖品宣传产品形象，而且这一活动还可以制造新闻效应，引起社会对×××洗发水的广泛关注。

（七）新媒体

1. 网络

网络投放广告也应该进行整合传播。网络媒体包括论坛、视频网站、音乐电台、微博、微信以及其他社会化媒体。社会化媒体的线上线下活动能够有效地将消费者与企业联系起来，并且具有持续性，只要活动组织者组织恰当。

2. 植入广告

现在植入广告在网络剧中出现的频率越来越高。×××洗发水可以与某视频网站独家合作推出一部知名 IP 改编的青春偶像网络剧，在剧中的亲情、爱情或者同事等桥段自然地插入植入广告。植入广告要求与情节浑然一体，不让观众反感。

3. 移动传媒或者分众传媒

×××洗发水可以在影院播放前播放广告；在地铁或者公交的媒体上播放广告，另外，商务楼电梯外的视频终端也可以播放广告。

### 四、费用预算（略）

## 二、分销渠道设计文案：产品在慢慢靠近，顾客在那里

何谓分销渠道？要想了解分销渠道，首先我们要了解市场营销渠道。市场营销渠道是指生产、分销、消费某一生产者的某些产品或服务的一系列的企业和个人。

市场营销渠道包括资源供应商、生产者、商人中间商、代理中间商、辅助商和消费者等。

分销渠道的范围要比市场营销渠道窄得多，是指产品或服务由生产者向消费者移动时经手的企业和个人，包括商人中间商、代理中间商、生产者和消费者，不包括供应商、辅助商等。

渠道长短按流通环节的多与少来划分；渠道宽窄按每个环节使用同类型中间商数量的多少来划分；此外间接分销渠道还分为单渠道与多渠道，区别在于单渠道是企业让自己直接设置的门市部销售全部产品或全部交给批发商销售，多渠道则是本地区采用直接分销渠道，外地使用间接分销渠道。

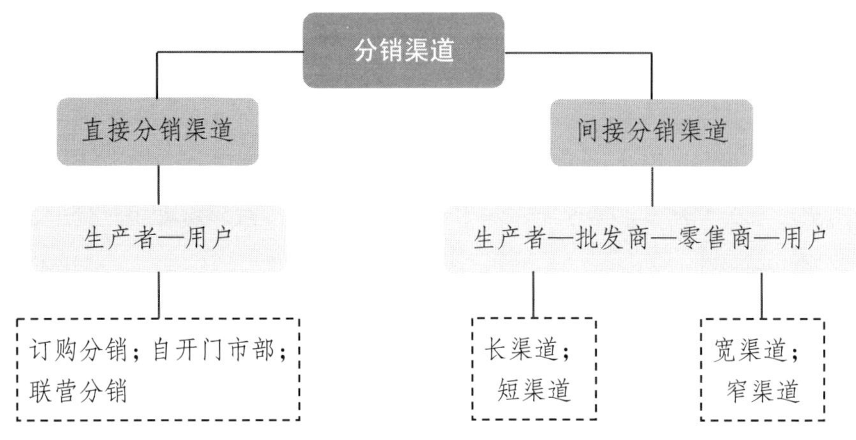


## ● 写作指南

在制定分销渠道设计文案时，首先要确定分销渠道的基本结构，即渠道模式，然后确定中间商的数量，同时要规定各成员的权力和责任。

在制定文案之前，需要对影响渠道设计的影响因素有一个大致的了解，通过分析每一种因素，并以此为前提设计分销渠道。

影响渠道设计的因素有多个方面，详见下表。

| 影响因素 | | 影响因素表现 | 渠道选择 |
|---|---|---|---|
| 市场因素 | 目标市场范围 | 市场范围广 | 长渠道或宽渠道 |
| | | 市场范围窄 | 短渠道或窄渠道 |
| | 顾客集中度 | 顾客分散 | 长渠道或宽渠道 |
| | | 顾客集中 | 短渠道或窄渠道 |
| | 顾客购买量与购买频率 | 购买量小，购买频率高 | 长渠道或宽渠道 |
| | | 购买量大，购买频率低 | 短渠道或窄渠道 |
| | 消费的季节性 | 无季节性，均衡生产 | 采用长渠道 |
| | | 季节性 | 短渠道 |
| | 竞争状况 | | 与竞争者采取相同或类似的渠道 |

续表

| 影响因素 | | 影响因素表现 | 渠道选择 |
|---|---|---|---|
| 产品因素 | 物理化学性质 | 重量大、体积大、容易腐烂或者损耗的产品 | 短渠道或直接渠道 |
| | 价格 | 工业品、耐用消费品价格高 | 短渠道和窄渠道 |
| | | 日用消费品价格低 | 长渠道和宽渠道 |
| | 技术复杂度 | 技术越复杂的产品，售后服务要求越高 | 适用短渠道或直接渠道 |
| | 更新换代 | 更新换代快的产品 | 短渠道 |
| | | 款式不易变化的产品 | 长渠道 |
| 企业自身因素 | 财务能力 | 财力雄厚 | 短渠道 |
| | | 财力薄弱 | 长渠道 |
| | 渠道管理能力 | 能力强 | 短渠道 |
| | | 能力弱 | 长渠道 |
| 中间商因素 | 合作可能性 | 愿意合作 | 长渠道或宽渠道 |
| | | 不愿意合作 | 短渠道或窄渠道 |
| | 费用 | 费用高 | 短渠道或窄渠道 |
| | | 费用低 | 长渠道或宽渠道 |
| | 服务 | 优质服务 | 长渠道或宽渠道 |
| | | 劣质服务 | 短渠道或窄渠道 |
| 环境因素 | 经济形势 | 经济萧条时 | 采用短渠道 |
| | | 经济形势好时 | 采用长渠道 |

企业在选择了渠道成员以后，还要学会管理，对分销商进行激励、评估和调整，并处理好渠道冲突。

**特别提示**

激励分销商能提高他们的积极性，方法主要有返利政策、价格折扣、促销活动、培训、提供营销支持及构建长期的合作关系等。

● 参考范例

# ×××乳品公司的分销渠道设计文案

## 一、分销渠道基本结构

根据营销规划，×××乳品公司选择在省会城市与其他地区采用不同的分销商类别，建立三层渠道的分销结构。三层渠道的分销结构能够在经济性的原则下最大限度满足×××乳品的分销要求。

三层渠道的分销结构为生产商—分销商—二级批发商—零售商，每个事业部分别负责旗下的分公司和经销商，经销商负责二级批发商、组织购买者以及大型的零售终端，二级批发商负责中小型零售终端，包括中小型超市、仓储式商店等。分公司下设渠道组织与经销商制下设组织一致。

分销商类别按照乳品的品类不同进行划分，常温液态奶、低温液态奶、冰品和奶品分别由不同的经销商负责。经销商经营不同类别的产品要向不同的事业部申请。分销商还分为分公司和经销商两种形式，一般省会城市设立分公司，其他城市设立经销商。比如，奶品事业部负责奶品分公司和奶品经销商。

## 二、×××乳品公司的分销渠道政策

### （一）分销商的选择

×××乳品公司通过招标来选择合适的分销商，选择标准非常严格。

1. 合法经营，拥有“三证”——卫生许可证、营业执照、卫生质量检验报告。

2. 整合资金能力强，最好是能拥有较多的二级分销商。

3. 具备很强的仓库储备能力和运输能力。

4. 其他标准有注册资本、办公条件、人员素质等。

### （二）分销商的培训

建立企业学习型团队，成立学院，对分销商进行培训。培训分为初期培训和后期培训。初期培训主要针对新加盟的分销商，为的是让他们了解公司制度文化和培训业务绩效。后期培训是针对已有的分销商，富有长远的眼光，主要是分享先进的分销思想，并和实际业务相联系。

### （三）分销商的日常管理

1. 进销存管理

进销存是指分销商进货、销售和存货的情况。×××乳品公司早在2004年使用ERP系统，实现了对进销存的电子化管理，企业可以将每个分销商的进销存货进行实时的动态管理。

2. 品项管理

品项是指分销商经营的商品种类和价格体系。×××乳品公司的产品有常温液态奶、低温液态奶、冰品和奶品等四大类，归不同的事业部管理，每个事业部就对负责的产品进行品项管理。事业部要详细了解每个分销商经营的产品种类，从而有针对性地进行管理。

在价格上，×××乳品公司建立了比较透明的价格体系，还建立了严格的巡查机制，严禁出现寻租行为。如果发现分销商出现此种行为，公司将会实施严厉的处罚。

3. 铺市管理

在主要的范围内，×××乳品公司按照地域原则划分分销商的控制区域，而在控制区域的边缘地区，×××乳品公司按照就近原则划分控制区域。×××乳品公司按照计划进行铺市扩张，分销商也要按照要求提高铺市率。

### （四）解决分销商冲突

1. 窜货

越是知名品牌，窜货现象就越严重。×××乳品公司现在是中国驰名品牌，声誉享誉全球，窜货也就找上门来。

×××乳品公司引进了先进的生产设备，将每一包牛奶都编号，通过查询分销商的产品编号就可以知道是否窜货了。如果发现窜货行为，涉嫌该行为的分销商就要受到警告处罚，严重的会被取消代理权。

2. 资源分配不均引起的冲突

资源分配是指市场的消费能力。×××乳品公司往往会在选择分销商时根据区域的消费水平和零售网点数量将分销商对号入座，选择合适的分销商，而且在制定销售任务时不过于注重分销区域的大小，而是采取量化的方式，逐步加强分销商的销售能力，加大其铺货率，提升销售终端消费者的满意度和消费数量。

## 三、销售终端的管理

### （一）业务人员的管理

终端的业务人员大多数是在办公室以外进行工作，企业不太容易进行监督，消极怠工、自由散漫的风气很快就会蔓延开来。为了预防这种情况，企业对业务人员要进行管理，包括以下三项内容。

1. 培训

企业要对业务人员在产品知识、销售演示、制订分销计划和跟踪终端情况等几个方面进行严格的培训。

2. 配置业务人员

业务人员在终端基本要完成如下工作：产品铺市、产品陈列、POP 广告、价格控制、渠道理顺、客户关系和报表反馈等。企业要在员工培训后根据渠道网点的布局、销售能力大小和销售额大小对业务人员进行配置。

3. 报表管理

运用报表使业务人员产生压力，规范其行为，使其做事有目标和计划，同时还能避免工作的杂乱无章，从而提高工作效率。

### （二）零售终端的管理

1. 网络开发

在规划渠道时便开始普查有关零售终端的资料，确定选择哪种零售终端，然后考虑使用某种渠道覆盖终端，形成全套的市场开发方案，并以其为依据行动。市场开发分为宏观层面和微观层面。宏观层面是省市的先后开发，微观层面是根据销售量、客流量和回款水平划分零售终端的类别。

2. 维护终端

第一，业务人员市场总结各阶段销售情况，合理安排进货，防止出现缺货或者库存太多的情况。

第二，保证终端零售价格按照公司要求来执行，避免窜货和价格的波动。

第三，在终端派驻大量促销人员，为消费者提供更具人性化的服务。

第四，对终端投入巨大，能够提高终端的积极性和主动性。

## 三、会议营销策划文案：从细节出发，让顾客当场下单

会议营销，从字面来看就是通过开会才进行营销，是指企业将目标顾客集中到一起，运用亲情服务和产品说明会的形式来销售产品。会议营销的目的是为了与顾客建立长久密切的联系，提升其满意度和忠诚度。

会议营销适合于那些消费市场渐渐趋于饱和，但非常适合推广的产品，比如保健品等。

### ● 写作指南

会议营销也称为数据库营销，大致流程如下：

#### 1．收集顾客信息，建立数据库

建立顾客信息数据库，分析整理后按照其需求进行分类，由此可以确定目标顾客群。

顾客信息收集的渠道主要有以下五种。

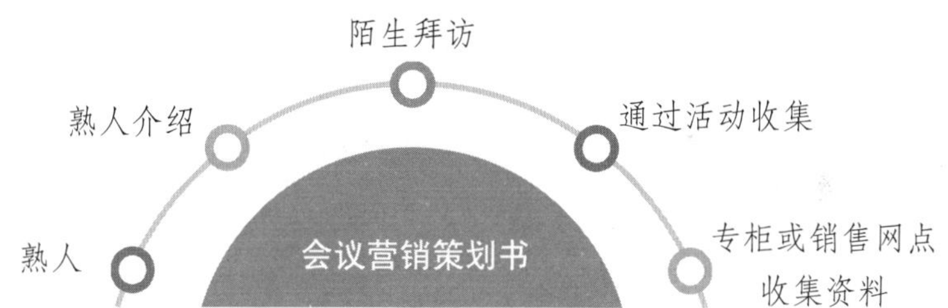


#### 2．组织实施会议营销

收集完顾客信息后，确定时间地点进行会议营销的准备工作，比如现场部分的布置、控制与实施，之后将顾客信息根据不同的状况进行分类处理，然后通知顾客到会议现场。在会议现场，促销活动、专家讲解、顾客现身说法、一对一沟通等方式激发顾客的购买欲望，消除其顾虑，促成销售。

#### 3．跟踪服务

对已经购买产品的顾客进行跟踪服务，指导顾客使用产品，并将使用前后

的效果做一下对比，用人性化的服务形成良好的口碑宣传。

一个好的会议营销策划书主要包括以下六点。

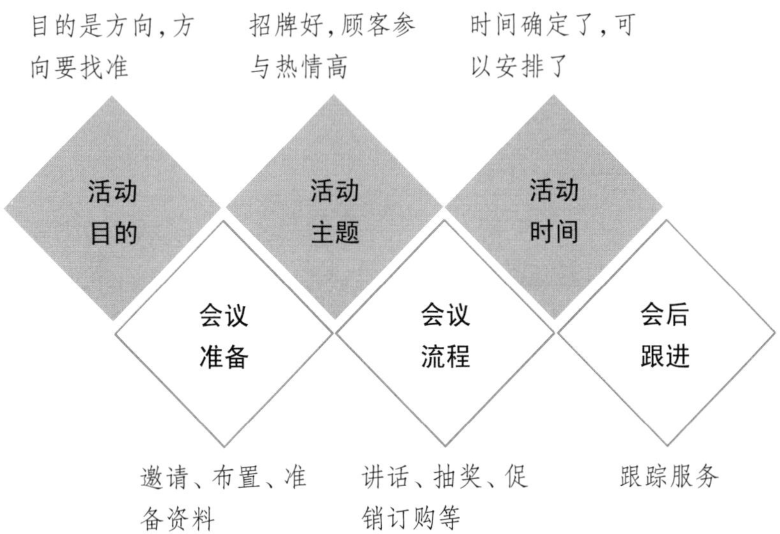

**特别提示**

会议营销有一段 15 分钟的黄金时间，是在讨论政策时的那段时间。这时顾客的情绪易于被感染，是销售的最佳时机。

**● 参考范例**

## ×××护肤品的会议营销策划

### 一、活动目的

1. 提高×××护肤品的知名度，扩大其业界影响力。
2. 提升广大女性朋友对该产品的了解程度，促成顾客现场购买。

### 二、活动主题

“肌肤再生，年轻再年轻，爱美，人之常情”

### 三、活动时间

10 月 23 日 14：00~16：00

## 四、会议准备

### （一）前期准备

1. 成立会议筹划小组，小组成员分别负责物资运送、会场布置、会议接待、宣传画册制作、统筹助理、现场沟通等任务。

2. 选择场地，支付定金。

3. 制作邀请函。

4. 确定出席会议的顾客。

### （二）会前准备

1. 提前一周发放邀请函，注明会议主办公司名称，并探寻顾客的现场购买意向，提醒顾客保管好邀请函，参会时凭邀请函入场。

2. 提前一天电话确认。

3. 印刷好会议所需要的企业画报、海报、宣传资料、横幅以及×××护肤品产品和赠品。

4. 准备好会议 PPT。

资料物品清单如下：

| 公司宣传彩页 | 130 份 |
|---|---|
| 手提袋 | 130 个 |
| 抽奖卡 | 130 张 |
| 宣传横幅 | 5 个 |
| 易拉宝 | 4 个 |
| 工作卡 | 30 张 |
| 参会证 | 150 张 |
| 订货单、定金收据 | 各 130 份 |
| 签到本 | 2 本 |
| 电脑 | 2 台 |
| 工作服 | 30 件 |
| ×××护肤品 | 200 个 |

## 五、会议当天安排

1. 会议前 3 小时将资料送到会议场地。

2. 场地服务人员将资料提前1小时分发到每个座位。

3. 布置场地、悬挂横幅、张贴海报、检查音响设备、投影仪等。

4. 来宾签到登记，安排入座。

5. 主持人介绍嘉宾，宣布会议开始，时间长度5分钟。

6. 公司负责人致辞，时间长度3分钟。

7. 讲师用PPT讲述有关的美容知识，分析市场上各种护肤品的形式，指出×××护肤品的核心技术，区别于其他品牌，时间长度15分钟。

8. 抽取幸运观众，免费体验×××护肤品，公司人员示范产品的使用技巧和美容护理技巧，时间长度15分钟。

9. 顾客互动环节，有奖问答、抢答、现场咨询等，时间长度30分钟。

10. 促销政策宣传×××护肤品，现场订购产品，派发纪念品，时间长度50分钟。

整个会议营销共计2小时左右，从14：00开始，16：00结束。

### 六、会后跟进

1. 根据顾客的反馈表进行电话回访，充分了解顾客的需求。

2. 发现有意向的顾客，多次联系，促成订单。

3. 会后总结。

## 四、多元渠道策略文案：打出营销组合拳，拳拳打到顾客心

多元渠道策略是相对于单一渠道策略而言的，是为了满足不同的细分市场，尽力覆盖多元化的市场。

单一渠道是指生产企业只通过一条营销渠道销售产品。比如，某家化妆品公司一直使用直营的方式推销产品，这种渠道策略就是单一渠道策略。

单一渠道有很大的弊端，非常容易导致信息流、物流和资金流受到限制，阻碍企业将产品最迅速地送达终端。

多元渠道就可以很好地克服这种困难，采取直营、分销、直销等营销方式并存的方法来销售产品，尽管消费者细分程度提高，零售业态丰富，它也能极好地覆盖大部分消费群体和零售网点。

不过，企业渠道策略转变要看自身实力和所处的发展阶段，但渠道多元化是企业战略多元化的必然结果，是企业生命周期发展的必然阶段。

## ● 写作指南

多元渠道设计主要体现在三个方面，如下图所示。

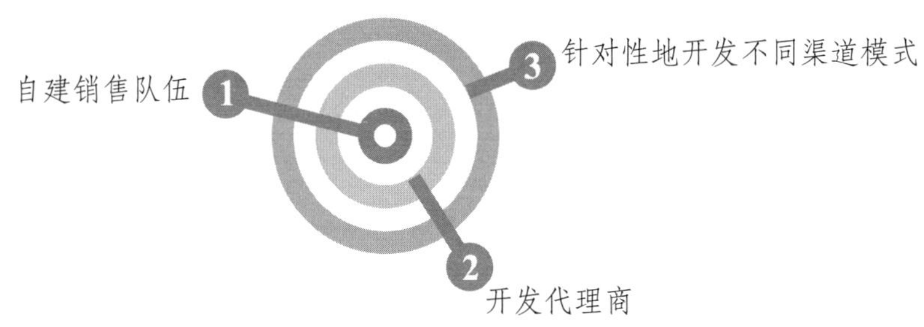


### 1. 自建销售队伍

建设一支销售大军，公司总部负责管理，并将其派驻到全国各地，与厂商联络，服务经销商，开发市场。

### 2. 开发代理商

全国各地开发众多业绩优异、信誉良好的一级代理商和二级代理商，将渠道重心布局在二、三线市场。这样可以保证多元化渠道策略的实施。

### 3. 针对性地开发不同渠道模式

针对不同的零售业态，企业要开发不同的渠道模式。

现在是互联网时代，企业经营离不开网络的支持。渠道建设结构上自然也

少不了网络渠道。网络渠道也分为传统与新兴两类，传统的网络渠道一般包括企业网站、网络广告、网络促销活动，这些都是采用大众传播的方式，终端以PC为主。而新兴的网络渠道是指新媒体，包括手机APP、社交软件等。

在写作多元渠道策略文案时，大致结构如下：

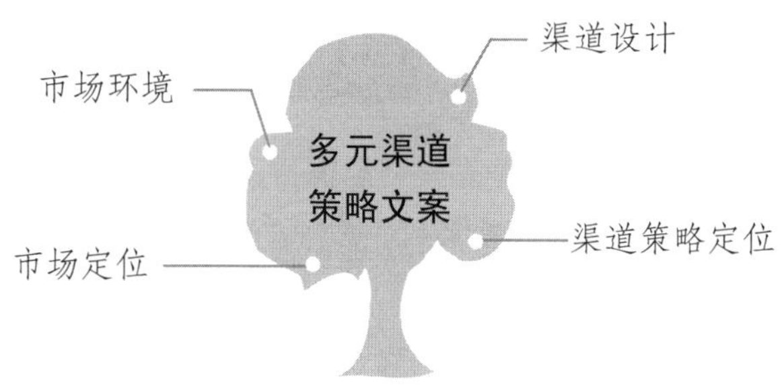

企业采取多元化渠道战略时比较容易面临渠道冲突和渠道效能控制的难题。其中，窜货是“老大难”，究其根本原因在于各方利益分配不一致。为此，企业可以制定合理的级差价格体系，保护各级渠道成员的利益，而且要选择信誉良好、实力雄厚的经销商作为长期战略合作伙伴，并针对不同渠道设计不同产品。

## ● 参考范例

### ×××景区的多元渠道策略文案

#### 一、市场环境

××××年，××省的旅游收入比去年同期增长32%，其中入境旅游市场逆势上扬，全省累计接待入境游客270万人次。国内旅游市场呈现持续繁荣状态，假日游再攀新高。作为中国最出名的旅游景点之一，×××景区应该时刻把握市场机会，制定多元渠道战略，全面覆盖各层旅游消费者。

#### 二、市场定位

由于中国奇山怪石很多，单纯依靠自然景观是无法取得市场较高的认知度的。鉴于本景区位于文化古城，可以在文化底蕴上挖掘市场需求。

## 三、渠道策略现有情况

### （一）传统营销渠道

1. 旅行社

旅行社是×××景区的渠道第一选择，关系也最为稳固。不过，旅行社组织游客观光，缺乏深度体验；旅行社与景区之间相互埋怨。

2. 传统纸质媒体

纸质媒体的发行量和知名度在当今时代已经一落千丈，景区宣传又不到位，所以推广力度并不是很强。

3. 学生

景区附近有多所大学，本景区作为学校的旅游专业的实习基地，经常接待学生调查研究和游览。不过，景区并没有推销到邻市的大学，受众太小，发展空间严重受阻。

### （二）网络营销渠道

1. 景区官方网站

景区构建了自己的官方网站，但网页设计不够精美，网站推广力度不大，搜索度非常低。

2. 网络推广

在第三方网络平台推广景区，比如××××、×××等旅游网站。但是网络流量不够。

### （三）存在的问题

1. 景区的产品比较单一，产品组合未成体系，规划不合理。
2. 娱乐设施不完善，娱乐项目比较单一。
3. 产品缺乏文化底蕴，竞争力不强。

## 四、渠道策略定位

1. 直接渠道为主，间接渠道为辅。
2. 学校、政府或者大型团体的团队游，适宜直销。
3. 市场成熟后主要采用旅行社间接渠道。

## 五、渠道设计

### （一）直接渠道

直接渠道采用人员推销的方式。

景区的人员可以与公司的经理洽谈，为他们提供员工度假旅游的场所；可以与影楼洽谈，为他们提供写真、婚纱摄影的场地背景；还可以与影视公司洽谈，为他们提供拍摄古装戏的场地背景。

### （二）间接渠道

间接渠道包括线上渠道和线下渠道。

线上渠道：主要是和各大团购网站或者旅游网站合作；

线下渠道：与旅游公司密切合作；在大学设立校园代理；与学校的美术学院洽谈，推荐他们到景区写生；与老年疗养机构洽谈，为他们提供休闲养生的安静舒适环境。

# 第七章

## 广告策划文案——广告岂能庸俗？创意，才是广告之本

产品要想名扬天下，广告至关重要。俗话说，酒香不怕巷子深。在商品经济年代，这句话显然已经有失偏颇。不知有多少优质产品被其他产品的广告所埋没，无法与受众见面。广告要在产品本身质量得到保证的前提下，充分发挥创意功能，吸引大众注意，提升产品和品牌的影响力。

## 一、广告策划书：这么做，都是为了让顾客记住它

广告策划是对广告决策的提出、实施和检验做一番预测和考虑，是一种广告整体战略。企业要把广告策划与广告计划严格区分开，因为广告计划是具体的行动层次的规划，而广告策划则是广告决策的形成过程，是全局性的运筹帷幄。

广告策划主要包括以下五个内容。

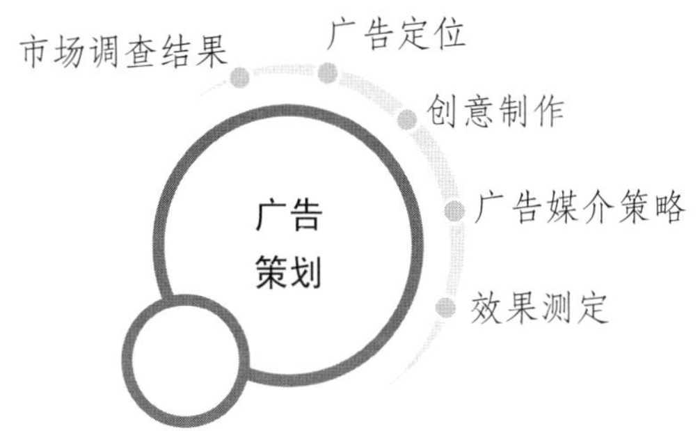


根据以上内容我们可以得知，广告策划其实就是根据广告主的市场营销计划，制定广告目标，通过市场调查，制订一个与市场状况吻合的广告计划方案，最后加以评估和检验，从而能够为广告主的整体运营提供优质服务。

可以这么说，广告策划是市场营销活动中的一个环节。其中广告诉求策略、定位策略、表现策略和媒介策略是其核心内容，要求做到与众不同，特色鲜明，但又不会脱离实际的广告效果。

### ● 写作指南

广告策划书是将广告策划的每一部分做出评估和分析后，最后形成的一个总结性的文件。

一份完整有效地广告策划书至少要包括九个部分，详见下表。

| 组成部分 | 主要内容 |
|---|---|
| 市场分析 | 市场规模、市场运行情况、行业分析、发展趋势分析等 |
| 消费者分析 | 消费者的消费习惯分析、收入分析、家庭分析等 |
| 产品分析 | 产品的性能、产品定位等 |

续表

| 组成部分 | 主要内容 |
|---|---|
| 竞争者分析 | 竞争对手的优劣势分析 |
| 广告策略 | 广告目标、广告定位、广告诉求、广告表现等 |
| 媒介策略 | 媒体分析、媒体组合分析、媒体选择 |
| 广告计划 | 实施广告策划的具体行动计划 |
| 广告预算 | 广告规划、广告创意、媒体购买、广告策划书文本费等 |
| 广告效果预测评估 | 广告效果的预测与监控 |

特别提示

广告策划书中提到的营销目标（如销售额、市场占有率等）和传播目标（如知名度、认知度等）要明确地设定出来，而且在制定工作指标时要将其量化，比如目标受众人数、目标购买率、增长率等。

**● 参考范例**

# ××口香糖广告策划书

## 一、市场分析

××口香糖是由××在1892年创办的品牌，历史悠久，知名度高，能给人以清爽舒适的感觉。到目前为止，××口香糖的市场占有率非常高，在32%左右，消费者对××的品牌认知度也比较高，在消费者心目中口碑也比较好。但由于竞争对手的强势推进，××口香糖有必要加大广告投入，强化在消费者心目中的印象。企业要不断拓展核心业务，并找机会发展新的业务平台。

口香糖的市场并没有季节性，消费者的需求一直比较稳定，但和欧美国家相比，中国市场的消费潜力还很巨大，有待开发，具有进一步扩大市场的潜力。

## 二、消费者分析

### （一）消费者群体

经常嚼口香糖的人群一般是18～35岁的青年群体，中老年群体比例很低。由于青年群体的消费能力很强，容易接受新鲜事物，而且互联网平台是非常重要的活动媒介，所以企业要针对网络媒介重点发力，这样定能获得比较高的消费转化率。

### （二）消费者选择口香糖的影响因素

经过市场调查，根据数据可以得知，大多数消费者选择某款口香糖最主要是看口香糖的口味和品牌，这两者比例各占89%和65%。而消费者对口香糖的价格并不敏感，比例只有37%。其实，人们吃口香糖的目的无外乎有三：清新口气、提高注意力、一种习惯。食用的时间段一般为餐后、约会前、闲暇时、工作中为提高注意力时。

## 三、产品分析

### （一）产品特性

××的产品性能主要有清新口气、防止蛀牙、提高注意力、放松心情等，其中清新口气是消费者最为需要的。

××一直强调品质是第一位的，企业为消费者生产放心产品。目前消费者对该品牌的质量满意度还是很高的，说明其质量是有保障的。

在产品价格方面，××的价格比较适中，消费者一般接受此类定价。

### （二）产品包装

××的包装主要是绿色主色调，代表着清新自然和舒心。消费者一想到××就会联想到清新口气这个词语。

### （三）产品定位

××口香糖一直坚持清新口气、运动面部肌肉和休闲消遣这几个功能，再结合成功的销售经验，将该款产品定位为绿色、清新、自然、休闲的中档食品。

## 四、竞争者分析

1. 竞争对手主要是××、××。
2. 竞争对手的优势在于口味多样，包装新颖、美味持久和广告片的故事性强，但与历史悠久的××相比价格较高。

## 五、广告策略

### （一）广告目标

目前××口香糖的市场占有率比较高，但上升空间还很大，未来2～3年内，××的市场份额要达到50%，并继续提高企业的品牌知名度和美誉度。

### （二）广告定位

继续深化“清新口气”这一产品形象，相应构建出××产品对社交的利好作用，推动产品的社交化，深化在年轻群体中的影响力。

### （三）广告诉求

广告诉求策略分为理性诉求和感性诉求。由于理性诉求更多的是突出宣传的可信性和可比性，商品的专门知识比较重要。但是，口香糖对于广大消费者来说已经十分熟悉，并且××口香糖的定位一直是“清新口气”，并无变化，不再需要着重宣传它的利益诉求点。感性诉求则可以更好地为××口香糖的销售起到助力作用。

感性诉求的目的就是要消费者进行情感消费，拉近产品与消费者的距离，让产品唤起消费者内心的情感体验。但是，情感占据在消费者内心是远远不够的，企业必须要做出某种承诺，并为之努力兑现。

××口香糖在广告宣传时采用TVC形式为消费者传达“分享”的情感意义。在互联网时代，多数年轻群体都喜好分享自己的生活状态，在社交上也比以前的时代更收放自如。××口香糖宣传社交与分享的观念，能有力地切合当今年轻群体的内心。

### （四）广告表现

广告表现就是广告创意，最终形式是广告作品。

由于××口香糖之后将会诉求点着重放在情感上，所以广告创意也要在这上面有所突出。

广告可以这样设计：

在一个天气炎热的下午，街道上人来人往，一位大学生正在拿着宣传单忙碌着发放单页。由于天气炎热，他的头上已经满是汗水，他一边擦着汗，一边给路过的行人单页。紧接着，出现了一个口嚼口香糖、青春靓丽的女生，笑容满面地路过他这里。他看呆了，一时竟忘了给她一份单页。女生看了他一眼，拿出××口香糖，对他说："别愣着了，一边嚼一边抓紧工作吧。"说完，给大学生嘴里放上了一片口香糖。大学生这才缓过神来，一边嚼着口香糖，一边神采奕奕地发放着单页。女生和大学生一起嚼着口香糖发放单页，嘴里呼出"绿色树叶"代表的清新空气，整个天地都不再炎热，人们都意气风发，笑容满面。

## 六、媒介策略

1. 电视广告的宣传范围最广，对消费者的冲击力也是最强的，这次突出产品的新诉求，一定要在电视台的黄金时段播放广告。

2. 电梯广告是指分众传媒。××可以委托分众传媒在全国各大城市的电梯外的墙壁上投放电梯广告。产品要制作办公室和餐厅两个版本，目标对象是公司白领、中高级管理人员，通过电梯这个每日必经之地将产品信息传达给他们。

3. 企业还可以在车站的路牌或者地铁通道里张贴广告，强化人们对××的品牌认知。

## 七、广告计划

广告时间为 4 个月。

广告发布计划如下。

1. 电视广告：2 月份每天在央视黄金时间段播放 2～3 次，3～5 月每天播放一次。

2. 电梯广告：四个月每天不间断地播放。

3. 车站站牌：与公交广告公司合作，推出站牌广告，时间为 3 个月。

## 八、广告预算

1. 广告时间：2016 年 2～5 月

2. 广告预算

| 广告设计费 | 20 万元 |
| --- | --- |
| 广告制作 | 平面广告：6 万元；<br>广告拍摄：100 万元；<br>广告后期：20 万元 |

续表

| 媒体投放费用 | 电视：900 万元；<br>电梯：100 万元；<br>站牌：100 万元 |
|---|---|
| 组织成本 | 50 万元 |
| 合计 | 1 296 万元 |

### 九、广告效果预测与评估

这次的广告突出“分享”这一情境，主打社交化应用，将年轻群体的生活与产品结合起来，这势必会增加××口香糖的销量，掀起一阵“清新”的分享旋风。

## 二、广告创意策划：创意，改变生活

广告创意用英语表达为 idea&creative，意思是点子和创新。它是一种运用创新性思维来进行广告制作的广告表现形式。广告创意一般是广告人通过某些大胆新奇的手法来制造与众不同的视听效果，极大地吸引了消费者的注意力，从而达到品牌或者产品的营销目的。

广告创意要符合以下原则：

### 1 冲击性原则

视觉张力要放在广告创意的首位。这样做的目的就是为了尽快吸引人们的视线。这其中最常见的形式就是平面广告，尤以摄影作品加后期制作居多。

### 2 渗透性原则

情感表达诉求点准确，能够触及人内心中最柔软的部分，广告创意就成功了绝大部分。

### 3 新奇性原则

广告创意新奇独特，能够增强产品的认知度，与其他产品区分。新奇能够让广告的主题得到升华，避免消费者受众的审美疲劳。

### 4 包蕴性原则

除了新奇以外，广告创意要能够直指人心。新奇性是形式，直指人心的东西才是其内容。在新奇的形式下必须包含深邃的内容，只有这样才能让广告作品被消费者一遍又一遍地观看。

### 5 简单性原则

高端莫测从来不是广告创意的初衷，为了利于传播，广告创意越来越趋向于简单明快的风格。

## ● 写作指南

广告创意文案就是使用文字将广告作品的表现与形式完整表达出来。完整的广告创意策划重点在广告创意的画面描述上，同时需要有标题、正文、随文、广告语等。

完整的广告创意策划大致结构如下：

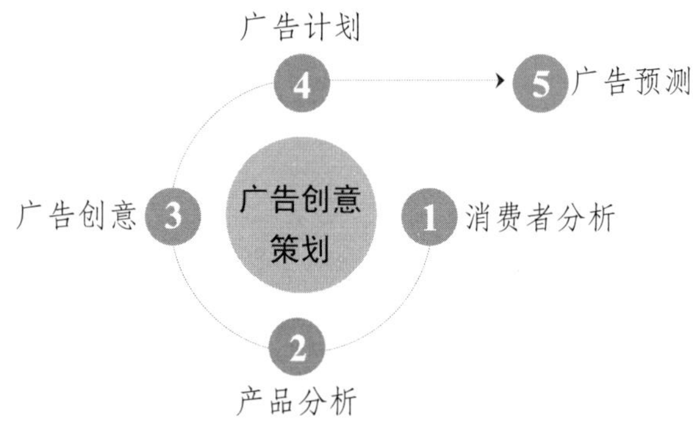


其中广告创意是重点要阐述的内容。

广告创意的内容主要包括标题、正文、广告语等。

特别提示

广告创意必须符合市场实际，与大众消费需求吻合，而且要能突出事物的本质特征。

## ● 参考范例

# ×××广告创意策划

## 一、消费者分析

### （一）现有消费者

×××产品的现有消费群体在14～35岁之间，核心消费群体在16～23岁之间。主要以男性为主。这些消费者的特点是年轻好动，兴趣广泛，运动是其生活中很重要的一部分。这些人喜爱冒险，敢于尝试，更喜欢与自己气质相符的购物方式。

### （二）潜在消费者

这类群体一般有某些年轻群体和少量的中老年人。

这类群体现在购买巧克力产品主要倾向于高档产品，更多是用来传送情感。在未来他们可能会被×××吸引，因为本产品包装精美，价格适中，广告策略已经在情感传送上发力，相信会取得不错的效果。

## 二、产品分析

### （一）产品特性

×××是一款花生牛奶夹心巧克力食品，巧克力味道香浓，包裹着浓郁柔软的焦糖和牛轧，是典型的能量型巧克力产品。

### （二）商标

×××的商标由×××××××××组成，非常霸气，消费者看到后会对这一标志印象深刻。商标设计选用蓝色为主色调，场面气派，外框是红色的，中间有镂空的白色部分，红白蓝搭配使商标形象更显时尚。

### （三）产品定位

×××是运动能量型巧克力产品的杰出代表，旨在切实消除饥饿感。由于饥饿来临时人会变得失去自我，而×××则是横扫各种饥饿病状的理想产品。

## 三、广告创意

### （一）电视广告创意

标题：横扫饥饿，做回自己。

正文：

镜头一：一个少年在足球场上满头大汗，气喘吁吁地站着，用手支撑膝盖，身子半弯着，几乎没有一点儿力气。（声音：场上观众的欢呼声和少年的喘息声）

镜头二：少年想起了朋友在他上场前对他说的话，朋友拿着×××对他笑。（声音：加油，获胜了给你这个；舒缓的背景音乐）

镜头三：少年咧嘴一笑，看观众席上的观众都变成了×××。（声音：热血音乐）

镜头四：少年重新获得了力量，在足球场上奔跑，画面模糊，字幕出现。（声音：一根×××，充满力量，做最强的你。字幕：横扫饥饿，做回自己。）

### （二）平面广告

画面：×××在左下角，包装打开，白色的线条流出，化成×××的英文标志，右上角与一个打开的电灯泡相连。电灯泡非常耀眼。

这则平面广告的创意点在于，电能使灯泡变亮，联想到×××补充能量，让人做回自己的精彩，完美地突显出×××的诉求点。

## 四、广告计划

由于×××的消费群体主要是青少年，他们对网络媒体的关注度比较高，因此，×××的广告投放应以网络媒体为主，电视广告为辅，另外以杂志、地铁和户外广告作为帮衬。

1. 网络广告

在比较热门的视频网站投放视频广告；在热门的电商平台首页投放弹出式广告。

2. 电视广告

电视广告要选择娱乐性比较强的电视台，比如湖南卫视、浙江卫视等。

3. 杂志

选择年轻男性喜欢的杂志投放广告。

4. 地铁广告

地铁广告可以使消费者出行的时间接触到×××的宣传信息，主要是平面广告，能够加深消费者对×××的印象。

5. 户外广告

这一种广告主要投放在省会城市和二线城市，因为这些城市经济比较发达，信息需求量大。

6. 社交媒体

微博可以制造关于×××的话题，还可以在微博、微信上开展有奖转发活动，吸引消费者转发，扩大受众范围。

### 五、广告预测

通过×××一系列的广告宣传，广告创意可以极大地激发年轻群体购买×××的热情，稳步提升×××的市场份额。这次广告创意策划方案可以为下次进行创意策划提供指南，使企业构思出更为精密的战略，有效减少广告成本。

## 三、公益广告策划书：这样做，世界更美好

公益广告不同于一般的商业性广告，它是以为公众谋利益和福利为目的而制作的广告。企业或者社会团体通过制作公益广告来表示自己对社会的责任。

公益广告有以下四个特点：

### 1. 社会效益性

公益广告是为百姓谋福利的，旨在提高人们的生活环境，最后的效果一定能够为社会增添效益。

### 2. 主题现实性

公益广告一般都是立足于当下比较严重、紧迫的社会问题或者人们非常关心的问题，这些都是社会生活中现实存在的，解决它有很大的必要。

### 3. 表现号召性

公益广告一般都会用某种方法打动观众或读者，以此来激发他们的行动力，用自己的行动来支持或阻止某类事情。这种激发表现在强大的号召性上。

### 4. 受众广泛性

公益广告的受众是最广泛的，因为它是面向全体社会公众的一种信息传播方式，反应的问题不管对于直接受众还是间接受众，都是社会性的问题，整个

人类的问题。比如，戒烟、戒毒等。

根据广告发布者身份，公益广告可以分为以下三个类型。

| 媒体制作发布的广告 | 社会专门机构发布的广告 | 企业制作发布的广告 |
| --- | --- | --- |
| 电视台、报纸等（媒体的政治、社会责任） | 世界卫生组织、联合国教科文组织等（发布者职能相关） | ××手机公司发布的“关怀来自沟通”（企业树立自身社会公益形象） |

## ● 写作指南

公益广告策划的内容框架与一般的商业广告策划相差无几，主要包括广告目标、广告对象、广告主题、广告策略、广告创意、媒体选择、广告预算和广告效果评估等。但是公益广告的创意相对来说更自由一些，只要符合国家的道德规范和法律规定，一般受制约的因素比较少，创作者可以有更好的发挥空间。

**特别提示**

由于公益广告的受众是广大的社会公众，受教育程度并不一致，理解能力也不一致，因此公益广告的语言必须通俗易懂，平易近人，只有这样才能适合大多数人的口味，真正起到服务大众的作用。

## ● 参考范例

### “关爱老人”公益广告策划书

#### 一、广告主题

常回家看看，关爱父母

## 二、广告目的

1. 让工作中的子女对父母给予更多关注。

2. 提高子女对关爱父母的认识。

3. 倡导子女用心关爱父母，常回家看望父母，用心维系与父母的情感，让年老的父母在晚年不感到孤单。

## 三、背景简介

现在中国的老龄化趋势越来越快，面对逐渐老去的父母，我们不仅要关心他们的身体健康，还要用爱来回报他们给我们的付出，用心去关爱他们，满足他们的情感需要。

现在很多子女都在城市忙着工作，忙着自己的孩子，却忘了那静静等待他们的父母们，与他们越走越远。有的父母还能相互扶持，一起盼望子女到家，有的却形单影只，自己一个人翘首等待，一幕幕场景让人心酸。

## 四、宣传重点

1. 重点突出关爱老人是中国的传统美德。

2. 父母不看重物质上的大富大贵，而是需要子女的爱心，往往体现在眼神、动作和问候上。

3. 父母在家等候，这应该是子女们的方向。

4. 网络侵蚀了年轻子女们的生活，也侵占了回家与父母团聚的时光，撂下手机，和父母好好地谈谈心吧。

## 五、广告目标对象

广大正在城市上班的年轻子女。

## 六、媒体选择

1. 电视、广播、报纸等传统媒体。

2. 网络媒体及移动社交媒体。

## 七、广告创意

### （一）电视广告

1. 第一个镜头，妈妈和爸爸（未出生孩子的父母）一起高兴地抚摸着妈妈凸起的肚子，爸爸笑着将耳朵贴在妈妈的肚子上。

2. 第二个镜头，孩子出生了，爸爸和妈妈高兴地将他捧在手心，做出鬼脸逗他开心。

3. 第三个镜头，孩子长大了，上学了，父母经常接他上下学，在放学的路上，父母不停地教育孩子，孩子点头接受教育。

4. 第四个镜头，孩子上大学了，远走他乡，父母这时已经出现白发，送别的眼神充满忧伤和不舍，孩子的身影越来越模糊，父母的眼神越来越忧伤，眼泪在打转。

5. 第五个镜头，孩子工作几年后，电话里，父母给孩子打电话，孩子说他很忙，不能回去。这时，是中秋节，天上有月亮。

6. 第六个镜头，相同的打电话场景，相同的话语，背景换成了端午节，房间里挂着粽子。

7. 第七个镜头，打电话是在春节，外面的鞭炮声一直在响，窗户上贴着春联和福字，但孩子还是不能回来。父母一边说话一边点头，看样子是在指责孩子。孩子挂断了电话。

8. 第八个镜头，父母忧伤地坐在电话旁，电话听筒悬挂着，晃晃悠悠，背景音是“嘟嘟”的声音。字幕浮现：工作再忙，不要忘了家里的父母，不要让你的老家缺失你的爱。

### （二）网络媒体广告

1. 在论坛里开展“关爱老人、就是关爱自己”的宣传活动，组织网友发表自己的看法，讲述个人与父母的相处经历。

2. 用微博组织大家上传自己与父母的合影，举办“最美团圆照合影大奖赛”活动，这样不仅能增加子女与父母见面的次数，而且还能增进与父母的感情。

## 八、广告预算

1. 电视广告：400 万元

2. 微博活动奖品：3 万元

3. 组织成本：5 万元

合计：408 万元

## 四、广告预算书：费用分配，预先算好不吃亏

广告预算是指企业在制订广告计划时对广告活动经费的整体预算，企业在广告活动中投入的资金费用要依据广告预算来落实。它规定了企业做广告所需的资金总额、资金使用范围及使用方法，从而保证广告活动顺利进行。

广告预算对于广告活动的意义主要有以下三点：

**合理使用经费**

广告预算的主要目的就是为了有计划地使用广告经费。广告预算对广告活动的每一个项目、时间和投放媒体费用都有了合理分配，能够保证广告经费合理支出，避免浪费。

**帮助管理广告活动**

由于广告预算对如何分配和如何分配资金有了明确规划，所以这就为企业有效开展广告活动提供了管理和控制手段，确保广告目标与企业营销目标一致。

**提供效果评价指标**

评价广告效果主要是看广告活动实现广告目标的程度，由于广告预算对广告费用的各项支出都有明确规定，因此为广告效果和广告费用的对比提供了依据。

### ● 写作指南

广告预算书是将广告预算开支、计划和费用分配进行具体说明的书面报告，它对广告宣传活动中所需的广告费做出了合理的安排。广告费分为直接广告费和间接广告费。在广告活动中，应该尽量压缩间接广告费，增加直接广告费。

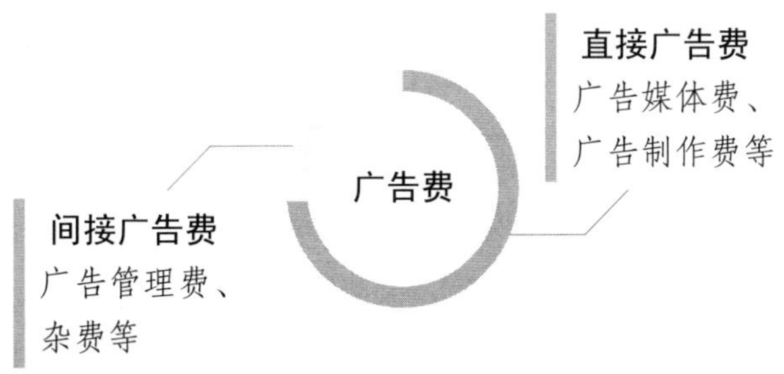

广告预算书一般是以表格形式呈现的，主要分为预算项目、开支内容、费用、执行时间等四个方面。

预算项目主要包括市场调研费、广告设计费、广告制作费、媒体租金、公关促销费、服务费、管理费、杂费等。

有时还需要在表头部分注明广告项目、广告时期、预算委托单位及负责人、预算单位及负责人、编制人员和日期等信息。

如果有需要解释的信息，可以在页脚部分添加备注信息。

**特别提示**

在编制广告预算时要讲究广告效益，做好广告费的研究，看是否使用得当，发现问题及时调整广告预算，做到在合理使用广告费的同时保证广告效益。

## ● 参考范例

### ××产品广告预算书

| 项目 | 开支内容 | 费用（万元） | 执行时间 |
|---|---|---|---|
| 市场调查费 | 北京、上海及各省会城市的调查费用 | 10 | 2016年1月20日至1月30日 |
| 设计制作费 | 制作2部电视广告片；报纸版面设计，整版；杂志版面设计，半版；宣传单页印刷与制作 | 30 | 2016年2月5日至3月5日 |
| 媒介费 | 报纸半版 | 5 | 2016年4月5日至5月5日每期一次 |
| | 电视台黄金时段 | 100 | 2016年4月5日至5月5日黄金时段每日播放 |
| | 杂志半版 | 10 | 2016年4月5日至5月5日每期一次 |

续表

| 项目 | 开支内容 | 费用(万元) | 执行时间 |
|---|---|---|---|
| 公关活动费用 | ×××的知识竞赛有奖活动举办场地费、奖品购买费用 | 10 | 2016年4月10日至4月20日在不同城市举办 |
| 服务费 | 工作人员的差旅费、交通费、加班费等 | 8 | 2016年1月20日至5月20日 |
| 促销活动费 | 北京、上海及广州、沈阳等城市的促销活动场地、广告、劳务等费用 | 20 | 2016年4月10日至4月20日 |

# 第八章

# 广告文案——语不惊人死不休，广告语需有创意

广告语要的就是“语不惊人死不休”的效果。广告要有创意，为的是吸引公众的注意力，传播产品和品牌价值。广告语必须要浓缩精华，所以需要在最短的句子中传达出最精华的信息。除了广告语、广告标题、广告正文皆须达到这样的要求。

# 一、广告文案：广告类型百变多样，总有一样你需要

广告文案在广义上来说是指广告作品的全部，包括语言文字部分和图画部分，而狭义的广告文案则是指语言文字部分。通常情况下，我们说的广告文案是指狭义的广告文案。

广告文案是为产品所写，旨在打动消费者的内心，促成消费者购买行为的文字。它与图案一样具有较强的影响力，一般包括广告标题、正文、广告语和随文等四部分。

广告文案依据不同的标准可以划分为不同的类型，详见下表。

| 划分标准 | 广告类型 |
| --- | --- |
| 媒体 | 报纸广告文案、杂志广告文案、广播广告文案、电视广告文案、网络广告文案、户外广告文案等 |
| 文体 | 记叙文广告文案、论说体广告文案、说明体广告文案、文艺体广告文案等 |
| 内容 | 消费物品类广告文案、生产资料类广告文案、服务娱乐类广告文案、企业形象类广告文案、社会公益类广告文案等 |
| 诉求 | 理性诉求型广告文案、情感诉求型广告文案、情理交融型广告文案等 |

下面我们就按照媒体类型分别介绍一下广告文案。

## （一）报纸广告文案

报纸广告文案是平面广告文案的一种类型。它的特点是发行频率高、发行量大，可以广泛发布，便于保存，反复阅读，但缺点就是报纸上的图案不能将商品的外观形象和色彩理想地反映出来。

报纸广告根据版面结构可以分出很多类型，详见下表。

| 类型 | 版面特点 | 备注 |
| --- | --- | --- |
| 报花广告 | 栏目、专题尾部的点题图案，大小和邮票一般大 | 创意空间很小，文案要做重点式阐明 |

续表

| 类型 | 版面特点 | 备注 |
| --- | --- | --- |
| 报眼广告 | 紧挨报头，第一版的最显眼位置 | 刊登的广告能体现出权威性、新闻性和时效性 |
| 半通栏广告 | 版面小，广告多，容易互相干扰，削弱广告效果 | 广告需要做得新颖独特才能从版面的各种广告中脱颖而出 |
| 单通栏广告 | 报纸广告中最常见的版面 | 这种版面符合人的视觉 |
| 双通栏广告 | 版面面积是单通栏广告的2倍 | 报纸广告的结构类型、表现形式和语言风格都可以在这里运用 |
| 半版广告 | 大版面广告，体现广告主的经济实力 | 为广告文案的创作提供了很大的表现空间 |
| 整版广告 | 单版广告中的最大版面 | 这种版面能够让人感觉视野开阔，气势恢宏 |
| 跨版广告 | 广告刊登在不仅一个报纸版面上 | 有整版跨版、半版跨版和四分之一跨版等形式 |

下面我们来具体讲述一下每种广告适合何种文案，详见下表。

| 广告类型 | 适宜文案 |
| --- | --- |
| 报花广告 | 文案要突出企业和品牌名称、联系方式、联系地址以及企业赞助等内容，做一般陈述性表达 |
| 报眼广告 | 选择具有新闻性的内容，或者创意方面突出表现新闻性；标题要醒目，采用新闻式；语言要理性、凝练、严谨 |
| 半通栏广告 | 标题要醒目，字数少，字体大；文案字数要少，提纲挈领突出重点；与图案有机结合 |
| 单通栏广告 | 标题既可以用短标题，也可以用长标题，但不能用复合标题；可以多方位介绍信息，但字数不要多于 500 字；文案结构自由体现，一般有 5 个部分 |
| 双通栏广告 | 标题可以采用复合形式；文案采用论辩性表现形式，实用小标题诱导读者阅读 |

续表

| 广告类型 | 适宜文案 |
| --- | --- |
| 半版广告 | 文案既可以采用感性诉求，也可以采用理性诉求；采用大标题 |
| 整版广告 | 三种形式：文字占主体、图案占主体、报告文学 |
| 跨版广告 | 表现形式更多样，可以根据广告要求搭配广告方案 |

## ● 写作指南

那么要如何写好报纸广告文案呢？要做好以下几个方面。

### 1 定位准确

不管你是在编故事、打比方和举例子，还是采用各种记叙手法，你首先要把产品的定位和目标受众搞清楚。

### 2 文案有趣有料

文字不仅要将基本信息反映出来，还要生动有趣，这样才能起到良好的阅读效果，让人继续读下去。

### 3 言简意赅，不要啰嗦

报纸广告文案的字数一般以150～250字为宜，每个单句最好不要超过13个字。

### 4 不断修改，渐入佳境

可以与同事一起讨论，找出不完善的地方，不断修改，还可以吸收别人有益的建议，最终创作出优质的广告文案。

**特别提示**

撰写广告文案的基本原则是真实，所以广告文案必须实事求是。由于传播媒介的限制，广告文案需要突出商品或服务的作用，找到核心诉求点。

● 参考范例

## ××空调报纸广告文案

**标题：**××空调俘虏了爱人的心，她就要这一款

**正文：**房间的整个空间都变得非常舒适，时间只要20秒，气流控制真心给个赞！每次外出回来，按下按钮，房间里很快就充满让人舒适的气流。××空调的气流控制得非常精细，您可以根据自己的喜好和房间特点选择“自由”“摆动”“手动”三种气流控制模式。使用过的人都说舒适性非常好。这就是世界一流水平的魅力。

**广告语：**未来，世界水平存在于每一个家庭。

## ××××报纸广告文案

**标题：**亮出你的身份，就在××××

**正文：**有了××××手机卡，你就拥有了独特的身份。这款手机卡不仅具备基础通话功能，还能让你享有四大特权：一、狂打电话不掏钱；二、新款手机置换权；三、业务套餐翻新权；四、团购优惠享受权。别人的地盘也有我，我爱这里的特权，特权有趣特别全。

**广告语：**××××，我的地盘，由我做主。

### （二）广播广告文案

广播是使用电波向大众传播信息及提供娱乐或服务的媒体。虽然电视媒体的出现拉走了很大一批广告客户，但广播的影响力还是非常巨大，广播广告仍然有其特殊的魅力，是其他媒体所不能相比的。

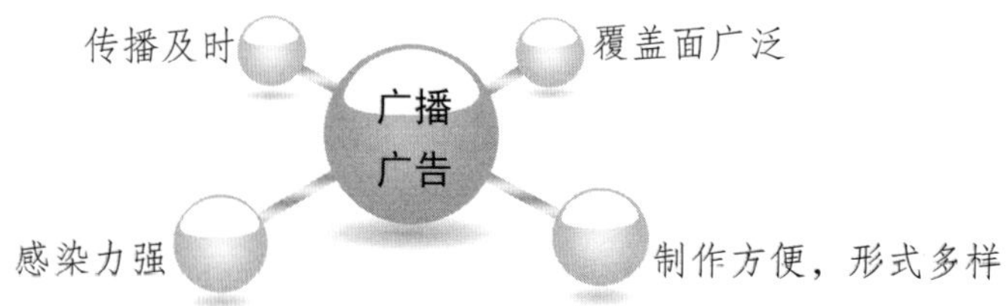

1．传播及时

广播信息转换很简便，只需将声音变成电波发出去即可，而且接收信息也非常方便，在任何地方，只要有一部收音机就能够收到信息。因此，广播不受截稿时间的限制，对于刚刚发生或者正在发生的新闻信息也能够及时发送。

2．覆盖面广泛

听众收听节目几乎不受时间、地点和位置的影响，只要听力和理解力没有问题，都能收听节目，无须考虑年龄和文化程度等因素。广播不仅传播新闻信息，而且还有丰富的文化生活信息，拥有广泛的听众自然就不稀奇了。

3．感染力强

在人的各种生理感觉中，听觉是最容易被调动的。广播员和现场直播、录音报道通过声情并茂的声音信息让听众愉悦，激发共鸣，从而获得理想的传播效果。

4．制作方便，形式多样

广播节目在制作时不需要太多的设备和道具，并且可以根据需要调整，具有很大的灵活性。

当然，广播也有一些不可忽视的缺点。比如，听众分散、节目选择性差、不能保存回放等。

广播广告要充分运用广播的有利条件，为听众送上一道美味的听觉大餐。一个好的广播广告应该是这样的：

**1　合理运用有声语言**

这里说的有声语言包括话语声、笑声、哭声、吵闹声等，其中话语声最重要。它必须能够唤起听众在脑海里产生画面，让听众感到轻松愉悦，声音有节奏。

**2　音乐表现力丰富**

音乐是为广告内容服务的一种辅助性手段，不在广告中单独使用。音乐能够起到引发听众兴趣，增强广告感染力的作用。音乐声量要比广播文案语言文字的声音小，不能喧宾夺主。

### 3 巧妙运用音响

广播中除了有声语言和音乐以外，剩下的各种声音都称作音响。它也是为广告内容服务的辅助手段。一般包括大自然的声音或者物体运动发出的声音等。

## ● 写作指南

广播广告文案的内容表现形式是由广告内容决定的，但由于广播媒体的特点影响，广告创意的千变万化，广播广告文案的表现形式不拘一格，花样很多。

**直陈式**

广告文案事先写好，播音员在录音间播出。这种形式是最基本的表现形式。

**对话式**

两个及以上的人物相互交谈的方式介绍信息。这种形式生动活泼，生活气息浓厚，比较容易吸引听众。

**故事式**

播音员讲述一个类似于小小说的故事，故事中包含着产品信息。这类故事要生动有趣，引人入胜。

**戏曲式**

用各种传统的戏曲方式传播广告信息，广告文案一般是戏曲剧本，曲调一般为听众熟悉的类型，容易接受。

其他形式还有快板式和相声式。这几种形式中以直陈式和对话式最为常见。

由于广播听众只能通过声音来接受广告信息，所以广告文案要建立“适听”观念，为听觉创作。

“适听”观念：

- 字字听懂，句句听清
- 歧义语句和文字要避免
- 关键性词汇要解释，避免误解
- 声音不能解释清楚的商品要舍得
- 语言要有亲切感，要有人情味

特别提示

广播广告文案中的有声语言、音响和音乐并不是简单相加，而是高度融合的，所以合格的广播广告文案一定要找到三者的最佳组合方式。

## ● 参考范例

### ××广播广告文案

**孙子：** 爷爷，您怎么老喝茶？

（读茶叶罐上的文字“××真红茶”）

**爷爷：** 真字加左边三点水应该读滇（dian）。

**孙子：** ××滇红茶。

### ××奶粉广播广告文案

**标题：** 我们即将相会

**正文：** 亲爱的扣眼，我是纽扣，你可曾记得我们在一起的日子？现在我们虽然能彼此相见，但肥嘟嘟的肚子挡在你我之间，我和你手牵手一次犹如牛郎织女相见般困难。但你不要悲伤，主人决心让我们重聚，相信在主人食用××奶粉之后，我们就会天长地久地在一起了。

### ×××牌电吹风广播广告文案

**甲：** 啊，有一个问题想向您请教。

**乙：** 哦，尽管问吧。

**甲：** 你喜欢吹吗？

**乙：** 吹什么吹？怎么着？你喜欢吹啊？

**甲：** 哎哟，你算说对了，我就是喜欢吹啊。

**乙：** 是吗？

**甲：** 对啊。我横着也能吹，竖着也能吹，正着吹，倒着吹，直的吹成弯的，丑的吹成美的，老头儿吹成小伙儿，奶奶吹成花朵儿。

乙：哎呀，你都吹上天了啊！

甲：哎，我还真有这个打算。我已经从家乡广东吹过了大江南北，吹遍了大好河山。我不仅在国内吹，以后还要吹出亚洲，吹向世界呢！

乙：就你这么吹，有人会喜欢吗？

甲：当然喜欢啦！尤其是那些年轻姑娘，见了我抓住我就不撒手啊。

乙：哈，敢情你还是个大众情人啊！那请问您尊姓大名啊？

甲：我呀，×××电吹风。

乙：哦，原来是你啊！

## （三）电视广告文案

电视广告经由电视传播，因电视的覆盖面之大，影响力深远，电视广告成为众多企业的首要选择。绝大多数电视广告是由广告公司制作的，然后他们向电视台购买媒体播放时间和次数。

电视广告是一种综合运用语言、文字、形象、动作、表演等手段来进行传播信息的方式。由于电视广告也是瞬间性的，观众现在已经对广告持爱答不理的态度，所以，要想达到广告效果，广告制作团队需要在创意方面加倍努力，增加独特技巧和富有吸引力的表现手法。

表现手法大致有以下几种：

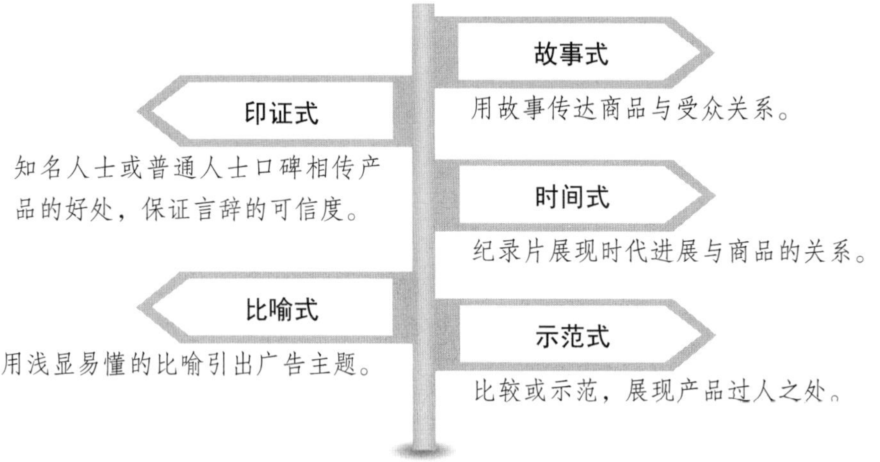

电视广告还有其他表现手法，比如幽默式、悬念式、解决问题式、特效式等。

## ● 写作指南

由于电视广告需要综合运用图像、声音等形式，所以文案创作时需要运用影视剧本知识。也就是说，在创作广告文案时，不仅要运用一般性的语言文字符号，而且还必须要掌握影视语言，比如蒙太奇、镜头等。因此，电视广告文案又被称为电视广告脚本。

电视广告脚本与平面广告文案不同，不能直接与观众见面，需要导演进行再创作之后才能面世。

影视语言包括视觉部分、听觉部分和文法句法等三部分。在创作电视广告文案时需要遵循以下具体要求：

关于电影方面的常识，我们要了解以下几个重要的基础知识：

### 1. 蒙太奇

在电影术语中，蒙太奇是指不同镜头拼接在一起，产生各个镜头单独存在时不具有的特殊含义。著名电影理论大师爱森斯坦说过："对列镜头拼接在一起，不是两数之和，而是两数之积。"

电影语言中，镜头是最基本的单位，而蒙太奇是组织镜头的手段，通过对镜头的分切和组接，对素材的选择与取舍，将内容表现得主次分明，引导了观众的注意力，创造了独特的影视时间和空间。

### 2. 分镜头脚本

分镜头脚本就好比建筑大厦的蓝图，是摄影师拍摄和剪辑师后期制作的依据，也是演员和其他创作者理解导演意图进行再创作的依据。

分镜头脚本一般由镜头号、镜头运动、景别、时间长度、画面内容、广告词和音乐音响组成，但在写作时可以灵活掌握。

其中，景别分为远景、全景、中景、近景和特写。

特别提示

电视广告的广告语包括画外音解说、人物独白、对话、歌曲和字幕等。创作人员根据创作需要可取其中一两种即可，不要贪多求全。

## ● 参考范例

### ××男装电视广告文案

**镜头一**：小男孩牵着父亲的手在逛游乐园，眼睛注视着游乐园里好玩的东西。

**画外音**：今天周日，我很快乐。爸爸带着我出来逛游乐园了。我们玩了过山车、海豚表演……

**镜头二**：小男孩撒开了父亲的手，在一旁注视着小丑表演。感觉到撒手后，下意识地拉着旁边的“父亲”的手继续走路。

**镜头三**：“父亲”停下来，看了看他，笑了笑。小男孩看清了“父亲”的脸。“哦，原来我牵错了手。”男孩露出尴尬的表情。

**镜头四**：父亲在不远处呼喊他，拿着冰激凌走过来。小男孩害羞地对假父亲说：“我爸爸和你穿着一样的衣服。”说完后就笑着跑到爸爸身边。

**广告语**：美丽的错误，在××身上发生。

### ××运动鞋电视广告文案

**镜头一**：早晨，男子醒来，伸着懒腰，脸上带着笑容。

**镜头二**：男子掀开被子下床，看到自己还在穿着鞋，鞋上的标志是××牌的。

镜头三：白色被子上有男子的鞋子弄脏的痕迹，被子下面还有一双脚，是男子的妻子的脚。

镜头四：男子皱眉看着弄脏的被子，然后快速穿上衣服，关上门跑了出去。

镜头五：男子在街上跑着，穿过几条街。

镜头六：家里的那扇门打开了，男子抱着一个鞋盒。

镜头七：鞋架上有一双旧女鞋，一双手拿掉它，换上了一双××的新鞋。

镜头八：男子在门口看了看鞋架上那双买回来的新鞋，笑着关上门出去了。

镜头九：男子与妻子幸福地拥抱着睡在床上。

镜头十：两个人的双脚上都穿着××运动鞋。

广告语：你是第几次忘了脱××牌运动鞋？

### ××珠宝电视广告文案

镜头一：漂亮女子从繁华街道上走过，长发飘飘，上下摆动，胸前挂着一颗璀璨的钻石。钻石的光芒照耀到路旁的户外广告牌。

镜头二：户外广告牌登载着婚纱影楼的广告，画面上有一对新人，新郎牵着新娘的手，吻着新娘手上的钻戒。

镜头三：户外广告牌画面上的新郎刚开始偷偷瞄着路上的女子，当女子路过广告牌时，新郎竟然转过头，目光尾随女子的背影。

镜头四：户外广告牌上的新娘发怒了，打了新郎一记耳光。

镜头五：新娘扭头走开了，新郎赶紧去追赶。户外广告牌只剩下空荡荡的背景画面。

广告语：挡不住的诱惑，××珠宝。

## （四）网络文案

网络文案是指依附于网络媒体的广告文案，它具有多媒体性、及时性、广告效果可预测性和无限制性。

网络文案依据互联网的富媒体属性，能够呈现文字广告、图片广告、图文广告、Flash 广告和视频广告等各种形式，最常见的就是图文广告。所谓图文广告，是指用图文混排的方式展现广告，文案是指其中的全部文字内容。这一点和平面广告文案非常相似，但在展现尺寸和展现环境来看，网络文案具有更大的挑战。

网络广告受限于广告尺寸小的问题，展现的内容十分有限，而且展现环境恶劣，受众卷入程度很低，平均关注时间不超过 2 秒钟。

## 写作指南

为了尽快吸引用户的注意力，网络文案需要传递简洁精练的信息。

### 简化结构

传统平面广告一般分为标题、副标题、正文、广告语等四部分，但由于互联网展现尺寸的限制，主文案一般只有标题和广告描述两部分。品牌信息、联系方式、引导语等属于辅助文案。

### 择优选择

传递重要信息，吸引用户注意力。一般好文案只有两句话，一句在标题，一句在描述。

### 删繁就简

使用最精炼的语言和最关键的词汇表达信息，将不必要的文字都删去。

### 特定句式

断句和短句与长句相比，更有利于用户阅读和记忆。字数相同，有断句的文案看起来更短。

特别提示

网络上的受众十分广泛，兴趣爱好也各有不同，在将受众细分化后，针对受众诉求使用他们所熟悉的语言和词汇，以便于增强认同感。

● 参考范例

## ××厨师培训学校的网络广告文案

**修改前**：厨师的黄埔军校，走进××就等于成功了一半。

**修改后**：××学校，厨师的黄埔军校。

## ××培训学校的网络广告文案

**修改前**：挑战行业底线零基础就业班，本周只需 5 000 元。告别 10 000 元以上的高价培训，勇于挑战自身的潜力，职业道路上不再坎坷。

**修改后**：挑战行业底线，零基础就业班。告别万元培训，本周只需 5 000 元。挑战潜力，职业路上不坎坷。

## ××外语培训学校网络广告文案

**修改前**：让流利口语点亮你未来。××英语，让人生赢在起跑线上。

**修改后**：多一种语言，多一种人生。××英语，让人生赢在起跑线上。

学英语，高薪工作不是梦。××英语，让人生赢在起跑线上。

## （五）电子邮件营销文案

经过研究表明，邮件到达用户时，被用户注意到的时间只有 2 秒钟。而用户打开邮件，浏览关键信息，并被激发采取行动，这一系列行为过程中，用户停留时间只有 5～20 秒。

邮件文案的内容对于品牌与客户关系的建立非常重要，这几秒钟流失了，一个潜在的销售机会也就随之付诸东流。邮件文案的目的是为了说服用户，刺激购买。这项任务并不是那么容易完成。要想成功，需要参透里面的学问。

1 根据客户不同，邮件文案使用的语气也应不同，但都应该是生活化的语言，语言要亲切，拉近与客户的距离。

2 用不同字体和颜色突出邮件主题，让用户立刻体会到你的重点。

3 运用激发客户兴趣的语言文字，促使他们点击网站继续了解信息。比如，你可以突出产品的价值，强调会为客户带来何种利益；也可以表明产品在克服同类产品遇到的困难时采取了哪种措施等。

4 查询用户的反馈，对邮件文案的内容进行测试并改进，最终确定一封最好的邮件进行营销。

## ● 写作指南

邮件文案与普通文案一样，都需要具备文案写作功底，掌握文案写作的基本技巧。但邮件文案有其特殊性，在具体操作时需要注意以下几个方面。

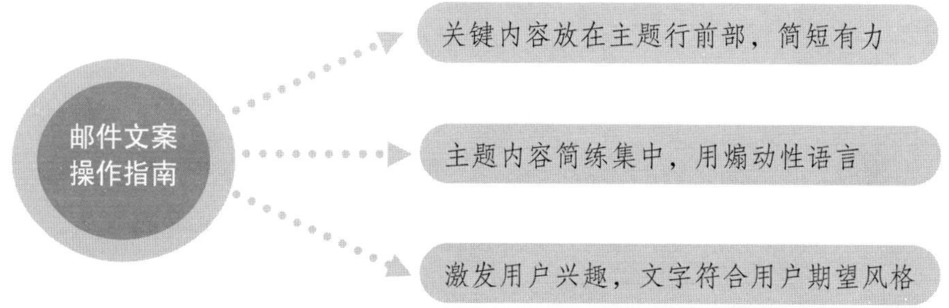


### 1. 关键内容放在主题行前部，简短有力

邮件的特点导致仅有位于邮件前部的词语容易被注意到，所以邮件的关键信息应该尽量放在主题行前部。主题行和报纸的头条相似，要求简短有力，具备冲击力，但字数不一定非要控制在 50 字以下。

预览摘要和主题行、标题要保持内容互补配合，全面展现邮件的关键内容。

### 2. 主题内容简练集中，用煽动性语言

因为大部分用户不会把邮件内容全部读完，所以邮件的内容应该简短集中，去除重复和过渡的内容。但不管是有趣的、迷人的还是鼓舞人心、严肃的语言，只要不是无聊的语言都是富有煽动性的语言。采用煽动性的语言能够用最短的语言和最快的速度归纳出主题要点，激发用户行为。

### 3．激发用户兴趣，文字符合用户期望风格

要想让用户感兴趣，去消费，首先要进行长期的积淀，慢慢摸索用户期望的文案风格，逐渐具备说服用户购买的感染力。

**特别提示**

在写邮件时，一定不要让用户产生广告推销的感觉，而是要像老朋友发祝福邮件那样发送带有分享感觉的邮件。

**● 参考范例**

## ××电子邮件营销广告文案

**邮件标题：**欢迎你，重磅登场的阅读者

**邮件内容：**

××，你好！

每一个阅读者都有可能发现一个未知的天地，

如果你是阅读爱好者，你可能听说过：

海明威阅读海，发现生命是一辈子才会上钩的鱼；

凡高阅读麦田，发现艺术躲在太阳背后乘凉；

弗洛伊德阅读梦，发现一条直达潜意识的秘密通道；

罗丹阅读人体，发现哥伦布没有发现的美丽海岸线；

卡缪阅读卡夫卡，发现真理已经被讲完一半。

阅读是一种生活方式，书与非书，你都会发现一个奇妙的世界。在这里，我们欢迎各种可能的阅读者。

## （六）软文

软文，又称作软性广告，是相对于硬性广告而言的。软文最奇妙之处就在于将宣传内容和文章完美地融合在一起，用户在阅读文章的同时也接收了营销信息。所以，一篇好软文应该是双向互利的，用户在文章中获取信息，同时企

业将营销信息有效地传播出去。

软文具有以下形式：

其他软文形式还有恐吓式和诱惑式等，这几种软文并非总是孤立使用，有时要根据企业战略进行合理布局。

## • 写作指南

要想创作出让用户接受的软文，需要掌握以下技巧：

### 1. 切忌开门见山

不要在一开始就长篇累牍地介绍产品信息，一定要在前边用故事等有趣的文体吸引用户，待用户阅读到末尾时，品牌诉求出现，正好在用户愉悦之时看到营销信息，他们对于营销信息的印象就更深刻，并且不会反感。

### 2. 由浅入深，提高用户的卷入度

要同时运用理性和感性线索来提高用户的卷入度。品牌硬广信息要在卷入度最高时出现，这时用户接受度最高，广告效果也最好，持续时间最长。

### 3. 采用能够激发兴趣的文字完成软文

一般情况下，人们习惯接受那些与自己的观点一致或者自己关心的信息，而对那些与自己的观点相悖或者不感兴趣的信息持有排斥的态度。如果软文包

含了受众喜欢的内容，用户明知道是软文也会阅读。

特别提示

由于网络上的软文需要以软文的浏览量为依据，浏览量越大，转化率越高。因此，吸引人点击的标题变得很重要。标题需要标新立异，但不违反公序良俗，以免起到相反的效果。

● 参考范例

## ××房地产软文文案

### 家的感觉，就在手中

她永远忘不了丈夫给她的那串钥匙，那晚灯光璀璨，钥匙像一颗钻石一样闪耀着光芒。

她更忘不了在那之前所经历的痛苦折磨。

丈夫是一个公司的经理，整天早出晚归，她在晚上下班之后经常心灰意冷地等待他回来。可是他每次都回来那么晚，有很多时候喝得烂醉如泥。

他又去应酬了。她心里能理解，可看到他这样喝醉，心里还是很生气，便对他吼道："以后再这样喝酒，就别回家了！"这是气话，一说出口她便后悔了。但是丈夫反应很快，一怒之下就离开了家。

好几天了，丈夫还是没有回来。她着急了，四处寻找，打电话求人帮忙寻找。最后，丈夫终于回来了。

由于自责，她没有再对他大吼大叫，也没有指责他出走，而丈夫也由于自责，对她渐渐多了一些关心。然而，他还是回来得很晚。

她不知道该怎样问他回来晚的原因，心里独自哭泣，在每晚丈夫回来之前把眼泪擦干。她对他失去了期待，只是日复一日地过着这种重复的孤独生活。

不过，就在那一天，整个世界全都发生了翻天覆地的变化。丈夫意外地回来很早，比她还要早。她开门那一刻，眼泪顿时流出眼眶，猛地扑到丈夫身旁，抱着他哭泣不止。

丈夫安慰她："对不起，这一段日子让你受苦了。"

一阵金属碰撞的声音传来，伴随着丈夫磁性的声音："我们有新家了。"她朝那阵声音来源处看了一眼，原来是一串钥匙！

她的眼泪又一次涌了出来。她激动地用手捂住脸庞，责备丈夫："因为这个惊喜，你让我苦苦等了你两个月。"

丈夫说道："以后肯定不会再这样了。我在做出决定的时候也很矛盾，但我相信你能理解我。这是你爱的小窝，也是我们的新家，我应该为此努力。"丈夫拿出××小区的楼盘宣传册，指着让妻子看。

"走吧，现在带你去看看。"丈夫对她说。

## 二、广告标题：引人注目，提炼卖点，抓住精髓

"读标题的人平均是读正文的人的 5 倍。"现代广告大师大卫·奥格威曾这样说过。经过测验表明，有 80%的读者要先浏览广告标题，然后才会阅读正文中的信息。

广告标题是整个广告作品或广告文案的总题目，为整个广告提纲挈领，集中广告中最关键的信息，创意性地吸引受众的注意力。

广告标题包含三种类型：

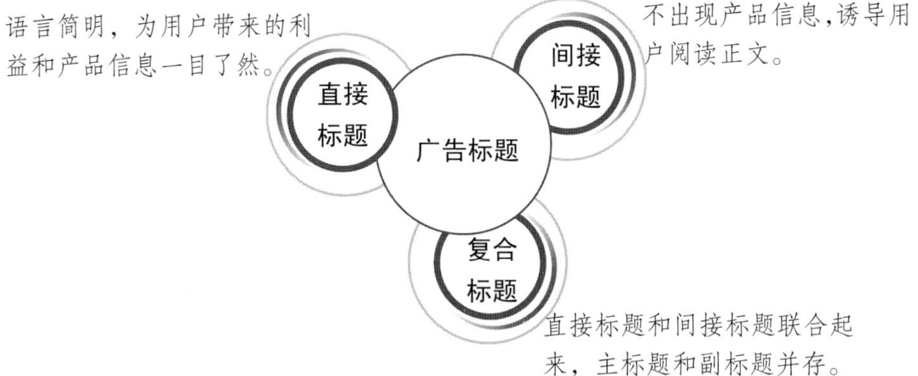


那么，如何创造出有效地广告标题呢？利用好以下四个原则就可以了。

**1 急迫感**

为读者立即采取行动创造一个理由，在标题中加入时间元素，能够塑造出迫在眉睫的感觉。

2 **独特性**

不管是描述新事物还是旧事物，要用全新的方式呈现，创造独特的标题。

3 **明确具体**

标题内容明确具体，能使读者一下子了解正文的主要内容，从而激发阅读兴趣。

4 **实际益处**

标题上承诺带给读者某种利益，能让读者认为自己会得到实际的好处，读者才会对广告的内容产生兴趣。

## • 写作指南

常见的广告标题有以下几种：

### 1．问答式

这是使用的最广泛的广告标题之一。这种标题通过提问和回答的方式吸引读者的注意。常见的词汇或句式有：难道……？它是……？谁不愿……？为什么……？怎样能……？等。

问答式又分为设问式和反问式。设问式有两种情形，有的在标题中设问，正文中回答；有的在标题中自问自答。

### 2．承诺式

这种标题主要是向读者承诺某种利益或好处，一般常用到的词汇有：免费、优惠、方便、减价、附赠等。这种标题有时不仅只有这种明显的承诺词汇，还会带有间接或暗示性的承诺。

### 3．新闻式

将标题写成新闻形式，加强广告的可信度。前提是广告信息本身必须具有新闻性。常用到的词汇有：最新、首次、目前、推出等。

### 4．悬念式

标题设立悬念，吸引读者到正文中追根究底，一般与问答式标题配合使用，但与设问不同的是，结果是读者不能预料到的，与读者心理期待相反。

### 5. 对话式

这种标题具有场景感和生活感，似乎毫不经意，其实已经传达了广告信息。

### 6. 故事式

暗示正文是一则故事，这样的标题也能吸引读者阅读正文。

### 7. 假设式

提出某种假设，据此提出某种结果。用假设吸引读者注意，并督促他们产生相关的思考。

### 8. 祈使式

标题用建议或劝导的口吻提出某种建议，运用情感因素拉近与读者的距离，具有很强的说服力。常见的词汇有：请、千万不要、应该、试一试等。

### 9. 否定式

运用否定词或否定句式加强陈述句的语气，增加语言张力，体现广告产品的自信。

广告标题还有其他诸如实证式、修辞式、口号式、赞美式等很多形式。

**特别提示**

在标题中使用双关语或者其他晦涩的词句是不恰当的，读者注意力是一种稀缺资源，而广告标题竞争力太激烈，标题一定不要显得扑朔迷离，因为读者只想看简截了当的标题。

## ● 参考范例

1. ××汽车，路遥知马力。（汽车广告）
2. 像母亲的手一样柔软。（儿童鞋广告）
3. 成功，在于运用时间的精确。（手表广告）
4. 除了钞票，承印一切。（印刷公司广告）

5. 禁止抽烟，连××牌也不能例外。（香烟广告）
6. 举杯邀明月，对饮成三人。（酒厂广告）
7. 谁来点，让我心头一震？（手机广告）
8. ××绿色通道服务活动，新鲜出动。（冰箱广告）
9. 电影明星中，10 个人中有 9 个人用××香皂保持肌肤顺滑。（香皂广告）
10. 在时速 60 公里的驰骋下，××的最大噪声来自电子钟。（汽车广告）
11. 车到山前必有路，有路必有××车。（汽车广告）
12. 尽善尽美，我用来用去还是它。（法国首饰广告）
13. 救救你的灵魂。（眼镜广告）
14. 既然每天要喝水，为什么不用××杯？（水杯广告）
15. 与书为友，天长地久。（丛书广告）
16. 谁为万家燃灯火？××牌灯泡为你带来光明与欢乐。（灯泡广告）
17. 这些番茄仅供饮用。（番茄汁广告）
18. 夜间护龈 8 小时，赶走早上牙龈出血。（牙膏广告）
19. 它好它真好，它就是××。（咖啡广告）
20. ××牌冰箱，耗电最省，凝冰最快。（冰箱广告）

## 三、广告正文：传达细部诉求，刺激购买欲望

广告正文在广告文案中居于主体地位，主要是用来解释和说明广告主题的。广告标题引出了广告信息，广告正文则负责将广告标题内容进行较为详细的介绍，针对目标消费者展开细部诉求。

虽然广告标题的阅读量比广告正文的要多很多，但消费者只有阅读了广告正文后才可能产生购买欲望，确定购买行为。因为正文为消费者提供了自己想要了解的信息，激发了对产品的兴趣和信任。

广告正文分为三个结构，分别是开端、中心段和结尾。开端在标题和正文之间起着转承的作用，衔接标题，铺垫正文展开；中心段是正文的重要部分，重点阐述商品或服务的有关情况；结尾又称随文，是对消费者购买行为做出的服务说明，这一部分会在后面的章节中具体介绍。

广告正文一般分为以下几种：

| | | |
|---|---|---|
| 理性型 | 陈诉体 | 新闻体、对话体等 |
| | 说明体 | 对商品特性进行说明 |
| | 论说体 | 以判断推理等方式阐述事理 |
| | 证明体 | 借助权威赞语证实广告真实 |
| 情感型 | 描述体 | 生动描绘刻画，渲染情绪 |
| | 抒情体 | 语言生动形象，打动内心 |
| | 故事体 | 用简单故事传递商品信息 |
| | 谐趣体 | 语言生动风趣，幽默诙谐 |
| 情理交融型 | 动之以情，晓之以理，双管齐下，打动消费者 | |

## ● 写作指南

广告正文不能突兀地出现，一定要有过渡文字。将广告标题向广告正文顺利转化的桥梁就是副标题。如果没有副标题，广告正文在一开始就需要承接标题和解释标题留下的悬疑，做到标题和正文之间浑然一体。

组织广告正文时一般要遵循某种结构，促使消费者保持阅读兴致。

### 1. 分列形式

分列可以让广告正文重点突出、条理清晰，长文案也会具有短文案的阅读效果。

### 2. 段落承接方法

内容上顺应转折，字体发生变化，加注鲜明特别的行文标志，这一切都有利于消费者阅读和接收信息。

### 3. 故事顺序

将故事发生、发展的情节作为广告文案的线索和写作顺序，情节发展需合乎逻辑，勾勒一个完整的故事轮廓来满足消费者的好奇心。

4．演绎归纳法

分为演绎法和归纳法两种：

演绎法：先写产品对消费者的利益，然后提出产品的特性，继而介绍相关产品的功能。

归纳法：先写出产品特性和功能，然后归纳出对消费者的利益点，最终解决问题。

5．解决问题顺序

按照解决问题顺序写作广告正文，对应人们日常生活中遇到问题时解决问题的本能顺序，消费者不会产生心理上的接受障碍。这种顺序能够为消费者提供解决问题的有效方法，至少能让消费者认为如此，并心生感激。

特别提示

虽然广告正文的长短没有一定的约束，但要注意简明扼要，长文案做到不拖沓，短文案做到不晦涩难懂。

## ● 参考范例

1．××手表的广告

手表的“自我介绍”

标题：自我介绍

姓名：××

外貌：年轻、时髦、漂亮

年龄：刚刚出生

身材：窈窕轻盈

性别：双性

性格：双重性格，既传统又现代

国籍：瑞士

特长：精于计时，七项全能

语言：世界各国语言

爱好：水陆运动，世界游览

### 2. ××矿泉水广告

标题：四大皆空

正文：无色、无味；无菌、无尘

### 3. 冰箱广告

保存食物的时间长短是衡量冰箱品质优异与否的重要因素。

××保鲜冰箱，独创“生态保鲜”新概念，具有冰温保鲜、湿冷保鲜、抗菌保鲜、透湿保鲜、除臭保鲜、速冻保鲜等六大专利技术。它不仅可以消除有害病菌，保护食物营养，祛除异味，还能将食物保鲜时间延长 50%，让你享受新世纪新鲜营养的健康新生活。

### 4. 汽车广告

曾经，黄包车在中国人的生活中不可或缺，辛勤的车夫把顾客拉到他们想去的地方，汗水默默地洒遍了大街小巷……

今天，××汽车继承了这种精神，致力于创造中国人理想生活的精品。

××汽车，您身边的车，带你去想去的地方。

### 5. 卡车广告

当你听到这个消息时，你的耳朵可能会觉得诧异，但却是事实：一个哭闹的婴儿发出的声音比一辆载重大货车的声音还要大。但有一个前提，它必须是××公司生产的货车。

## 四、广告口号：浓缩精华，反复使用，想忘都忘不了

广告口号又称广告语，是企业长时间反复使用的一种商业用语。广告口号的特点就是简短，信息高度浓缩，属于广告类应用写作的一种。

有很多人会觉得广告口号与广告标题很类似，经常会混淆。其实它们之间有很大的不同。

1. 广告口号为的是加强企业或产品的长期印象，而广告标题是为每一则广告服务的，只是为了引起受众注意，吸引他们阅读正文而已。

2. 广告口号突出表现在口头传播效应上，语言风格更显口语化，生动流畅，节奏朗朗上口。广告标题则要求新颖，有特色，能吸引人，更倾向于书面化语言风格。

3. 广告口号是企业一贯使用的，每则广告作品都会使用，不会改变，而广告标题则会根据广告作品不同做出改变，一则广告一个广告标题，使用的时间比较短，范围比较窄。

4. 广告口号负载的信息一般是体现企业或者商品的观念和特征的，而广告标题可以体现，也可以不体现。

## ● 写作指南

从以上与广告标题的比较中我们可以知道广告口号的以下特点。

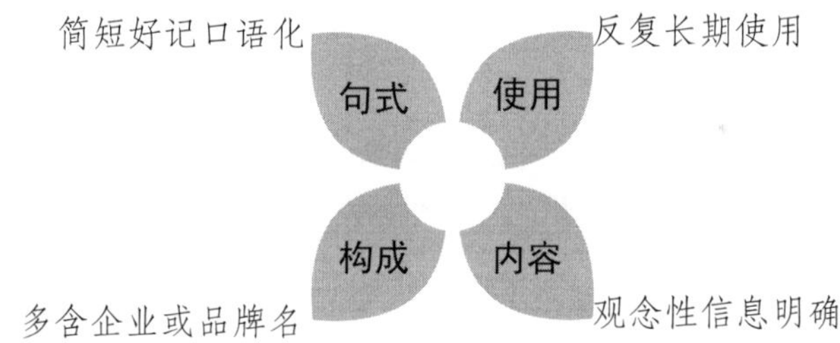


广告口号必须具有相应的诉求点，只有这样才能切中消费者的需求命脉，激发他们的购买欲望。广告口号的诉求点有以下几种。

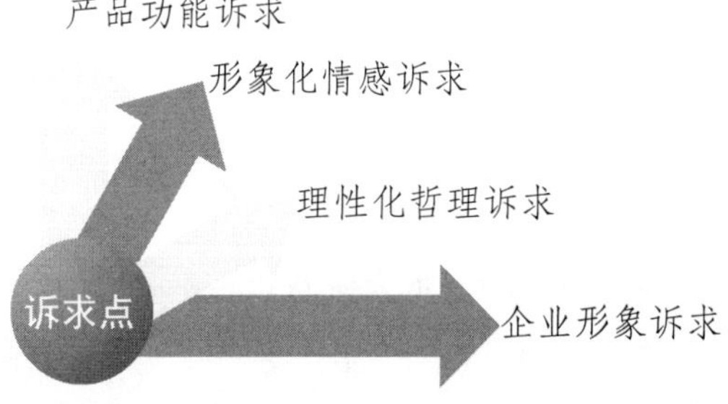

广告口号根据诉求内容的不同可以分为好多种类型。有颂扬式、号召式、标题式、情感式、幽默式、品牌式、对联式、谐音式等。

广告口号不仅形式多样，在句子结构上也有很多形式，选择不同的句式结构，可以产生以下不同的广告效果。

| 句　式 | 作　用 |
| --- | --- |
| 前缀句式或后缀句式 | 使广告主体得到广泛的传播 |
| 单句形式 | 最短时间内让受众接受 |
| 对句形式 | 用音韵效果产生更广泛的传播 |
| 号召性的祈使句式 | 产生即时消费冲动 |

**特别提示**

谐音广告其实在社会上产生了一些不良的影响，尤其是对正在接受初等教育的青少年来说。白字喧嚣甚上，误导学生的现象从未停止。虽然谐音广告在一定程度上为企业或产品宣传立下了汗马功劳，但不能过量，用滥了就会受到抨击和责难。另外，广告口号要讲求创意，不要拾人牙慧，乱作改动甚至不加改动就擅自使用。

## ● 参考范例

1. 第一流产品，为足下增光。（鞋油广告）
2. 今年二十，明年十八。（香皂广告）
3. 滴滴香浓，意犹未尽。（咖啡广告）
4. 喝了×××，吃饭就是香。（营养液广告）
5. ××洗衣机，献给母亲的爱。（洗衣机广告）
6. 海里游的，这儿都有。（海鲜餐馆广告）
7. 一笔勾销。（涂改笔广告）
8. 胖子一样有口福。（饼干广告）
9. ×××方便面，好吃看得见。（方便面广告）
10. 让母亲重温年轻的梦。（化妆品广告）

11. 实不相瞒，××牌的名气是“吹”出来的。（电扇广告）
12. 我只爱一个男人，我只用一种香水。（香水广告）
13. 只要你有时间坐下，我们就能给你健康！（按摩椅广告）
14. 只溶于口，不溶于手。（巧克力广告）
15. 如果一不小心我诱惑了你，责任全在××牌口红。（口红广告）
16. ××豆奶，欢乐开怀。（豆奶广告）
17. 有朋自远方来，喜乘××牌。（汽车广告）
18. 味道好极了。（咖啡广告）
19. 尽显明日新境界。（电器广告）
20. 钻石恒久远，一颗永流传。（钻石广告）

## 五、广告随文：顾客购买产品的快速通道

广告随文又称为附文，一般出现在广告的结尾。它在广告中传达购买商品或者服务的方法等基本信息，能够促进消费者购买。

随文并不是可有可无的，它是对正文的必要补充，是对广告诉求的最后推动，这一步至关重要。

广告随文具有以下价值。

1 降低消费者寻找商品的难度。

2 创造购买的氛围。

3 成为产品或品牌的标志。

4 强化企业或品牌认知。

5 补充广告正文的遗漏内容。

### ● 写作指南

广告随文的内容形式有很多，根据广告策略的不同要做出相应的变动。一

般来说，广告随文的内容大致有以下几种。

| 常规型 | 附言型 | 标签型 |
| --- | --- | --- |
| 直接列出受众需要了解的内容，不做修饰处理。 | 一般用第一人称话语形式说出受众需要的内容。 | 与画面搭配使用，用特别的字体展示随文内容，另外加上好看的边框。 |

具体来说，广告随文的内容一般有企业或品牌的名称和标志、企业的联系地址、联系人等信息，乘车路线、权威机构认证标志、企业荣誉证书、促销活动、法律规定必须出现的信息等。

特别提示

随文要与正文和标题贯通，不能与广告主题无关。

## ● 参考范例

1. 经销商地址：北京市××区××东路××路口 1 号

传真：×××-×××××

网址：www.×××.com

公司名称：北京××××汽车有限公司

销售热线：×××××××

2. 爱车由您开，油费由我掏！即日起，购买××××手动挡车型，即享“油”礼，详情请与当地 4S 店接洽。

3. 圣诞节期间到 × × 享圣诞套餐，更有 Cosplay 活动免费参加，圣诞老人、圣诞小魔女、圣诞宝宝，你想扮谁都可以！圣诞美好回忆由您专属！

## 六、命名文案：好名字，就是这么重要

一个好的名字是企业或者产品取之不竭的财富。命名要遵循一定的步骤和程序，不然取出来的名字肯定会不如意。

1. 在命名之前首先要了解目前的市场情况及未来国内和国际上的市场趋势，并对产品或企业的发展脉络做一个大致的规划。

2. 制定适合自己的命名策略。

3. 召开头脑风暴会议，记录各种奇思妙想，找到一些关键的词语，确定大致方向。

4. 根据一个词语联想多个词语，积攒无数个名称，可以向社会征集，越多越好。

5. 在法律层面检查，去掉不合法的名称，对无法确定的先保留。

6. 去除传播不畅的名称，投票选择几个好名称。

7. 测试名称，根据结果选择比较受欢迎的 2~3 个名称，最后经过商讨决定最后的名称。

### ● 写作指南

既然品牌或者企业命名如此重要，那么一个好名字需要哪些条件呢？

#### 1. 传播力要强

最大限度地传播出去，在消费者心中占据一片天地，传播力强，这是著名品牌名称区别于普通品牌名称的一个重要原因。

### 2. 亲和力要浓

品牌名的亲和力也起到了很大的作用，这取决于名称用词的风格和倾向等因素。

### 3. 保护性要好

品牌名起好以后，一定要注册名称，为了防止相似品牌名出现，还可以注册与现在品牌名类似的名字，全方位保护品牌不受侵犯。因为，如果你的品牌在市场上出现热卖情况，不良竞争者会冒用你的品牌名或者稍作改动推出竞争产品，蚕食你的市场份额。

### 4. 名字不要出现忌讳

由于品牌名的谐音等情况，可能在某些受众地区，品牌名代表的含义会发生变化，引出一些让人忌讳的含义。这种情况一定要避免。

### 5. 弱化文化差异

由于各国文化或者地区之间在历史文化、风俗习惯等方面存在着差异，对同一品牌名有着不同的看法。所以，在国内比较好的名字可能到了国外就会有不好的联想。有的则是在国外不能被外国人理解含义，导致传播不畅。

所以，国内著名品牌要想进军国外市场，品牌名一定要做出改动，起一个符合国外市场认知习惯的名称。

### 6. 品牌名要与发展战略相适应

如果一个品牌是多元化的，意思是该品牌下产品种类多种多样，该品牌名就不能与某一类产品联系太过紧密，不然难以扩展到其他产品。要想进行品牌延伸，一个没有具体意义但无伤大雅的品牌名是不错的选择。

**特别提示**

品牌命名要遵循可记忆性原则，做到简洁好记，一般来说品牌名称字数以 4 个字为宜。

## ● 参考范例

1. 特尼 Tony：这个名字是一个男人的名字，用男人名字作为服装品牌名称，与它的男装品牌诉求点吻合，便于在后期营销宣传。

2. 道罗麦特 Dolomite：这个名字来源于意大利的道罗麦特山，这里一年四季有 300 多天可以受到阳光照射，风景美丽。

3. 雪豹 Snow Leopard：雪豹是珍贵动物，暗指产品的高档品位，而且这一动物暗含生存与挑战的人生哲学，更符合精英人士的生存哲学。

4. 鸿儒 Learned Man：古代有“谈笑有鸿儒”这一名句，鸿儒代表着博学，学问很大。很适合做一个文化产品或企业的名称。

5. 星巴克 Starbucks：这个名牌的名字来源于世界名著《白鲸》里亚哈船长手下那位爱喝咖啡的大副的名字 Starbuck。由于这本书的读者群不是很广泛，主要是受过良好教育、有较高文化品位的人，所以从这里可以看出，星巴克的目标市场定位是注重享受、休闲和崇尚知识等富有小资情调的城市白领人群。

6. 乐高 Lego：这是一家玩具公司，Lego 这个词起源于丹麦语 leg godt，意思是玩得开心，在拉丁语中还有收集的含义，这很符合乐高玩具公司的定位：让大家玩得高兴，收藏家们乐于收藏。

# 第九章

# 市场管理文案——市场阵地战，懂管理，不乱阵法

市场如战场，如果自己的阵地得不到有序管理，战争的胜利遥遥无期。企业要学会进行管理，不管是客户关系管理、产品质量管理还是企业经营管理，都是企业有序发展的有力保证。

# 一、客户关系管理文案：客户关系，企业发展的不竭动力

客户关系管理，又称为 CRM，英文全称为 Customer Relationship Management，是企业使用信息技术和互联网技术来协调与顾客之间在销售、营销和服务上的交流，进而改进管理方式，创造个性化的交流服务过程。

在以往，企业经营是以产品或市场为中心的，现在已经转变为以客户为中心的经营策略。

CRM 的最终目的是为了吸引新客户，维护老客户，加强老客户的忠诚度，从而增加市场份额。

CRM 不仅是一种管理理念，还是一种软件技术。

CRM 系统的功能主要分为以下三个方面。

CRM 系统

**1 市场营销**

帮助市场人员分析目标客户群体的各方面情况，比如行业、职业、年龄、地域等，从而便于市场人员精确投放。CRM 还可以分析投入产出比，并以此统计出市场活动的效果报表。

**2 销售**

CRM 可以帮助销售人员管理潜在客户、客户、联系人、业务机会、订单、回款单和报表统计图等内容。业务员在上面可以记录沟通内容，建立日程安排，查询预约，查看客户数据，工作时间得以大量缩短，该系统的各项分析功能又可以为公司提高成单率，缩短销售周期，增大业务效益。

**3 客户服务**

快速获得客户提出的问题及历史记录，针对性地、高效地解决客户的问题，让客户满意，从而提升企业形象。该系统的功能包括客户反馈、解决方案、满意度调查等。有些系统软件还有呼叫中心系统，极大地缩短了客服人员的响应时间，很好地提高了客户服务水平。

## ● 写作指南

CRM 不是某个员工或者小组的事情，而是公司全体员工的工作。CRM 要上升到公司整体项目的高度，全员身体力行，紧密配合，该项目才能顺利进行，并取得成功。一般情况下，CRM 实施的步骤如下：

### 1．确定计划

确定 CRM 项目实施的目的是为了什么，了解这一系统的价值所在至关重要。到底是为了提高客户满意度还是缩短产品销售周期？先确定目标，以后的事情才会事半功倍。

### 2．建立队伍

确定要实施 CRM 项目后，应该立刻组建一支 CRM 团队，只要是使用 CRM 系统的部分都要选出一个杰出代表。在早期时，企业要对员工进行 CRM 的概念推广和培训。

### 3．了解客户需求

团队要了解不同客户的不同需求，熟悉企业和客户之间的交互作用，收集客户信息，对信息系统进行初步建设。

### 4．评估销售服务过程

CRM 系统的使用者要在评估该系统是否可行之前详细规划具体的业务流程，可以征求员工的意见，最后在企业高层管理人员在场的情况下确立最佳方案。

### 5．明确实际需求

从销售和服务人员的角度出发，找出最终使用者希望使用的功能，从而确定该系统所需各种模块的功能。

### 6．选择软件供应商

如果软件供应商对企业所要解决的问题了解充分，提供的方案切实可行，企业就可以与之合作，选择它的软件。在实施 CRM 项目时应该循序渐进，随时调整系统，确保不会出现系统混乱。

7．组织培训

企业要对销售人员、服务人员和管理人员进行 CRM 方案的培训，确保他们掌握该系统的使用方法，了解使用系统时该如何管理和维护，从而成功运行系统。

**特别提示**

移动互联网时代，新媒体运用广泛，CRM 管理从销售关系向全面的强关系转变。粉丝关系代表着对企业的关注，企业通过新媒体发布的信息更具有精准性。而且这种新兴的 CRM 模式也使数据更丰富了，通过对粉丝标签和购买记录的分析来实现营销的精准性。

**● 参考范例**

# 餐饮业的 CRM 方案

## 一、概述

CRM 将集成客户的各项信息和活动，实现对客户活动的全面管理。餐饮业 CRM 的实质是建立客户资料档案，长期分析并引导客户的消费行为，加强企业与客户之间的纽带关系，做真正的餐饮品牌。

## 二、CRM 系统的作用

### （一）量化细分客户行为

会员卡交易系统能够收集客户的消费信息，从中分析出客户的消费偏好及消费频率、消费时间倾向等。组建客户价值评估数据模型，分析客户行为特征的规律，对客户流失率、客户保持度和占有率等指标做深层次的总结。

### （二）提升客户价值，完善消费体验

通过客户价值评估模型，企业可以了解到客户价值的变化趋势，在变化之前增加关怀，促进客户与企业的关系，实现低价值客户到高价值客户的转变。消费体验要流程化和一体化，提供预订、泊车、引座、点餐、消费到餐后服务等一系列的完整服务，并利用微信或者其他移动终端接收客户建议，不断改进，

总体上提升客户的满意度。

### （三）增强互动和沟通

餐饮企业应该与有价值的客户建立一种稳固的关系，充分了解客户的饮食习惯、特殊爱好及客户的重要日期等。企业还可以成立客户俱乐部，邀请客户加入会员，为会员客户提供各种特制服务，比如聚会活动、优惠价格等。

### （四）赢得高端客户

CRM 系统能够让企业根据每个高端客户制定个性化的营销和服务方案，帮助企业与客户建立长期的关系，对客户提供一对一的服务。这样，企业对客户的服务更有针对性，而且还让客户感觉到被重视，从而有利于建立长期的稳固关系。

## 三、CRM 的功能

### （一）提供顾客信息

CRM 系统可以提供完整的顾客信息记录，包括顾客的个人信息、单位信息、联系人信息、介绍人信息、口味偏好、忌讳等，还能对客户进行分类、分级，从而有针对性地进行消费推送。

### （二）会员和优惠管理

顾客可以持有多张会员卡，可以支持不同的积分计算方式，系统还可以对不同级别的会员制定不同的优惠和服务推送。

### （三）包房和餐台

系统记录每一个包房和餐台的使用情况，界面集成的方式可以实时显示餐台和包房的占用情况，方便订餐。

### （四）菜品管理

系统对菜品的分类、菜名、计价单位、是否允许打折、价格分类、服务费和推荐菜品、菜品的特性都进行了记录，并向客户推送特色菜品。该系统还可以集成客户点菜的情况，对每一种菜品的点单数进行排行。

### （五）客情表

设置为字段级浏览权限，并让领班、前台、点餐员关注不同的信息。

### （六）竞争对手

CRM 系统还实现了采集竞争对手信息、管理合作伙伴的功能。在采集完竞争对手信息后，还可以进行竞品分析和竞争对手分析。

## 二、产品质量管理文案：市场很严格，质量很关键

产品质量管理是在一定的经济技术条件下，使用科学方法直接或间接测定产品质量或者对产品质量进行事先控制，从而保证为客户提供所需产品符合质量要求。

然而有些企业在产品质量管理上存在着一些问题。

### 1．企业管理者素质与市场经济需要脱节

很多企业的管理者在会议、检查、和评比等方面忙得焦头烂额，形式主义现象甚盛。还有些管理者为了在任职期间为自己谋取一些实惠，或者为企业短期利益谋求一些实惠，全然不顾企业的长期发展。

由于这些管理者盲目满足，不求进取，导致管理非常混乱，其生产的产品必然不能满足市场的质量要求。

### 2．企业的技术水平低

有些企业不懂得在产品设计和开发上增加投入，为了节省成本，将其他企业淘汰的设备作为先进设备生产产品，这样的产品必然不能适应不断更新的市场。

### 3．企业建立的质量管理体系存在一定问题

存在的问题不止一个方面，主要包括：忽视质量文化建设；没有全面制定质量目标；职责履行不到位；执行力欠缺等。

如果产品质量管理到位，是可以为企业的生存与发展带来深刻影响的，主要有以下几点。

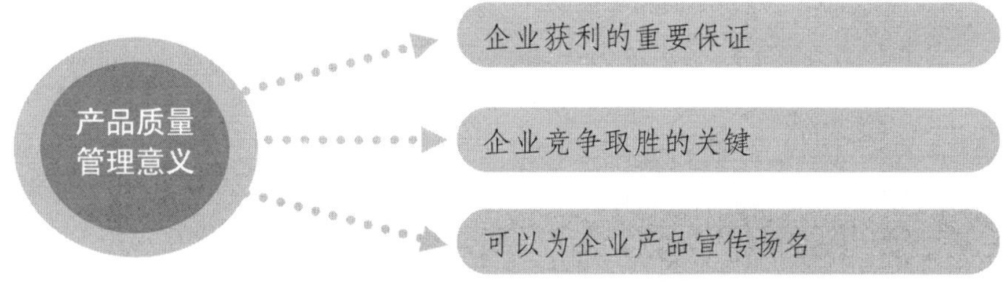

## ● 写作指南

如何进行企业产品质量管理呢？

全体员工要维护执行

企业高层要对质量负责

质量管理

严格把控质量管理过程

制定严格的质量管理标准

### 1．企业高层要对质量负责

质量问题其实关乎企业的生死，企业要想长久生存下去，产品质量必须得到可靠的保证，这是最基本的前提。作为企业的管理高层，尤其是产品公司的高层，领导要站在企业长远发展的角度，强化自己的质量意识。

质量第一是基本原则，不能只停留在口号上，当遇到成本冲突或者交货限期时，质量也不能降低。企业的高层必须时时以身作则，抓好质量工作，除了质量问题，要首先处罚管理高层，自上往下追击责任，将工作落到实处。

### 2．制定严格的质量管理标准

只要舍得投入，产品质量肯定能过关，但从经营角度考虑，任何一项工作都要考虑成本，所以这就涉及一个度的问题，到底坚持什么样的标准来抓好质量工作。

严格来说，企业的质量标准应该高于国家或行业标准，因为层层传递之后效能递减是规律，刚开始定得不严格，最后达到的一定会是一个很低的标准，容易造成事故。

目前大多数先进企业采用 ISO9000 质量管理体系，但这只是一种质量管理规范，具体落实时还需要企业根据自身情况制定相应的措施。

### 3．严格把控质量管理过程

如果企业不重视日常生产过程中的质量管理，疏忽对员工质量知识培训，在原材料采购时也没有严格把关，仅在出事以后处罚是没有多大效果的，因为这时市场上已经出现不利于企业的消息了。因此，企业要防患于未然，将制造过程的每一个环节，包括生产制造的上下游都要抓好。

4. 全体员工要维护执行

企业更像是一个执行团队，团队水平体现了其竞争力。如果不能做到全心全意，立即行动，不可能有好的执行力，也就不是一个好的团队。除此之外，企业要选择那些富有责任心、创新意识和灵活性的管理者，并不断强化管理队伍的素质。下游员工也是质量管理的重要部分，当遇到质量问题时要及时反馈给上游，杜绝流入到下个生产环节。

特别提示

由于供应商的产品质量水平也影响企业生产的产品质量，所以企业要帮助供应商完善质量管理体系，有必要对供应商的生产现场进行实地考察。还可以建立供应商评分制，确保其评分分数达到 90 分以上。

● 参考范例

## 服装厂产品质量管理文案

现在服装市场的竞争越来越激烈，消费者对产品质量的要求日益提高，面对这种情况，产品的质量管理与控制对企业在激烈的市场竞争中占有一席之地显得尤为重要。企业生产的产品质量水平和企业建立的质量管理模式是密切相关的。

作为服装厂，本厂选择全面质量管理模式。全面质量管理模式的内容有：产品质量、服务质量、企业内部工作流程的质量等。

本厂在这一模式下的具体措施包括以下几点。

### 一、产品质量方面的措施

服装产品的质量主要由车间技术人员水平和生产设备的自动化水平决定，其中尤以车间技术人员的水平最为重要。

**（一）车间技术人员的录取要两次考核，严格进行把关。**

主管部门要严格进行车间技术人员的录取考核把关，分两次考核，第一次选出有资格参加该职位的人员，进行培训；第二次考核就是技能考核，淘汰一些不合格的学徒，剩下的能经过考核的才是正式员工。

**（二）成立质量检查小组。**

质量检查小组的概况详见下表。

| 小组名称 | ××质量检查小组 | 成立时间 | ××××年3月9日 |
|---|---|---|---|
| 格言 | 深入生产现场，立足解决问题 | | |
| 课题名称 | 提高服装生产合格率 | | |
| 小组类型 | 现场型 | 组长 | 赵×× |
| 小组成员数 | 10人 | 活动频次 | 1天2次 |
| 工作时间 | 8:30~9:00 | | |

把质量检查小组的每位质检人员信息全部写在质检报告中，不仅能增强质检人员的责任感，也能吸引其他员工参与进来，增强每一位员工的质量意识。

质检小组员工的具体工作内容如下：

1. 服务生产车间，为生产一线提供产品质量信息，便于各部门根据信息控制产品质量。

2. 监督并检查车间产品质量管理的情况，查看管理力度，并督促正常运转各项质量管理工作。

3. 认证各部门的产品质量，严格把关产品质量。

4. 每天检查机器的运转状态，确保每台机器都无问题，能够高效完成生产任务。

5. 统计车间每个环节的合格率，并对操作员打分，针对性地选择奖惩。

## 二、服务质量

本厂要建立售前和售后网络信息交流平台并配置工作小组。售前工作小组主要负责汇总消费者对产品提出的质量要求、建议和问题，售后服务小组则负责汇总产品在市场上获得的反馈及退货问题。两个小组都要将汇总的问题写成一份报告提交给质量检查小组。为了提高服务人员的服务水平，企业要每月针对服务人员的分数进行奖惩。

### 三、企业内部工作流程

1. 全面质量管理工作要以全员参与为基础，所以公司的每个工作流程都采用 PDCA 循环，本厂有多个 PDCA 循环。

P（计划）：公司上层领导根据情况提出生产目标，即服装生产的合格率，技术主管再根据生产目标制定可控制的质检方案。

D（执行）：质量检查小组对质检方案提出的措施进行落实。

C（检查）：质检方案实施后会产生某种生产结果，质量检查小组对其进行评估，找出问题所在。

A（处理）：处理检查结果，肯定成功经验，予以标准化；总结失败教训，引起重视。

在实行下一个 PDCA 循环时解决本流程没有解决的问题。

2. 制定严格的监督管理制度。

部门主管监督本部门所有员工的工作，每个员工互相监督，发现违反企业制度的情况允许上报，并给予奖励，知情不报者将会获得惩罚。这一制度适用于公司的每位员工，包括领导，没有任何人享有特权。

## 三、企业经营管理文案：精英团队建设的指导书

企业经营管理是公司为了使各种业务按照经营目的顺利执行并有效调整所进行的管理活动。

我们在看待这个名词时要将经营和管理相互区分。经营与管理的外延是不同的。经营是指公司进行市场经济活动的行为，而管理是内部工作流程和问题处理的行为。经营要讲效益，管理则要讲效率。虽然两者不同，但终归是要一起“合作”为企业服务的。经营和管理密不可分，它们在一起“合作”具备了很多职能。

| 职能类型 | 释　义 |
| --- | --- |
| 战略职能 | 企业经营管理的首要职能。企业面对复杂的市场环境，需要高瞻远瞩，审时度势，进行战略上的市场部署，比如进行经营环境分析、制定战略目标方针、制定实施规划等 |
| 决策职能 | 企业经营好坏或者成败，关键在于决策。决策正确，企业就能扬长避短，发挥优势，用独特性的经营方式获得巨大优势 |
| 开发职能 | 企业对产品、市场、技术、人才进行开发，才能在万变的环境中稳操胜券 |
| 财务职能 | 主要为对资金的筹措。运用和增值 |
| 公共关系职能 | 同公司外部环境保持协调 |

## ● 写作指南

企业经营管理的方法有很多种，下面主要介绍三种：

### 1. 抽屉式管理

抽屉式管理又称职务分析。每位管理人员办公桌抽屉里都有一个职务工作规范，上面明确规定了职务工作范围和职责权限。

企业进行这种管理需要分五步：

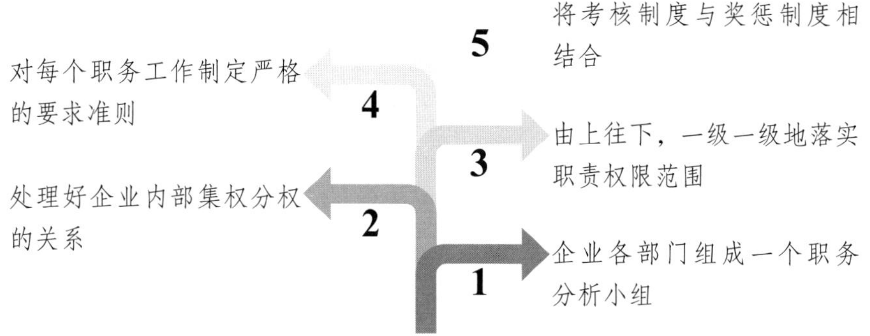


### 2. 合拢式管理

个人与企业整体高度和谐与配合，强调个人奋斗，让每位成员产生使命感，放手让下属决策，进行自我管理。

### 3．“一分钟”管理

“一分钟”管理法则具体分为一分钟目标、一分钟赞美和一分钟惩罚，可以大大缩短管理过程，便于员工明确自己的职责，激发员工的斗志，改进自己的错误，促使企业内部流程效率更高。

在进行企业经营管理文案的编写时，可以先编写公司的经营方式、经营管理现状，然后确定经营管理的重点，并制定相对应的措施。

**特别提示**

组织能力的高低对企业能否持续成功也起到了不可或缺的作用，因为组织能力是企业核心竞争力的重要源泉。所以，企业不仅要重视战略层面，在组织建设上也不能放松。

**● 参考范例**

# ××绿化公司经营管理文案

## 一、公司经营模式

1. 本公司自力更生，自主经营，自主管理。

2. ××实业股份有限公司为总公司，本公司运行在其指导下的经营管理和监督机制。

3. 为污染大的企业建造一支绿化队伍。

4. 本公司所生产产品完全自产自销，主要是销往施工企业。

## 二、公司经营管理

### （一）财务管理

1. 本公司的财务管理由××公司财务部委派财务人员管理。

2. 将本公司的财务账目报表单独列出来。

3. 建立健全各项财务管理制度。

### （二）人力资源管理

1. 公司经理负责绿化公司的工作进程，下面安排有项目经理、工程设计师和现场督工人员。

2. 建立健全各项人力资源管理制度。

（三）工程项目管理

1. 工程项目施工要严格按照“HSE”体系运行。

2. 建立健全各项工程管理制度。

## 三、打造工程项目

（一）完善工程质量，打造精品项目

本公司主要是为了改善××油区的环境，所以，让客户满意是本公司服务的宗旨。以后公司在工作中要本着“客户至上”的原则和务实踏实的工作作风，为客户提供全方位、高品质的服务，与客户建立良好的售后服务关系，随时了解客户意见和需求，不断完善服务质量。

（二）做好应急预案，安全消防真抓实干

为了确保施工人员在施工现场的安全，在涉及危险施工部位时，要提前做好应急预案，领导要亲自到现场监督指挥，确保施工人员的安全和客户的财产安全。

## 四、三项措施

1. 根据多年来的经营管理经验，本公司制定出了详尽的执行手册，员工翻开手册即可学习操作，以此达到规范自我，服务客户的目的。

2. 做好准备，不断创新，接受意见，做好与前期单位的衔接工作。

3. 充实管理队伍，采用轮回培训制度，不断提高员工的工作技术水平和其他各方面的工作素质。

第十章

# 营销合同文案——风险防范与逃避陷阱，重在严谨

合同是约束双方的文件，具备法律效力，规定了双方的权利和义务。这是一种风险防范手段和陷阱规避手段。签订合同标志着双方合作的开始。但在签订合同时一定要严谨，因为任何小小的失误都有可能造成巨大的损失。

# 一、广告合同：广告活动站在了起跑线

广告合同是指企业和广告经营者之间，或者广告经营者与广告经营者之间确立、更换或者停止广告承办或代理关系的合同。

广告合同一般分为以下四类。

## ● 写作指南

依据广告业务内容，广告合同应当包括以下主要条款：

1．承办或代理的广告项目名称。
2．完成广告项目的数量。
3．广告项目的质量。
4．广告内容和交验、查验广告证明文件，以此确定广告内容是否经过审查，双方当事人是否履行了签约程序。
5．广告项目完成的时间、地点和方式及广告费用。
6．广告原材料的提供和原材料的规格、质量、数量和交付时间。
7．广告作品或图纸、技术资料等提供的时间、质量、数量和保密要求等。
8．广告项目的验收办法。
9．违约责任及解决合同纠纷的方式。

**特别提示**

企业在与广告经营者之间签订广告合同之前要注意，首先要审查对方是否具备广告经营的资格，是否具有承办或代理自己业务的经营范围，如果没有达到要求，不要与之签订合同；如果对方没有广告业专用发票，也不能与之签订合同。

## ● 参考范例

# ××公司广告发布业务合同

甲方：__________ 地址：_____________ 电话：_____________

乙方：__________ 地址：_____________ 电话：_____________

甲乙双方根据《中华人民共和国合同法》与《广告法》及有关规定，协商签订本合同。

一、甲方委托乙方于___年___月___日至___年___月___日期间发布_____。

二、广告发布媒介为_____________________。

三、单位广告规格为_____________________。

四、广告采用______，未经甲方同意，乙方不得改动广告样稿。

五、乙方有权审查广告内容和表现形式，对不符合法律、法规的广告内容和表现形式，乙方应要求甲方做出修改，在甲方修改之前，乙方有权拒绝发布。

六、广告样稿为合同附件，与本合同一并保存。

七、广告单价______，加急费______，其他费用______，扣除优惠______，扣除代理费______，播出次数______，总计______。

八、甲方应在___年___月___日前将广告费付给乙方，付款方式______。

九、违约责任_____________________________________。

十、合同纠纷解决方式：_____________________________________。

十一、其他：_____________________________________。

十二、本合同一式多份，甲乙双方各执___份。

甲方：__________　　　　乙方：__________

（签字盖章）　　　　（签字盖章）

日期：___年___月___日　　　　日期：___年___月___日

## 二、产品经销合同：以我之名，卖你之物

经销方式是厂家稳固市场、扩大销售的有效途径之一，因为厂家会在价格、支付条件等方面对经销商提供一定的优惠，能极大调动经销商的积极性，充分利用其渠道为厂家宣传或推销商品。

产品经销合同就是厂家与经销商签订的合同，合同规定了双方的权利和义务，具备法律效力。

### ● 写作指南

买卖合同是指一方将产品的所有权转移到另一方，而另一方支付价款的市场活动。经销合同是买卖合同的一种，但却有自己的独特性。经销合同与买卖合同的不同之处详见下表。

| 合同种类 / 对比项目 | 经销合同 | 买卖合同 |
|---|---|---|
| 价格 | 生产厂家规定最低价格，甚至统一所有经销商的价格 | 与买方协商一致后确定价格 |
| 退换货 | 宽松许多 | 一般 |
| 商品购买 | 连续性购买 | 一次性购买 |
| 产品用途 | 规定经销商销售区域 | 不关心产品用途 |

**特别提示**

由于供货商的原因，经销商在经营活动中会遇到两个方面的麻烦，一是由于产品质量的问题，消费者要求赔偿；二是由于知识产权的问题，第三人要求赔偿。因此，在制定经销合同时一定要把每一个条款都弄好，最大限度保障经销商的利益。

## ● 参考范例

# ××××有限公司产品经销合同

甲方（供货方）：________________

乙方（经销方）：________________

甲乙双方本着互惠互利的原则，经友好协商，就乙方经销甲方产品及对其为产品提供营销和服务等事宜达成如下合同：

## 一、合作范围

甲方授权乙方在指定区域、指定渠道内作为甲方的经销商，销售“×××”品牌系列产品，具体如下：

1. 授权经销产品及价格：（见附件一，产品价格表）

2. 授权区域：____________（以下简称“指定区域”）。

3. 授权渠道：乙方只能在_________等渠道内销售甲方产品，如超出范围乙方则需征得甲方同意。

## 二、销售任务、奖励及合作期限

1. 销售任务：乙方作为甲方在___________的渠道经销商，首次进货__万元，年度进货指标为_____万元；

2. 月进货奖励：乙方每月进货额达到_____元及以上，甲方给予乙方___返利（按进货回款额计算），返还方式为货补，货补产品不计算乙方销售任务；

3. 年进货奖励：如乙方完成甲方规定的年销售任务（按回款额计算），甲方给予乙方_____年终返利；返利方式为货补，货补产品不计算乙方销售任务；

4. 辅料支持：为了帮助乙方进行推广，在乙方每次进货时，享受进货额2%的宣传物料的配送支持；

5. 合同期限：_____年____月____日起生效，至_____年____月_____日终止，本合同自双方签字后生效。

## 三、甲方的权利和义务

1. 甲方应以公平合理的统一价格向乙方供应质量合格的产品以及产品销售、市场营销及推广所需的文件资料。

2. 甲方应协助乙方制定或安排该指定区域内的营销战略、管理运作等销售事宜。

3. 甲方有权要求乙方提供库存量、产品流向、销售订单的明细、销售网点等，以供甲方审查备案。

4. 甲方应对乙方提供的商务信息严格保密，未经乙方同意，不可将其泄露给第三方。

## 四、乙方的权利和义务

1. 乙方在进行销售工作时，必须严格遵守国家及地方的相关法律，否则因此造成的所有损失由乙方负责。

2. 乙方在指定区域内进行销售工作时，不可跨区（未设本公司经销商的区域除外）窜货和／或低价倾销；不可蓄意诋毁甲方和／或其他经销商的名声；不可在指定区域外与其他经销商竞争客户。如有跨区销售，必须经甲方书面授权；如有关不当行为最终导致用户终止采购、取消合同或转用其他品牌产品时，甲方有权立即取消本合同，并无条件要求乙方赔偿由此给甲方造成的一切直接和间接损失。

3. 乙方在进行销售工作时，不可更换甲方产品的包装和标志；不可以甲方的品牌或名义进行销售其他同类品牌产品的商务活动。

4. 乙方不可在本公司其他已授权区域范围内以甲方的名义进行相关的商务活动。

5. 乙方在销售及产品的售后服务过程中因行使不当或其他原因，导致顾客投诉，而与本合同产品质量及甲方技术指导无关时，乙方应积极圆满处理，使顾客满意信服，从而维护企业双方的形象。

## 五、销售行为规定

1. 结算方式：

款到发货，乙方将采购订单以传真或邮件方式传至甲方，甲方将乙方订单确认后回传乙方。乙方汇款必须汇入公司指定银行账户或银行卡号，乙方不得将货款汇入公司未经确认的银行账户或私人银行卡号，也不得将货物或现金借贷给甲方员工，如因此产生的责任由乙方自行解决和承担。

2. 续货规定：

乙方每次进货额不低于_____元，订单下达后如因市场变化因素，乙方需调整订货额，需当天通知甲方，经甲方同意后生效。

3. 货物交付及物流：

甲方收到乙方订单，及乙方货款到甲方指定账户后，甲方安排货物配送，并将发货日期、发货方式及预计到达日期等相关信息告知乙方，以确保准时交货。甲方仓库发货到乙方所在地路程的运费由甲方承担，短途取货运输费用由乙方负责。

4. 中途损耗：

货物在从工厂发往乙方指定地点的运输途中如发生货物丢失和损坏的情况，除责任方按相关规定赔偿损失外，乙方必须在到货后三天内提出异议，并提供运输部门出具的货物丢失和／或损坏证明，将由甲方负责更换或补偿等量货物。如乙方超过规定期限或未提供相关证明，则甲方不予更换或补偿。如是由于乙方仓库条件不佳等原因造成的产品质量问题，将由乙方负责。

5. 商品退换货原则：

A. 甲方所提供给乙方的产品确因乙方市场销售造成外包装玷污或破损、保质期临近需要换货，所换的产品离保质期必须在九个月以上方可调换，甲方只收取基本包装费、加工费（见附件二）和运输费用。

B. 乙方在遵守合同前提下合同到期不再续签时，有权对甲方产品离保质期在九个月以上包装完好不影响甲方第二次销售的产品进行退货，但乙方应承担运费、包装费、加工费等相关费用（乙方退货必须在合同期后 15 天内办完手续，延期甲方不予办理）；乙方在市场经营过程中，确因种种原因不能履行合同造成的产品退货，甲方考虑代理商实际情况双方协商解决。

C. ×××冷冻产品、日化品、进口食品一律不得退换货。

D. 乙方在进行产品销售工作时，如发现产品质量有问题，须与甲方联系协商解决，并可无条件要求退换货物，前后因退换货物产生的费用由甲方承担。

6. 反窜货、反低价管理

乙方将甲方的产品发往非指定区域（未设本公司代理商的区域除外）和接受外地订单的行为称之为窜货。

甲乙双方应详细记录产品的收货单位／代理商，以便跟踪产品的流向和监督窜货行为。

甲方有权监督乙方并审查销售订单和发货记录，如发现任何窜货行为，甲方可以处罚乙方以补偿受到侵害的代理商。

窜货赔偿金将以窜货价款的100%作为罚金，以商品零售价计算，其中罚金的 50%将直接支付给被窜货方，作为对被窜货方的补偿。如乙方在受到外地货源冲击时，有权根据甲方的规定从窜货方获得同等的赔偿。

乙方在举证他人窜货行为时，应提供产品购物票据和／或其他有效证明，并以客观诚实的态度进行举证。

乙方应按照甲方的价格体系在指定区域内进行销售，防范和制止任何低价倾销行为。

如遇严重的窜货行为和低价倾销，甲方有权立即取消乙方的代理商资格，并追究其经济责任。

## 六、保密责任

1. 出于本合同的目的，甲方/乙方仅拥有为实施合作而参阅双方提供的保密资料的权利。

2. 甲方/乙方承诺不会将保密资料用于非本合同之目的，不会使用、披露或允许任何第三方使用，并且不会向其甲方/乙方员工泄露任何属于对方的保密资料，除非该等员工有必要为工作的缘故而掌握该等保密资料。

3. 本合同下甲方/乙方将保密资料交由对方，并非意味着授予对方任何专利或版权的权利，或意味着对方对该等保密资料拥有任何其他权利。

4. 如果本合同终止，乙方应在终止之日起 10 天内归还除了为销售现存甲方产品所需材料以外的全部商务文件、目录、广告材料等所有材料。乙方并应向甲方提供与甲方有关的客户详细名单及相应报告，以便保证向客户提供持续性的服务，且乙方不得再以任何方式以甲方的品牌或名义进行商务活动。

5. 如甲方/乙方违反上述约定，对方将无条件保证赔偿由此给另一方造成的一切直接和间接损失。

## 七、生效及合同的解除

1. 本合同自双方签字盖章后生效。自本合同生效之日起将取代以前所有的口头或文字合同。

2. 任何一方如不履行本合同中规定的义务或违反本合同中的有关规定，另一方应及时以书面形式通知违约方停止该行为。如违约方在接到要求改正的通知后15天内仍未改正，发出通知的一方有权立即终止本合同，并要求违约方对因此造成的损失进行赔偿。

3. 如发生以下情况，甲乙双方有权随时以书面形式通知对方终止本合同：

（1）甲方/乙方破产或已收到破产令，或进行整顿；

（2）甲方/乙方发生变更或业务被转让给其他方。

如果发生了不可抗力事件，致使本合同延迟履行或不能完全履行时，任何一方应在事件发生之日起10天内以书面形式通知对方并说明理由，同时应采取措施防止损失扩大。因未及时通知对方或未采取相应措施而导致对方损失扩大的，对扩大的损失部分违约方应负责赔偿。在事件发生后90天内事件仍未消除的，双方可书面协商解除本合同。上述不可抗力是指包括但不限于天灾、政府行动、战争等无法预料和控制的突发事件。

4. 乙方未完成甲方规定的保底销售任务。

## 八、争议解决

有关本合同发生纠纷时的诉讼，要将甲方管辖所在地的法院作为第一审法院。

## 九、通知地址

本合同中所注明的地址、电话等如有变更，任何一方应及时以书面形式通知对方，否则由此引起的相关通知无法送达所导致的后果由责任方承担。

## 十、合同时间及约束力

如乙方在合同期内未能完成甲方所规定的保底销售任务，将按本合同第7项条款内容执行。

## 十一、合同复本和附件

本合同一式三份，甲方两份留档，乙方执一份。下述附件乃本合同不可分割的组成部分，与本合同具有同等效力。

附件一：产品供货价格表

附件二：包装加工费价格表

附件三：甲方企业营业执照、税务登记证、组织机构代码证、商标注册证的复印件（加盖公章）等相关证件各一份；乙方企业营业执照、税务登记证、组织机构代码证（加盖公章）等相关证件各一份。

十二、附加条款

未经甲方允许，乙方不可在网上各渠道销售甲方产品，甲方发现乙方在网上销售甲方产品，甲方有权利阻止乙方网上销售，严重违反者公司将停止供货。

| 甲方：（盖章）： | 乙方：（盖章） |
|---|---|
| 代表人： | 代表人： |
| 电话： | 电话： |
| 传真： | 传真： |
| 通信地址： | 通信地址： |
| 邮编： | 邮编： |
| 签约日期：　　年　　月　　日 | 签约日期：　　年　　月　　日 |

# 三、销售代理协议书：以你之名，卖你之物

销售代理是指与委托人签订合同，为其销售某些特定产品或者全部产品的代理商。代理商可以对产品的价格、条款或其他交易条件全权处理。

由于纺织、木材、金属产品、食品、生产设备、汽车、服装等行业竞争非常激烈，产品销路对企业的生存具有至关重要的影响，所以这些行业有比较多的代理商。

代理商代理的是委托方的意志，所以其代理行为产生的法律效果由委托方承担，不过代理商只拥有销售代理权，不拥有对代理商品的所有权，其收入是佣金，而不是购销差价。

## ● 写作指南

销售代理协议应该包括以下主要内容：

1．代理人的权利和义务。
2．制造商的权利和义务。
3．明确代理的范围和区域。
4．明确佣金的计算方法。
5．明确协议的期限。
6．规定违约责任及仲裁等相关事项。

**特别提示**

作为独家销售代理，代理商要达到最低的代理额，而且负有广告、售后服务、存储、保护委托方知识产权等责任。而且，独家销售代理不能同时代理与委托方产品相竞争的产品。

## ● 参考范例

### ××××公司销售代理协议书

甲方：____________________

乙方：____________________

甲乙双方本着相互协作、互惠互利、共同发展的原则，在平等自愿、诚实守信的基础上，通过友好协商，就乙方成为甲方在×××市×××委托销售管理事宜达成以下协议。

**第一条：代理原则**

1. 甲方授权乙方为××××公司在×××市×××中的委托销售代理商。

2. 乙方在委托销售甲方产品的过程中，不得以任何形式损害甲方的声誉和利益。

3. 在促销活动中乙方应定期向甲方提供活动促销信息，确保产品不会出现滞销现象。

**第二条：甲方的权利和义务**

1. 甲方拥有产品价格的制定权及修改权。

2. 甲方承担此次活动产生的所有费用，乙方必须向甲方提供相应的发票。

3. 甲方有权根据本协议的有关规定监督、检查乙方的协议执行情况，并在一定时间内考核乙方所完成的工作进度和市场行为，并有权决定是否保持其委托代理资格。

4. 甲方负责向乙方提供部分宣传支持，帮助乙方做好宣传、销售和售后服务工作。

5. 甲方对产品进行不断的创新，保证其产品的花色多样化，并提供给乙方。

6. 乙方提供的关于产品价位或其他方面的合理化建议，甲方认可后将对产品进行更改，并第一时间通知乙方。

7. 甲方在委托乙方代理销售期间，按照每月实际营业总额的×%为乙方管理之费用，结算期为商场与甲方结款后一周内。每月超额部分按×%提取。

**第三条：乙方的权利与义务**

1. 乙方有义务遵守有关的商业秘密，并以书面形式每月一次向甲方书面或电子信件汇报当月的销货明细和当地的市场动态及其行销计划和策略，日销售额必须当天告知甲方。

2. 乙方收到货后，发现差错或其他问题，当____日内应转告甲方，否则乙方承担所有损失。对于每月补充的货物，乙方应协助促销人员做好盘点，发现差错或其他问题，当____日内应转告甲方，否则乙方承担所有损失。

3. 产品的最终销售价，乙方必须执行公司制定的售价。

4. 乙方负责督促商场的回款工作，汇款手续甲方提供。

5. 乙方尊重本公司的产品版权和知识产权，在本协议执行期内不得销售本产品的仿冒产品，否则本公司保留追究有关法律责任和经济责任的权利。

6. 乙方应努力提高服务水平，不得损害甲方的形象和商誉。不得用欺骗或非法的方法来销售产品。如因此而造成甲方的名誉受到损害，甲方保留依据相关法律进行名誉赔偿的权利。

**第四条：保证金及其他事宜**

1. 乙方在本协议签订之日起，按照甲方指定的支付方式向甲方支付保证金________人民币。

2. 乙方在委托销售管理期限内，如未有违反相关规定，保证金及利息（按银行利息率算）在本协议终止后全额退还给乙方。

**第五条：违约责任**

1. 任何一方不履行或不完全履行本合同条款中规定的义务，即构成违约，违约的一方应承担违约责任。

2. 如乙方不履行本协议，中途违约，甲方有权解除协议，保证金不予退还。

**第六条：协议期限**

乙方的委托销售代理期限为____年____月____日至____年____月____日。

**第七条：争议解决**

在协议执行期间如果双方发生争议，双方应友好协商解决。

**第八条：附则**

本合同如有未尽事宜，双方协商解决。本合同一式两份，双方各执一份，经签字、盖章后生效，两份协议书具有同等效力。本合同传真复印件有效。

| | |
|---|---|
| 甲方: | 乙方: |
| 地址: | 地址: |
| 电话: | 电话: |
| 甲方授权代表: | 乙方授权代表: |
| 签字盖章: | 签字盖章: |
| ____年____月____日 | ____年____月____日 |

签约地点:

# 第十一章

# 主题活动策划——师出有名，每一次活动都这么给力

企业在做活动策划时，一般都要明确活动主题，这在主题活动中是再容易不过的了。主题活动的特点就是活动主题特别鲜明，受众一眼就能看出活动主题，这就很容易吸引目标消费者的关注。主题活动有很多类型，包括文化主题活动、社会赞助活动、会展、招商活动、促销活动等。企业在鲜明的主题引导下，达成营销目标就变得简单多了。

# 一、文化主题活动策划：文化乐趣，企业发展驱动力

企业举办文化主题活动，一方面是文化建设的内在要求，另一方面也可以加强与客户、员工之间的情感交流和工作交流。文化主题活动可以活跃企业的文化生活，增强员工之间的团队凝聚力。

企业邀请客户参加文化主题活动，可以增进客户对项目的了解，更有利于抓住潜在客户。

一句话，面向客户的文化主题活动其实就是一个公关活动。

## ● 写作指南

进行文化主题活动策划时，一定要提前分析背景和需求，之后才能引出具体的策划内容，表明活动的意义。文化主题活动离不开创意，这是活动成败的关键。企业要根据调查结论、社会组织形象和公众的需求来进行创造性的思维活动，只有这样，活动本身才会具有独特性和个性，从而吸引公众，收到良好的传播效果。

文化主题活动策划一般包括标题、活动目标、活动主题、时间、活动安排、活动组织要求、活动奖励、活动宣传、推进计划等内容。

**特别提示**

虽然奖品或者奖励不是很丰厚，但有奖活动还是可以极大地激发人们的参与热情，为了调动客户的参与积极性，组织活动时要让客户充当重要的角色。

## ● 参考范例

### ××××年××××社区文化主题活动策划文案

一、活动目标

丰富多彩的社区文化建设是××××为客户提供的一项重要的服务内容，与客户一起打造××××特色的社区文化，能够很好地体现出××××全心全意为客户服务

的理念，使客户对本企业的依恋感更重，坚定对本品牌的忠诚，从而为公司创造很好的社会效应。

基于上述考虑，本企业旗下众多分部要统一策划一次同时进行的社区文化主题活动，建立××××独有的社区文化，形成品牌效应。如果举办成功，可以保留这一项目，以后每年定期举办，形成企业的特色主题。

## 二、活动主题

“××××社区健康欢乐家庭节”

我们将围绕“家”这个中心，集合所有理念，体现出“家”的深刻含义，展现家的温馨、浪漫和舒适，激发客户对生活的热爱。通过活动引导，加强客户对本企业工作的理解和支持，进一步获取潜在客户。

## 三、活动时间

9 月 7 日~9 月 20 日，为期两周。

## 四、活动安排

本次活动分为家庭节开幕式、主题活动和家庭节闭幕式三部分。

| | | |
|---|---|---|
| **家庭节开幕式** | 举办家庭趣味竞技比赛 | 绑腿双人跑、自行车慢骑比赛、100 米单腿跳比赛等 |
| **主题活动期间** | 每两天一项活动的频率开展社区活动 | 中秋游园、才艺表演、音乐欣赏、露天剧院、家庭卫生讲座、有奖征文等 |
| **家庭节闭幕式** | 举办一个特定的主题活动 | 与客户的座谈会 |

## 五、活动组织要求

1. 具体活动要由各分部公司负责组织、策划与实施，其中，物业管理部要确定整个活动主题的框架，传递信息，然后做必要的协助工作。

2. 分部公司要根据自身特点和计划自行组织活动，不过一定要符合活动主题，体现出××××的特色，营造出家的感觉，最好能对日常的物业管理工作有所促进。

3. 为了调动客户的参与积极性，可以在一些集体活动中设置召集人，让客户担任。

## 六、活动奖励

1. 活动项目设立奖项，颁发奖品激励客户。

2. 活动中举办的才艺大赛鼓励客户全家一起展示才艺，评选出最佳才艺奖，奖励全家异地旅游。部分优秀节目还可以参加公司举办的年会。

3. 其他活动结合实际需要颁发一些小礼物。

## 七、活动宣传

1. 9月7日之前统一在各类型媒体上进行集中宣传，内容为“××××首届社区健康欢乐家庭节马上就要开幕了”，活动期间在媒体上陆续刊登进展消息。

2. 在公司网站设立专题栏目，利用新媒体宣传活动。

3. 制作活动海报，现场张贴，四处分发。

4. 活动结束后制定一份活动特刊，与客户交流分享。

## 八、赞助

关于活动经费，企业可以联系一些地产公司或者商家进行赞助；在异地旅游奖励上，企业要联系当地的航空公司或者旅行社赞助此次活动。

## 九、推进计划

| 时间 | 具体事项 |
| --- | --- |
| 8月19日 | 详细讨论，确定最后的活动方案 |
| 8月20日 | 公司高层通过活动方案 |
| 8月22日 | 各地分部公司提交详细计划，确定活动组织负责人，着手准备 |
| 8月25日 | 家庭节海报设计印刷 |
| 8月27日 | 结合各分部公司的具体实施计划，总结详细活动方案，供分部公司参考 |
| 8月28日~9月6日 | 宣传预热、准备阶段 |
| 9月7日~9月20日 | 实施阶段 |
| 9月20日以后 | 总结本次活动，出版活动特刊 |

## 二、社会赞助活动策划：赞助很有益，活动很给力

社会赞助活动是指企业或者其他团体组织用提供资金、产品、设备设施或者服务的形式资助社会事业的一种活动。它是一种商业行为，能够满足企业的特定营销目标，获取可评估的投资回报。

赞助活动具有“双赢”的特点，交易双方都能从中受益。

赞助活动对企业的作用尤其值得引起注意，它在创建品牌方面发挥着潜在的作用，甚至有些是赞助活动独有，而其他品牌传播方式不具备的。赞助活动最主要的是能为品牌创造展示的机会和建立品牌联想。

赞助对品牌的作用

1 调动管理组织的积极性，让其获得情感上的收益。

2 为品牌创造展示的机会。

3 为消费者提供品牌体验，增强其品牌忠诚度。

4 利用赞助提高新产品或新技术的新闻价值。

5 建立品牌与赞数活动相关的联想。

### ● 写作指南

社会赞助活动策划书的编写要有一定的政策性和技巧性，要注意以下几点。

1. 赞助策划书的脉络一定要清晰，让商家一看就知道大概意思。

2. 赞助活动里面的宣传方案一定要新颖别致，只有宣传方案让商家觉得对他们的产品或品牌有利，才会和你合作。

3. 确定宣传方案和经费预算时一定要本着实事求是的态度，不能泛泛而谈，严重偏离现实，否则商家会对你不信任，合作也就成了无源之水。

社会赞助活动策划书一般来说包括项目背景、主办机构、方案简介、赞助商的获益点、赞助经费和联系地址等。

特别提示

对于同一个主题，有经验的策划者可以预测出审查者可能提出的反对意见，准备出其他两套策划案。

● 参考范例

# 网球比赛赞助活动策划书

## 一、赛事概况

此次比赛由体育局主办，主要面向青年男子网球爱好者，参赛人数接近80人，皆为网球技术水平较高的业余运动员。此次比赛规模大，参赛人数多，能够吸引家属观看，深受网球爱好者的欢迎，必然能够引起很大的轰动。

赛事名称："×××杯"青年男子网球比赛

主办单位：体育局

承办单位：×××公司

举办时间：2016年×月×日~2016年×月×日

赛时：15天

地点：××体育馆

参赛选手：网球协会会员、业余运动员

比赛内容：青年男子单打，大约80组

裁判：体育学院网球专业人士

## 二、活动目的

1. 加强与赞助商的联系，扩大赞助商的影响力，吸引消费者认识，加深对贵公司的印象。

2. 为网球爱好者提供发挥特长的平台，点燃人们的运动热情。

3. 为商家与体育局合作搭建桥梁，促进合作共赢。

## 三、赞助方法

1. 根据活动经费的需要提供赞助。

2. 提供赞助方生产的实物作为活动礼品或者奖品。

3. 提供活动现场的工作人员的服装、球队服装和食品饮料等。

4. 赞助权益：独家赞助的拥有活动冠名权，拥有活动的一切商家补偿计划；如果是多家联合赞助，赞助最多的得到冠名权，其他赞助单位作为鸣谢单位出现在活动中，依据赞助资金的多少来享有部分商家补偿计划的条款。

## 四、宣传方式

### （一）新闻发布会

为了加深赛事和赞助商在人群中的影响力，比赛前期会进行一次新闻发布会推广，从而增进媒体、赛事和赞助商之间的沟通。

### （二）传单

贵公司自己印制传单，在赛事准备和进行期间在体育局及广场人口密集的地方发送，与大家亲密接触，还可以与赞助商的传单一起派发。

### （三）海报

在人口较密集的广场或者人流量大的路口等地方张贴大型海报，突出赛事的激情，体现赞助商的利益。

### （四）横幅

在体育局门口悬挂横幅一周，横幅内容主要是比赛的内容和赞助商的相关宣传。赛事前 3 天挂在网球场等人流量大的地方，一天 24 小时不间断。

### （五）网站

体育局网站在最新赛事栏目中设立专题，与广大网友互动的同时，网页为赞助方做滚动广告宣传至比赛结束。

## 五、赞助效益

### （一）冠名赞助

1. 赞助金额：×××××元

2. 赞助条件：形象良好，企业信誉较高，经济效益可观。

3. 专用权益：获得比赛冠名权，在形象宣传时可以使用“×××杯青年男子网球比赛独家赞助企业”这样的称号；所有参加比赛的运动员、教练员的运动服上都印有贵公司的品牌名称。

### （二）合作伙伴

1. 赞助金额：×××××元

2. 赞助条件：形象良好，企业信誉较高，经济效益可观。

3. 专用权益：可派选两人担任比赛组委会的委员；派代表出席比赛的开幕式；可与获奖运动员合影留念，相关信息会在第一时间发布在学校网站上；比赛中拥有 10%的广告排位。

六、比赛经费预算（元）

| 赛事期间的饮用水和就餐费 | 6 900 元 |
| --- | --- |
| 奖品费用 | 网球拍 300 元，网球包 150 元，保温杯 50 元，高档毛巾 20 元，共计 840 元 |
| 宣传费 | 29 000 元 |
| 服装费 | 450 元 |
| 网球费用 | 2 500 元 |
| 比赛场地相关费用 | 700 元 |
| 海报广告费 | 1 000 元 |
| 摄像费 | 1 000 元 |
| 流动资金 | 2 000 元 |
| 总计 | 44 390 元 |

## 三、会展策划：让企业与顾客来一次亲密的接触

会展是指在一定的地域空间内，很多人聚集在一起，定期或非定期进行信息交流的群体性社会活动。会展包括很多类型，有博览会、展览会、交易会、展销会等。

会展策划是会展企业通过收集信息，对会展项目的立项、实施方案、品牌树立、品牌推广及会展相关活动的开展或管理所部属或规划的活动。会展策划是全方位、全过程地设计整个会展活动，以期找到最佳解决方案，实现企业开展会展活动的目标。

### • 写作指南

对于会展组织者来说，会展策划是运作会展的核心环节，其起到的重要作用主要有以下几点。

1 **战略指导**

会展策划可以为会展活动的执行提供总体的指导思想，在策划方案中对各个主要事项都进行详细的预案。

2 **实施规划**

会展策划能为会展活动提供具体的行动计划，尽管会展策划方案会在具体实施过程中依据情况调整，但总体思路不会改变。

3 **进程制约**

会展策划可以安排并制约会展活动的进程，尤其是大型会展活动，由于工作细节非常烦琐，必须严格按照方案进行工作，才能确保会展顺利进行。

4 **效果控制**

会展策划能够预测、监督会展项目的效果。活动是否达到预期效果，只需对照策划案的相关要求就能够清晰地看出。

5 **规范运作**

会展策划能够帮助会展运作趋于科学、合理与规范。

在进行会展策划时要按照以下流程。

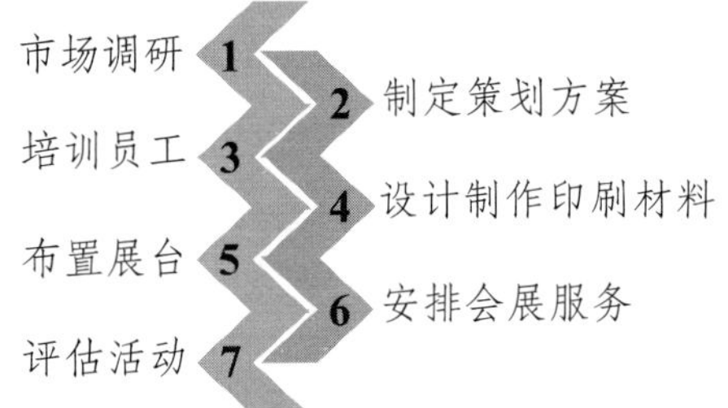

**特别提示**

参展商关注的市场并不是客流量多大，而是需要有一定数量的目标专业群体，比如采购商、经销商或者产品使用者等。非专业人员与会的人数较多，参展商的成本会相应地提高。

**● 参考范例**

## ×××化妆品公司的会展策划书

### 一、活动背景

随着现代生活水平不断提高，很多女性不仅注重内在精神的追求，也重视

外在形象。在我国市场上销售的化妆品品牌很多，让消费者难以选择。众所周知，化妆品行业属于多次性消费行业，只要客户建立了品牌忠诚度之后，就会成为老客户，不断地购买同一品牌，并且通过其口碑宣传会影响周边的消费群体，于是店面及品牌就可以得到稳定增长的销量，利润也就会稳定增长。

## 二、基本内容

### （一）活动主题

“绽美之花，精彩生活”

### （二）活动地点

××××会展中心

### （三）活动目的

树立公司形象，宣传产品优势，构建流畅的客户关系沟通渠道；从消费者感知入手，把握消费者的各种感知手段、特点、规律及感知过程，完善化妆品的产品特色，对会展各个环节进行全面规划和组织管理，争取让消费者得到更为立体、全面的消费满足感。

## 三、活动规划

### （一）会展日程

布展：2016 年×月××日 7:30~9:00

会展：2016 年×月××日 10:00~18:00

撤展：2016 年×月××日 18:00 以后

### （二）预期目标

观众人数预期 1 万人次

### （三）赠送礼品

到场观众均可以得到一份小礼品，小礼品包括化妆品试用装，带公司商标的购物袋或者钥匙扣等。

### （四）人员安排

礼仪小姐 2 名，接待人员 5 名，解说人员 5 名，安保人员 2 名，并对其进行培训，快速熟悉会展工作期间的工作。

（五）材料准备

1. 文字类

有关××××化妆品公司的相关背景资料和产品宣传册。

2. 物品类

请柬、胸牌、水、奖品、纪念品、挂旗、包装袋、POP、书签、茶杯等。

（六）宣传工作

1. 人员宣传

发传单、POP 宣传。

2. 网络宣传

在搜索引擎、社交平台发布相关信息。

3. 媒体宣传

利用报纸、杂志或者电视台宣传会展信息。

## 四、现场布置

设计成富有力度的块板式来营造空间的美感，并通过吸光和折射来传达化妆美容产品所富有的魅力。

完美地运用灯光，灯光可以说是一个较灵活及富有情趣的设计元素，可以成为设计气氛的催化剂，是一展位的焦点及主题所在，也是加强现有装潢的层次感，更能表现灯光与展台“融入”的结合。达到衬托暖光源的作品是一种对比，也是一种丰富。产品展示区就是发挥灯光动感和静感的实体语言，五彩缤纷的运动光线与琳琅满目的静止光影表现了照明的全部产品。

## 五、活动预算

| 物品费用 | | | 人员费用（元） | | | | 会展场所费和租赁费用（元） |
|---|---|---|---|---|---|---|---|
| 奖品 | 纪念品 | 茶水饮料 | 接待 | 礼仪 | 解说 | 安保 | |
| 2 000 | 1 500 | 200 | 500 | 200 | 500 | 200 | 6 800 |
| 3 700 | | | 1 400 | | | | |

总计：11 900 元

## 四、招商活动策划：我有我姿态，期待更有滋味的你

招商，也就是招揽商户，指的是一方将服务、产品面向社会一定范围发布，招募商户一起发展。招商类型很多，包括企业招商、政府招商、商业招商、一站式招商外包等。

企业在做招商活动之前要对自身有一个明确的定位，然后进行产品定位和品牌定位，列出本产品或服务有哪些优势，最后制定具体的招商措施，从而吸引潜在客户，达成合作目的。

### ● 写作指南

在撰写招商活动策划书时要注意以下几点。

**1 招商主题表达要准确**

一定要准确表达招商主题，使客户产生信任感，不能浮夸，更不能违反道德和法律。

**2 招商主题要吸引人注意**

招商主题要设计得简洁、富有创意，能够准确传达产品的主要特色，将保证让客户轻松安全地赚钱这一信息传达给客户，从而吸引客户的目光。

**3 招商文案注意细节，避免逻辑错误**

一定要注意招商细节，小失误也可以使目标受众降低对企业招商的信心。

**4 招商广告要确定合理的媒介组合**

企业要按照实际需要和客户的认知原理做好广告排期，并且在投放招商广告后要认真监控广告的投放效果，效果不佳时找出原因，及时调整。

**特别提示**

招商团队由三种人员组成，宣传营销类、策划执行类和客户签约类，其中客户签约类是指与潜在客户进行多次沟通，邀请其参加活动，在现场对这些客户提供良好服务，促成合作。

● 参考范例

# ××××电子商务平台招商活动策划书

## 一、目标客户群

### （一）招商项目定位

家装建材电子商务网站

### （二）招商企业定位

1. 高精尖端的大型企业，家装建材行业经营经验和理念先进，资金实力较强，品牌意识较强。

2. 招商企业主要以厨卫为主，室内起居为辅。

3. 新能源领域成就显著，并且市场前景良好。

### （三）消费人群定位

30~50 岁的蓝领、白领或金领。

## 二、招商目的

双赢。

## 三、招商策略

### （一）产品策略

1. 实物产品策略

我们将把招商厂家对产品设计理念和企业文化进行结合，以此全面介绍产品，比如外观、电脑控制技术等。

2. 信息产品策略

设置虚拟展厅，利用高仿真的图像、声音等手段让客户产生身临其境之感，对产品的各个方面有一个较为全面的了解。

### （二）价格策略

初期将价格定高一些，为促销商品做铺垫。让用户使用“一分钱购物体验”，促使用户认可本企业的安全和服务并购买产品。具体价格要用实物与厂家沟通后为准。

（三）渠道策略

为了保障厂家和消费者的共同利益，在渠道方面只与知名的第三方渠道公司合作。

（四）促销策略

用户权限不同，购买的产品价格相应也会不同。会员和 VIP 会员用户可以通过购买商品累计积分，然后兑换精美礼品，还可以免费订阅本厂的《××××购物指南》。

## 四、招商方式

（一）建材行业展会与会议

安排企业招商专员到建材类企业或经销商处邀请其到展会现场进行现场招商，现场签订相关合同，提供相应的优惠销售政策。

为了达到预计的招商效果，全体参展人员分为 4 组。

宣传组：负责在展会之前向经销商发送《招商手册》，争取到有意向的经销商前来进行业务洽谈。

洽谈组：负责建立客户档案和经销商的甄选标准，并核查经销商是否符合标准。

后勤保障组：协助洽谈组、重要客户经理解答有关售前和售后服务的问题。

财务组：负责收取、统计有意向的客户的定金。

（二）广告招商

1. 广告标题

创造，酝酿未来的创造。这是一种必要性，幸福只存在于这种必要性获得满足的时候。

2. 正文

××网络科技有限公司秉持着“专业、时尚、快捷”的宗旨全力打造××××电子商务平台。我们有最时尚、最前沿的购物信息，最快捷的购物方式，最专业的技术团队为客户每一次购物提供服务，足不出户就能享受完美的购物乐趣，还犹豫什么？赶快加入吧！

3. 媒体选择

报纸、期刊是招商广告的第一选择。全国性报纸中比较适合招商广告发布的有××××、×××××、××××等，地方性报纸要选择读者多、覆盖面广的都市类报纸。期刊由于读者划分较细致，低端的有××××，中端的有××××、××等。

除了报刊以外，还可以在大型网络媒体上投放招商广告，比如搜索引擎或者门户网站。

（三）上门拜访

在上门拜访客户之前要先进行舆论造势，让客户产生先入为主的意见，觉得你的产品或项目有利可图，这样才能顺利达成合作。

## 五、建立招商团队

| 岗位 | 人数 | 主要职责 |
| --- | --- | --- |
| 招商部经理和职员 | 1~2 名 | 为重要客户提供接待和说明等服务 |
| 客户服务部经理和职员 | 1~2 名 | |
| 重要客户经理 | 1 名 | |
| 企划部经理和职员 | 1~2 名 | 调查研究市场、安排场地、制订招商计划，安排招商媒体投放事宜 |
| 财务部经理和职员 | 1~2 名 | 招商费用预算、效果评估 |

# 第十二章

## 文化娱乐策划——一石二鸟，让快乐与营销比翼双飞

软营销，指的是表面看起来并非营销活动，而是文化、生活观念上的活动，人们在活动中受文化娱乐等内容的熏陶，改善业余精神生活，其实不知不觉中已经接触了企业的理念，并在某些场合认同了企业的价值观，潜移默化地对企业或其产品产生了好感。企业在这样的情形下，既能促进社会发展，也促进了自身利益的增长，可谓是双赢。

## 一、历史文化活动策划：文化软营销，深入人心硬功夫

我国具有悠久的历史文化传统，文化内涵深邃，举办历史文化活动能够让人们回顾历史记忆，丰富人们的精神生活，更多地了解历史文化，弘扬爱国主义精神。这样更能增强民族传统文化的信息和向心力。

策划历史文化活动主要是为了通过古代文物、典籍、历史图片或者演出等形式重新让人们见证历史，感受中华文明的历史渊源，起到以古鉴今的目的。

与历史文化相关的企业或者旅游机构可以通过举办这样的活动，一方面向人们普及历史文化知识，另一方面则潜移默化地扩大了自身的影响力，展示了自身的良好形象。

### ● 写作指南

历史文化活动策划案要对活动主题、形式、目标、内容、步骤及人员组成、具体分工、宣传方案等加以详述，这样参与者能够有章可循，保证活动成功举办。

由于是历史文化活动主题，所以在开头部分一定要详细说明一下这次活动的历史文化背景。

为了让活动举办得更好，一定要有足够的资金支持，这样赞助商就必不可少了。赞助商加盟，一来可以提供资金，保障活动充分展开，也可以扩大企业的影响力，可以说达到了双赢。

详细的历史文化活动策划案

明确的历史文化背景

足够的资金支持

成功的历史文化活动

**特别提示**

活动策划案不能忘记对历史文化活动的效果进行预测，如果能够有个比较，分析活动举办得是否成功，以便于总结经验教训。

● 参考范例

# 包公文化节策划方案

## 一、活动概要

包公的故事早已是家喻户晓，发扬包公文化是每个××市民的责任和荣耀。

包公园属于国家4A级旅游景区，由包公祠、包公墓、清风阁、浮庄等景点组成。全园用“历史包公—文物包公—文化包公”组织旅游路线，用翔实权威的资料、文物和戏剧表演为人们展现了包公的魅力。

包公文化是××市文化品牌中最具代表性、最能体现地方特色的部分。包公文化早已成为一个独特的文化现象，包公文化节已经举办过五届，已经形成优秀的旅游品牌，深入人心。

在庆祝祖国××年华诞之际，特此举办包公文化节，不仅能发扬传统文化，也能起到倡廉作用。

## 二、基本情况

### （一）活动时间

××××年10月1日~10月7日

### （二）活动地点

××省××市包公园旅游景区

### （三）活动模式

政府主导、市场运作；文化助力，经济主角

### （四）主办单位

××市园林局，××市旅游局，××电视台

### （五）承办单位

包公园景区管理会

## 三、活动目的

1. 推广包公园，使更多的人来参观包公园。
2. 树立包公文化节的品牌形象，通过媒体传播包公文化节的品牌影响力。
3. 倡导正确的社会风气，规范社会行为，助力现代社会文明城市的建设。

## 四、活动主题

梦回包公故里，品味××风韵

## 五、活动细则

### （一）文化节开幕式

1. 时间：××××年10月1日××：××

2. 活动地点：包公祠

3. 活动内容

领导致辞，启动仪式，舞狮队和龙灯进场助威，演绎宋朝动漫真人秀，其他节目演出。

其他演出节目主要有：黄梅戏、花鼓灯、舞蹈、二胡独奏、变脸、杂技等。

### （二）开衙仪式

1. 时间：××××年10月1日××：××

2. 地点：包公祠

3. 活动内容

专业演员团队演绎包公情景剧，一边演绎，一边巡游，沿包公祠外围绕场一圈。

设立露天衙门，情景剧演出包公名段《铡庞昱》。

演出“榜前捉婿”桥段。

杂技演员为观众演出，配合花鼓灯特色节目演出。

### （三）包公祭祀

1. 时间：××××年10月1日××：××

2. 地点：包公墓园

3. 活动内容

师公登台入场，进香请圣，贡献祭品，敬诵疏文，乐舞歌声。

### （四）剪纸艺术作品展

1. 时间：××××年10月2日××：××

2. 地点：清风阁广场

3. 活动内容

（1）在广场两侧设置展位，展示剪纸大师制作的众多剪纸作品；

（2）现场表演剪纸，进行剪纸技术交流，创造一个一流的剪纸视觉盛宴。

（五）梦回大宋游

1. 时间：××××年 10 月 3 日

2. 地点：园区沿河路

3. 活动内容

宋朝名人集体出巡，宋朝历代皇帝古画展，宋词吟诵，历史问题抢答，工艺品展示。

（六）××风味街

1. 时间：××××年 10 月 1 日~10 月 7 日

2. 地点：包公园内沿河路通道

3. 活动内容

包公园内搭建特色一条街，汇集各地市风情美食及土特产，特色小吃划分为 34 个展区，方便顾客挑选和品尝。

（七）文化交流座谈会

1. 时间：××××年 10 月 6 日××：××

2. 地点：××楼宾馆

3. 活动内容

讨论包公文化与经济，研究包公文化的传承与发展。

（八）闭幕式晚会

1. 时间：××××年 10 月 7 日××：××

2. 地点：包公园景区主入口广场

3. 活动内容

领导致辞，对之前活动中获奖的作品进行颁奖，文艺演出。

## 六、活动推广

（一）新闻发布会

1. 地点：××人民大剧院

2. 时间：××××年 9 月 13 日

3. 内容

邀请××省政府领导参加，邀请主流媒体对此文化街跟踪报道，在发布会上告知文化节的活动时间、活动内容及作品展示信息。

（二）征集文化节会标

1. 时间：××××年8月25日~9月5日

2. 形式

以网络媒体为主，平面媒体为辅，发布会标征集信息，会标中标者奖金为5万元，登记参赛者信息，邀请免费入园参加文化节一天的游园。

（三）媒体宣传

1. 电视

××电视台综艺频道、××电视台影视频道连续15天发布30秒的专题宣传片。

2. 平面媒体

报纸为主要媒体，建议在《××晚报》及《××晚报》通栏宣传15天，同时邀请新华社专访，扩大受众范围。

3. 广播

××交通广播宣传一个半月，每天播放8次。

4. 网络

在各大门户网站、搜索引擎及社交媒体进行宣传，同时与团购网站合作，实行团购优惠策略，既能为市民节省成本，也提升了园区形象。

## 七、招商策略

（一）招商目标

1. 引导期，××××年8月中旬到下旬

锁定主力商家以及目标消费群，争取招商达到45%~60%。

2. 公开招商强势期，××××年9月上旬到中旬

继续推进锁定目标商家和摊位户，争取达到80%~90%的招商率。

3. 持续招商期，××××年9月下旬

以各种活动保持招商热度，转移招商目标，努力招到活动冠名商或者赞助企业，争取招商金额能达到100万元。

（二）招商模式

1. 方案：商家与园区管理委员会签订租赁合同；赞助企业招商。

2. 具体执行

商家需要在文化节开幕式之前签订租赁合同，必须租用三天以上才能享受优惠政策；文化节前应汇款合同金额的50%，节后半月内汇完余款。

3. 效益计算

展位面积共计300平方米，美食街以及特色工艺品展区共计350平方米，租赁单价为每平方米300元，出租率大体为90%。

摊位招租总收入大致为××万元。

### （三）招商项目宣传策略

（略）

## 八、宣传推广预算

| 报纸 | 6万元 |
|---|---|
| 电视台 | 4.8万元 |
| 广播 | 3万元 |
| 网络 | 2.2万元 |
| 户外及其他 | 1.5万元 |

合计17.5万元

## 九、效果预测

### （一）带动××市经济发展

文化节不仅能带动文化事业的发展，也十分强劲地推动了经济效益。来这里的游客带动了这一地区宾馆住宿、餐饮娱乐、物流、金融服务、农业等产业的发展，更加凸显了这一地区文化软实力的作用。

### （二）感染了广大人民群众

文化节除了展示××市的风貌，还间接地展示了××市民的精神面貌及综合素质。

### （三）升华了文化成果

包公文化节争取成为中国文化艺术长廊里百家争鸣的新气象。

## 二、环保宣传活动策划：唱响绿色之歌，畅游绿色经济

大家都知道，随着经济的发展，环保问题日益严峻和突出，尽管早已引起了人们的重视，但真正行动起来的人还是少数。

为了让大家更加了解环保知识，激发对大自然的崇敬，增强保护环境的意识，进行环保宣传活动是很有必要的。

### ● 写作指南

在编写环保宣传活动策划书时，主要的大致框架包括以下几项：

环保宣传活动策划书

除了以上内容，有的还需要附加一份活动倡议书，或者标明活动的意义。

特别提示

在环保宣传活动中，可以宣读倡议书，展示环保知识宣传展板，进行有奖问答，还可以进行环保游戏等。

### ● 参考范例

#### ××购物广场环保宣传活动策划案

一、活动背景

科技日益发展，人们的生活需求日益增加，我们不断地向大自然索取，环境破坏带给我们的危害越来越显著。

在这个快速便捷的时代，汽车成为市民生活中必不可少的交通工具，但由于现在新能源开发还未进入普及阶段，所以汽车行驶产生了很多废气，严重污染大气质量。

现在，就让我们从身边做起，打造健康的出行方式，用自己的行动传递这份绿色倡议，增强低碳环保意识。

## 二、活动目的

1. 强调“低碳环保”这一宗旨，宣传其重要性，鼓励大家一起行动。
2. 提倡大家使用低碳交通工具，比如电动车、自行车等。
3. 组队方式进行活动，加强××成员之间的团队合作精神。
4. 丰富员工的实践生活，带头宣扬低碳环保的生活精神。

## 三、活动主题

“低碳环保，绿色出行”

## 四、活动时间以及地点

时间：××××年8月16日~8月18日，9:00~15:00

地点：××购物广场门口

## 五、活动前期准备

### （一）人员确定

××××年××月××日活动总负责人召集活动成员，在××开会，通知此次低碳环保活动的流程。

### （二）宣传

主要宣传地点：××购物广场附近3公里

宣传人员：20人

宣传形式：

1. 制作“低碳环保，绿色出行”等相关的宣传信息横幅，挂在××购物广场醒目的位置。
2. 印制700份左右的宣传单，60份左右的低碳调查问卷。
3. 制作相应人数的志愿者服装。
4. 制作宣传海报，上面标注单车环保行时依据的路线和口号。

5. 制作单车环保行时使用的小旗子，上面标注“低碳环保，绿色出行”。

### （三）工作分配

负责人制定行车路线，将志愿者分成3组，分别在××、××和××做宣传，每组9人，其中2人负责向路人讲解，6人负责宣传单的发放，1人负责联系、拍摄照片以及总结活动等。

## 六、活动开展

1. 志愿者在16日上午9:00在门口集合，然后出发。

2. 一组志愿者在××周边讲解号召，并发放宣传单。沿着路线，骑着单车沿途做宣传，每到一个地点，号召大家积极加入低碳环保活动。

3. 二组志愿者在××周边讲解号召，并发放宣传单。

4. 三组志愿者在××门口及周边讲解号召，并发放宣传单。

5. 负责人带队沿既定线路返回，沿途进入企业和单位做宣传，同时进行问卷调查。

6. 后期志愿者要写一篇心得，负责人做好活动总结，制作环保纪念册进行展示。

## 七、经费预算

场地费、审批费：2万元

横幅：500元

印刷费：600元

宣传资料：200元

其他：略

## 八、注意事项

1. 志愿者要服从安排，认真完成接到的任务。

2. 活动之前进行的宣传要保证宣传的人数，尽可能多地宣传。

3. 活动当天要依据天气情况变化方案，如果只是阴天，可以按原来的方案；假如下雨，就要推迟活动，另行确定时间。

4. 与人交流时要注意礼貌和个人素质。

5. 活动时要统一穿志愿者服装。

## 三、公益慈善活动策划：公益效益两不误，何乐而不为

公益，顾名思义，就是指为了公众的利益，其实质是社会财富的再分配。一定的组织或个人向社会捐赠财物、时间和知识，赞助和支持社会某项社会公益事业的公共关系活动。

公益活动包括很多，有体育赞助、文化赞助、教育赞助、学术理论赞助、福利慈善、爱心传递、植树造林等。

慈善事业属于公益事业的一种，是社会保障体系的一种必要补充。在政府倡导或帮助下，民间团体或个人自愿组织与参与开展，对社会上遇到困难、灾难或不幸的人不求报答地实施救助。

慈善事业依托的是人们崇尚奉献、追求友善的本性，但需要有一定的创意性，操作性和娱乐性，不仅能帮助社会困难人群，还能增加市场效益，这样才会促使人们养成做慈善的习惯。慈善事业是和谐社会的重要力量，既能起到安老助孤、扶贫济困的作用，又可以梳理社会人际关系，缓解社会矛盾，稳定社会秩序。

### ● 写作指南

企业做公益慈善活动，是提高品牌形象的一个好方法，还可以与慈善组织合作，提高活动的影响范围。企业公益慈善作为营销策略还有很大的创新和进步空间，为提升品牌影响力提供巨大的发展机会。

公益慈善活动具体能为企业带来什么效益呢？

建立和强化企业品牌形象，突出企业品牌价值和个性。

扭转企业品牌的负面形象。

与某地区或政府增进理解，建立良好关系。

强化客户对企业品牌的感情，巩固客户忠诚度。

将公益作为企业的核心要素之一，价值观驱动企业产生更多新的创新，开拓广阔的市场。

企业做公益慈善活动的效益

**特别提示**

在做公益策划时，不要简单地理解为捐款和捐物，一定要考虑公益慈善活动的经济效益和社会效益产出，也不要羞于在公益活动中获得经济利益。

● 参考范例

## 捐资助学大型公益慈善晚会策划书

### 一、前言

随着世界经济一体化的进程，中国取得了举世瞩目的成就，也正面临着前所未有的机遇和挑战。××，这个拥有着×××××之称的全球旅游胜地已成为××省经济发展的重心之一，为迎合全球经济一体化的发展潮流而培养高素质的人才，提高公民的知识文化水平。这种发展战略得到了××市各界的高度重视，为了给考上大学而因家庭困难无法自主完成学业的莘莘学子筹集助学资金，共青团××市委特决定举办××市××××年捐资助学大型公益慈善晚会，本次慈善活动得到××市委、市政府、市青联及社会各界的大力支持。

### 二、活动名称

××市××××年捐资助学大型公益慈善晚会

### 三、活动宗旨

帮助贫困的准大学生完成大学学业，唤醒社会对于贫困学生的爱心。

### 四、活动主题

情系××，为梦想插上翅膀。

### 五、活动单位

主办单位：共青团××市委、××市志愿者协会

承办单位：××市文化志愿者服务队

### 六、活动时间

××××年 6 月底 7 月初

## 七、活动地点

××市体育中心

## 八、活动内容

### （一）活动宣传

1. 前期充分利用广播、电视、报纸、网络等宣传媒体，刊播公益广告、公益宣传片，广泛宣传活动意义，动员全社会积极参与，参加××的公益慈善事业。

2. 晚会现场由电视台直播。

### （二）活动形式

1. 本次活动将邀请著名歌星×××先生作为晚会的慈善大使，邀请市领导、市直单位领导、社会名人、企业家及近年来对我市慈善事业做出突出贡献的团体代表、先进个人到场，邀请捐赠者、受捐者亲临晚会进行现场采访。

2. 晚会内容主要以小品、歌、舞、乐器等文艺表演形式出现。在晚会的舞美和环节结构的安排上努力突破，尽最大努力将晚会做出规模，办出新意，突出晚会的高雅、诚挚和感人；通过节目的精心编排，力求构筑一个爱心的海洋。

3. 拍摄制作两部短片：一是慈善公益事业宣传片；二是以介绍我市慈善事业现状为内容的专题片。

整个活动做到隆重热烈，体现出广泛的社会参与性，办成一台感人至深、催人向上、令人难忘的慈善盛典活动。

### （三）资金募集

1. 建立爱心助学慈善基金，完善专项资金的后续管理和使用。

资金保管：开银行账户，共青团××市委负责管理，账目进行公开化。

资金使用：赞助款项用于全程活动费用，包括演出费用；剩余款项将作为爱心助学慈善资金。

2. 现场捐赠。

节目接近尾声时，场内出现四个捐款箱，现场观众自发为慈善事业捐款。由××市志愿者工作人员具体负责，整台节目在大家踊跃捐款中结束。

3. 银行汇款。

开户行：××××××

账户名：爱心助学慈善基金

账号：×××××××

4. 本次晚会接受商业赞助，商家、企业冠名，欢迎个人、企事业单位捐资、捐物或为晚会提供交通、餐饮等必要的帮助。晚会海报、现场背景喷绘及电视台、网站等媒体宣传中，将特别感谢所有在此次活动中出一分力、尽一分爱心的商家个人和企事业单位。

## 九、正式举办

### （一）工作分组

1. 接待组：负责嘉宾与演出人员的接待工作。
2. 秩序维护组：负责全场治安工作。
3. 剧务组：负责舞台的布置与演出人员的沟通工作。
4. 后勤组：负责嘉宾演员的饮水和就座。
5. 宣传组：负责现场活动的拍照与宣传工作。

### （二）具体流程

参见附件一：捐资助学公益慈善晚会流程（拟稿）

## 十、相关事宜

1. 晚会灯光应在现有基本光的基础上增加部分效果灯，以满足整台节目情感诉求的需要；舞美设计一要突出主题，二要形成视觉冲击力，为节目表演提供和谐的平台和空间。

2. 主持人 3 名，其中可考虑外请一名热心公益事业的知名主持。节目串联将根据总体要求强化宣传内容。

3. 考虑到外请演员的难度，建议由本次公益活动慈善大使×××先生带两位演出明星嘉宾参加慈善晚会。

# 第十三章

## 庆典活动策划——活动不能只图热闹，趁热打铁是主要

企业举行的庆典活动多种多样，有奠基仪式、开业庆典、演艺活动和缤纷多彩的节日活动。这些庆典活动主要是为了增添欢乐气氛，吸引消费者的注意。尤其是代表企业形象的奠基仪式、开业庆典，对企业意义非凡，既能突出企业的形象，又能拓展商业影响力，可谓是企业发展的强有力的起跑线。

## 一、奠基仪式策划：奠基剪彩好兆头，企业发展有看头

在一些重要的建筑物修建之初，人们要举办一次庆贺性的活动，这就是奠基仪式。

奠基仪式现场的选择和布置是有门道的。地点一般在动工修建建筑物的施工现场，而奠基的具体位置则是建筑物正门的右侧。

对于奠基石也有一定的要求，必须是完整无损、外观精美的长方形石料。上面书写文字时，文字应该竖着写，字体一般为楷体，白底金字或者黑字。

奠基仪式对于企业来说有着重要的意义，比如，能够为企业项目的启动与营销奠定坚实的基础，扩大企业的品牌知名度，树立美好的企业形象，还能沟通各种资源和通路，塑造良好的社会形象。

### ● 写作指南

奠基仪式策划是根据项目主办方的既定目标进行奠基仪式的方案设计，其中涉及发起方、承办方、参与人、奠基仪式主题、邀请到的嘉宾、奠基仪式流程、新闻媒体安排及现场的规划设计等。

**特别提示**

奠基仪式开始前需要做很多准备工作，比如布置主场地，搭建舞台，提前获知当天的天气状况，安排工作组的工作，确定嘉宾名单，提前联系好媒体等。

### ● 参考范例

#### ××项目开工奠基仪式策划方案

**一、仪式目的**

1. 这次奠基仪式作为项目营销推广系统中的重要环节，为的是彰显本公司的实力。

2. 通过奠基仪式，用××项目动工为新闻卖点进行宣传，不仅可以进行前期

宣传，还能引导××高档住宅区项目，提高潜在客户对这两个项目的识别度。

3. 通过奠基仪式，邀请政府部门相关领导参加，构建良好的政企关系，从而有利于项目的顺利开展。

## 二、仪式主题

扬帆起航，××铸造宜居温馨的家园

## 三、组织机构

1. 主办单位：××公司

2. 承办单位：××公司

3. 为了保证奠基仪式能够顺利进行，特此设立9个筹备小组，分别承担不同的职责。

| | |
|---|---|
| 总协调 | 确定仪式总方案，与政府部门协调，完成相关审批手续，监督仪式现场各个环节，验收现场布置 |
| 总指挥 | 审定仪式方案，部署并指导各项工作 |
| 秘书组 | 确定邀请的领导名单，礼品或礼金的安排，领导人的站位排序，组织观礼群众，准备发言稿，保证电力和水源供应等 |
| 策划组 | 制定和设计各种策划案，设计画面等 |
| 会务组 | 制作相关证件、邀请函，安排仪式现场的用车，安排签到、饮用水、雨具等 |
| 宣传组 | 准备宣传文字，提供各种资料，奠基仪式期间的媒体宣传计划的制定，公司内部宣传安排，邀请记者及接待 |
| 现场组 | 控制现场整体流程，搭建舞台，安装调试设备等 |
| 安保交通组 | 消防安全控制，主干道路交通临时管制，保安巡逻，车辆停放管理 |
| 现场应急小组 | 设计并执行安全应急预案 |

## 四、仪式内容

### （一）时间

××××年5月

（二）地点

××项目现场

（三）参加人员（略）

（四）现场布置

1. 彩旗

| 数量 | 1 000 套 |
|---|---|
| 规格 | 0.75×1.5m |
| 材料 | 布面 |
| 布置 | 内环道、公路两侧，仪式现场 |

2. 龙门架

| 数量 | 1 套 |
|---|---|
| 规格 | 15×5m |
| 材料 | 桁架、喷绘 |
| 布置 | 仪式现场入口处，周边放置花盆，造型设计为×× |

3. 舞台

| 数量 | 1 套 |
|---|---|
| 规格 | 20×8m |
| 材料 | 桁架 |
| 布置 | 舞台设置三步梯，铺红地毯，设置背景墙和气柱；周边放花卉、音响 |

4. 现场展示板

| 数量 | 4 块 |
|---|---|
| 规格 | 2.5×8m |
| 材料 | 喷绘 |
| 内容 | 公司简介，项目简介 |

5. 其他（略）

（五）仪式流程

| 时间 | 安排 | 事项 | 备注 |
| --- | --- | --- | --- |
| 8:00~8:15 | 人员到位 | 广告公司人员、××公司工作人员到场，准备工作 | |
| 8:15~9:00 | 准备工作 | 检验舞台、设备、现场音响等；保安、礼仪、方队等到位 | |
| 9:20~10:00 | 维持秩序 | 指挥车辆停放，巡逻 | |
| 9:30~10:00 | 签到 | 来宾、媒体记者签到，领取礼品资料，礼仪小姐为领导佩戴胸花，带至休息室休息 | 背景音乐响起，乐队表演，制造气氛 |
| 10:00~10:02 | 登台 | 主持人和领导、嘉宾登台 | 乐队、锣鼓队齐奏 |
| 10:02~10:05 | 主持人开场 | 主持人开场白，介绍领导和嘉宾，请领导致辞 | 乐队、锣鼓队齐奏 |
| 10:05~10:15 | 嘉宾发言 | 领导、嘉宾、负责人发言 | 主持人配合 |
| 10:15~10:20 | 启动仪式 | 礼仪小姐引导重要领导上台，推动启动杆，启动设备 | 乐队、锣鼓队齐奏，礼炮齐放 |
| 10:20~10:40 | 奠基仪式 | 礼仪小姐引导嘉宾为项目奠基培土 | |
| 10:40~10:50 | 合影留念 | 公司人员和来宾合影 | |
| 10:50 | 奠基仪式结束 | 礼仪小姐引导领导先行离开，主持人宣布仪式结束，礼仪、乐队欢送嘉宾，工作人员做善后工作 | |

## 五、媒体推广

（一）报纸

邀请××时报、××晨报、××晚报等新闻媒体到现场收集材料，以便于后期进行跟踪报道。

（二）电视

邀请××电视台、××新闻频道等电视台到现场报道新闻，这样更真实，广泛地宣传公司的奠基仪式。

（三）网站

选择关注度高的网站，比如××网、××网等，还要在本公司官网上进行报道。

（四）广播

邀请××交通电台进行跟踪报道，提升此次项目的受众质量。

## 二、开业庆典策划书：开业人气爆棚，商机来了

开业庆典主要是商业性活动，不管是小的店面开张，还是酒店、超市、商场等大的商务活动，开业庆典不只是简单的程式化的活动，而是企业打出形象广告的第一次。公司通过开业庆典告知人们，庞大的社会经济体中，又增加了一个有生命力的商业细胞。

开业庆典一般能够体现公司的经济实力和社会地位，不管是来宾出席情况还是庆典氛围的营造，甚至是庆典活动的整体效果，无一不渗透着公司的形象。

### • 写作指南

开业庆典的目的是什么呢？

开业庆典目的

1. 体现公司实力和地位。
2. 聚集人气，吸引潜在消费者。
3. 广而告之，提升品牌知名度。

为了要实现开业庆典的目的，在策划开业庆典时一定要合理运用庆典道具，大胆创新突破，吸引人们的眼球，达到快速传播的要求，争取在最短的时间内吸引更多的人流量。

除此之外，开业庆典还要使消费者明白公司的产品或服务定位，让大家记住有这样一家店铺开张了。

开业庆典需要准备的东西很多，需要重点注意以下几点。

- 组建策划团队，分清各自职责。
- 确定主题，活动围绕主题开展。
- 选择开业庆典的场地、开业时间和宾客的邀请。

**特别提示**

现在开业庆典可以使用造云机，按照庆典要求制造出各种图案、LOGO和汉字，能很好地起到吸引人气，营造热闹气氛的作用。

## 参考范例

### ××酒店开业庆典策划书

#### 一、活动主题

××酒店开业庆典仪式

#### 二、活动时间

××××年××月××日

#### 三、活动地点

××县

#### 四、活动目的

1. 正式宣布酒店开业，引起同行、潜在消费者、目标消费者及媒体关注。
2. 让目标消费者和竞争对手的消费者进一步了解本酒店的服务，刺激消费者的消费欲望。

3. 加强与媒体的交流，为营销推广营造一个良好的舆论环境。

4. 借助开业机会，与当地政府部门和合作伙伴建立良好关系，为后续的经营和推广做好铺垫。

## 五、现场布置

### （一）场外布置

1. 酒店大门两侧马路上插上彩旗，上面带有公司 LOGO。

2. 大门两侧放置升空气球，或者用云朵机放飞云朵。

3. 大门上方挂着横幅，内容为：酒店开业庆典。

4. 酒店主楼墙壁上悬挂祝贺单位的条幅。

5. 门口两侧摆放祝贺单位的花篮。

6. 大门上方悬挂灯笼，烘托吉庆气氛。

7. 大门右侧搭建一个舞台，用带有酒店 LOGO 和活动主题的彩板作为背景。

8. 大门入口处设置一个气拱门。

9. 主嘉宾区铺上红地毯。

10. 主席台两侧放置户外远程音响，前侧放置花炮，在主持人宣布剪彩仪式时燃放。

11. 主会场入口处设置一个签到处，摆放一张铺红布的木桌。

### （二）场内布置

1. 酒店通道设置醒目标识或者比较大的广告排位。

2. 签到区在大厅入口处，礼仪小姐为来宾佩戴胸花；签到桌上摆放有签到牌、签到簿、签到笔和花朵等。

3. 休息区茶几上摆放鲜花和烟灰缸。

## 六、庆典活动流程

| 时间 | 具体流程 |
| --- | --- |
| 8:30 | 各项准备工作就绪，播放喜庆音乐 |
| 8:40 | 礼仪小姐迎宾，为来宾佩戴胸花，请领导签名，引导来宾至休息处休息 |
| 9:20 | 主持人介绍活动情况，邀请领导和来宾就座 |

续表

| 时间 | 具体流程 |
|---|---|
| 9:30 | 主持人宣布××酒店开业庆典仪式开始，介绍到场领导及嘉宾 |
| 9:32 | 鸣炮 |
| 9:35 | 邀请政府相关领导讲话 |
| 9:40 | 邀请董事长或总经理致辞 |
| 9:50 | 主持人邀请领导为××酒店剪彩，礼仪在一旁陪同，同时放花炮，播放喜庆音乐 |
| 10:00 | 主持人邀请相关领导和嘉宾到酒店参观，庆祝酒会开始 |

### 七、预期效果

1. 使××酒店开业的消息得到最大范围的传播，吸引更多消费者注意，来参加此次活动。

2. 加深了××酒店在消费者心中的印象。

3. 增强酒店内部员工对酒店的信心。

4. 后来者居上，成为酒店行业的一匹“黑马”。

### 八、活动经费预算（略）

## 三、演艺活动策划书：演艺公司的拿手好戏，要你好看

演艺活动包含多种类型，有音乐、舞蹈、戏剧、曲艺和杂技等。演艺产业在文化市场中占据着重要的地位。随着经济的迅速发展，民众的娱乐开支比重不断增加，文化消费时间不断增多，对文化产品的选择性需求日益增强，观看娱乐性强、影响力大的演出节目越来越普遍。

### ● 写作指南

企业要想举办演艺活动需要考虑到以下问题：

- 演艺活动的成本。
- 演艺活动的可操作性和可执行性。
- 演艺活动的目标要明确。

演艺活动可不只是简单的一次演出而已，它一定要围绕着目标展开，完全服务于演艺活动的宗旨。

演艺活动的目的有很多种，比如为员工丰富业余生活，吸引消费者关注，还有的是演艺公司自己策划，为的是增加演艺公司的名气。

**特别提示**

演艺活动一定要有创新，不要演出那些老套路的节目，只有创新的节目才会脱颖而出，取得杰出的效果，为营销打下坚实的基础。

● **参考范例**

## ×××森林公园景点演出策划书

### 一、概述

为了将×××森林公园的文化资源与演艺手段相结合，展示当地的文化内涵，反映景区的主题，××市青年艺术团承办这次节目。

整场演出主要以歌曲演唱、大型舞蹈表演、乐器演奏为主，充分营造景区的怡然氛围。为了让景区的娱乐氛围更为浓厚，让游客更好地互动体验，除了舞台表演以外，本艺术团还安排了自由性较强的表演形式。

本青年艺术团的宗旨是满足游客的多样化需求，提升旅游演艺的附加值，使整场演出效果非凡。

### 二、活动目的

丰富×××森林公园的娱乐效果，展示景区的文化，形成特色，令游客感到耳目一新，即能享受到最佳的旅游体验，还能回味无穷，形成口碑。

## 三、活动时间

××××年4月每星期日

## 四、地点

×××森林公园景区内

## 五、前期准备

### （一）宣传

制作展架，以宣传景区为主题，形式不限，构思要新颖。

### （二）组织

1. 通知艺术团成员递交节目单。
2. 确定节目参加人员。
3. 确定节目主持人。
4. 成立演出筹备小组，确定节目。

| 演出总监 | 负责监督整场演出的流程工作 |
|---|---|
| 演出策划 | 负责总体策划工作 |
| 演出导演 | 负责节目编排和审核 |
| 演出指挥 | 负责协调和管理工作人员 |
| 演出主持人 | 负责主持节目 |
| 联络 | 负责演员、工作人员的联络，与主持人交流情况 |
| 递麦 | 负责按照节目单的节目顺序，安排麦克风的使用次序，维护麦克风，负责房间的递麦 |
| 摄影 | 负责整场演出的录像、照相资料的拍摄工作 |

## 六、演出节目

### （一）舞台节目

| 开场曲 | ×××× |
|---|---|
| 舞蹈 | ×××× |
| 男歌手唱歌 | ×××踏歌、××放歌 |

续表

| 女歌手唱歌 | 我和××有个约会、天蓝蓝 |
|---|---|
| 舞蹈 | 烟雨江南 |
| 男歌手唱歌 | 擦干你的泪 |
| 舞蹈 | 相亲相爱一家人 |

（二）景点节目

1. 莲花峰：古筝演奏，曲目《高山流水》《阳春白雪》。

2. 泼墨山：扬琴演奏，曲目《木兰辞》《天山之春》。

### 七、演出预算

演出费用：11 000 元

演员交通费用：1 000 元

演员生活补助：1 000 元

合计：13 000 元

（此为每日费用，总费用演出结束后另计。）

### 八、注意事项

1. 演出各环节必须遵纪守法，内容健康向上，达到宣传×××森林公园的最终目的。

2. 节目参与者要接受承办方的统一指挥，精工协作。

3. 如遇各类突发问题，各方面应本着相互理解的原则协商解决。

4. 演出当天的各环节责任分清，如遇到自己不能解决的问题，需请示本次活动负责人。

## 四、节假日活动策划：节日来了，盈利还会远吗

节日营销就是指在节日期间，利用消费者节日消费的心理，综合运用广告、公演、现场售卖等营销的手段，进行产品、品牌的推介活动，旨在提高产品销售力，提升品牌的形象。

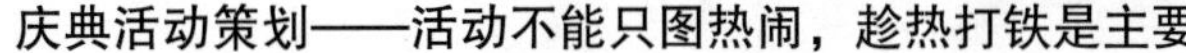

节日消费心理的特点决定了不同平常的节日售卖形式，对于新品牌的推广，更是给消费者亲密接触的绝佳良机。那么节假期间如何吸引消费者有限的注意力，把握节日消费市场的热点和需求变化趋势，做大做活节日市场？

| | |
|---|---|
| 出位创意，烘托节日氛围 | 文化营销，传达品牌内涵 |
| 互动营销，增强品牌亲和力 | 价格促销，激发售卖潜力 |

## （一）圣诞节活动策划

圣诞节是西方国家一年中最盛大的节日，与我国春节类似。随着国际交流的发展，我国圣诞节期间的节日氛围也越来越浓厚，这让很多商家抓住了商机。在圣诞节时，商家纷纷出招，营造圣诞节气氛，进行促销活动。

### ● 写作指南

圣诞节营销，一定要确定活动主题，比如圣诞许愿、层层购礼等，活动期间可以让营业员装扮成圣诞老人，或者戴上红色圣诞小帽子衬托节日气氛，从而刺激消费者购买。

**特别提示**

为了衬托圣诞节的节日气氛，举办的活动一定要丰富多彩，圣诞小礼品一定要丰富多样，包括圣诞帽、圣诞袜子、手套、毛巾、巧克力、饼干等，还可以营造一个玩具节气氛，推出特价玩具。在此基础上分阶段推出低价商品，吸引客流。

### ● 参考范例

### ×××英语培训机构的圣诞节活动策划书

**一、活动主题**

你我相约在这缤纷世界——×××创意圣诞节活动

## 二、活动目的

通过圣诞节“缤纷世界”的创新形式使×××的老学员们带来新学员参加到我们这欢快热烈的活动气氛中，实现与新学员的更多接触。通过活动使新学员感受到×××为大家提供优质的服务所做出的努力，让新学员们感到温馨，加深对×××英语的良好形象；同时提高×××英语的知名度和美誉度，在加强×××英语整体对外宣传形象的同时，提高学校整体收益。

## 三、活动时间

××××年 12 月 23 日（星期二）

5:00 开始入场；5:00~7:00 晚会开始

12 月 24 日（星期三）5:00 开始入场；5:30~7:30 晚会开始

12 月 26 日（星期四）5:00 开始入场；5:00~7:30 晚会开始

## 四、活动地点

×××英语培训机构

## 五、活动版块

### （一）跳蚤市场交易会

1. 摊位征集：20 个摊位。11 月 22 日~11 月 23 日各代课老师通过大力宣传、渲染激起孩子们参加的欲望，到前台登记预定摊位，需交 10 元摊位费。

2. 摊主可将自己需要出售的物品（玩具、文具、书籍等等）于 12 月 6 日~12 月 7 日上交，前台与学生进行商量并制定出价格并进行广告宣传。

### （二）小型拍卖会

1. 由×××校方收集物品以拍卖形式进行出售，由老师带着物品上台进行讲解，（主持辅助）每个物品均自由出价，起售价根据实际物品定价，每次最低加价 0.5 元，有意向的小朋友在下面参与竞拍，出现买家后双方下台进行交易。物品最高价格封顶为×元，先拍到的人获得物品。

2. 参加拍卖会的小朋友需要领取竞拍号码牌。开拍后，每个小朋友都可以先了解和现场查看自己感兴趣的物品，再举牌竞拍。

3. 活动前期宣传由海报、微信、前台老师及代课老师进行宣传，宣传的过程中需要提醒家长和小朋友们准备 10 元零钱，准备参与竞拍。

4. 拍卖会所拍卖的物品来源：闲置物品摊主每人可拿出一种物品，其余的由学校提供。

（三）梦幻小剧场

1. 由×××老师角色扮演。

2. 寻找剧本《×××》《×××》《××××》等，与老师商量进行挑选。

3. 11 月底剧本完成寻找，12 月中旬完成排练。

4. 11 月底完成服装、道具的购买。

5. 收费标准：30 元/人

（四）英语角

1. 英语角是由学生们与外教以竞答对话的模式参与闯关，同学可以通过口语交流向外教老师获取关键词进行填充，最后整个句子填充完成为闯关成功。闯关成功后可参加下一关卡。抽奖的具体形式由老师策划。

2. 抽奖物品由××老师负责，12 月中旬完成。

3. 英语角收费标准：20 元/人

## 六、活动宣传

1. 条幅、宣传海报、写真、展架、入场券、过关卡（抽奖用）兑换券。

2. 校区装饰：各校区进行圣诞节室内外装饰，贴出圣诞节活动通知。

3. 11 月底进行活动宣传：代课老师对各班学生宣传本次圣诞节的形式，鼓励老生带自己的同学参加。给老学员发入场券：每位老学生有 2 张入场券，其中有 1 张入场券是用来带新生用。

4. 新生宣传：对××县内各个小学发放入场券，各学校 100 张。

## 七、场地布置（略）

# （二）中秋节活动策划

中秋节是我国的一个传统节日，也是法定节假日。消费者在这一期间消费比较活跃，消费热点往往容易形成，成为商家抓取商机的利好阶段。

中秋节着重“家”“团圆”这两个概念，人们往往会回家与家人团聚。中秋节商家往往会注重中秋的文化内涵，利用文化感染力来促销产品。另外，中秋节的畅销产品非月饼莫属了。月饼在中秋节时销量往往会翻好几倍。

## ● 写作指南

商家在中秋节展开月饼大促销活动，往往会用各种方式陈列月饼，比如按馅料、按套装等，商家联合厂家展开不同程度的优惠措施，还赠送小礼品。除此之外，商家还会推出各种各样的推销活动，举办主题活动、“全家福”活动等，促进商品销售。

特别提示

中秋节促销要从产品的历史渊源、文化背景、风土人情等方面挖掘，对活动主题注入一种思想和理念，这样会让消费者在消费过程中获得一种精神体验，在心里产生共鸣。中秋节促销产品要切合中秋意境，将自己的产品与中秋佳节的文化联系在一起，与亲情联系在一起，让消费者在消费的同时体验亲情与文化。

## ● 参考范例

### ××超市中秋节促销活动策划书

#### 一、活动时间

××××

#### 二、活动目的

××超市在这美好的秋季与您相约，与您共度中秋佳节，感受秋天带来收获与成熟的风韵。

#### 三、活动主题

花好月圆人团圆，盛隆送礼喜连连。

#### 四、卖场陈设

卖场内专设中秋礼品专卖区，按照月饼的品牌、保健品和酒的类别整齐陈列，指定专人负责礼品的促销，策划部负责中秋礼品区的装饰，要求达到醒目、

吸引顾客的目的。

## 五、活动内容

### （一）一重喜

一次性购物满30元，可抽“仲秋礼券”1张，60元2张，单张小票最多限5张。

1. 购指定几种月饼礼盒时，此礼券可抵3元（此券限活动期间使用）。

2. 购保健品或酒（指定商品）可分别抵1元、2元、3元使用（此券限活动期间使用）；已买断的酒为使用品牌。

a类保健品或酒，此券可抵1元。

b类保健品或酒，此券可抵2元。

c类保健品或酒，此券可抵3元。

### （二）二重喜

如果您中秋礼券右下角的文字能拼起“××团圆奖”、“××喜庆奖”、“团圆奖”、“喜庆奖”，祝贺您，您又中了我们的第二重奖。中奖条件和奖项设置如下：

1. 团圆奖。集齐“团、圆、奖”3个字，奖价值200元的奖品（礼券、现金）

2. 喜庆奖。集齐“喜、庆、奖”3个字，奖价值100元的礼品（礼券、现金）

3. 盛隆奖。集齐“盛、隆、奖”3个字，奖价值12元的礼品（礼券、现金）

4. 欢乐奖。集齐“×、×、奖、团、圆、喜、庆”7个字任意一个，奖价值3元月饼小礼包一份（9月28前）；奖价值1元的××购物券一张（9月28后）。

## 六、商场布置

总店：关于中秋节的吊旗、门口的条幅或者中秋的宣传画、陈列区的布置。

连锁店：中秋节条幅、吊旗。

## 七、费用预算

条幅：10米×6元/条×26条=1 500元；

中秋礼券：0.1元/张×10万元=1万元；

吊旗：2.5元/张×1 000张=2 500元；

DM：待定；

广告费用：报纸、电视，待定。

## 八、注意事项

1. 中秋礼券在外地定做印刷。策划部负责设计与联系印刷；

2. 中秋礼券的左联由收银员负责收取。

3. 吊旗、DM 由策划部负责拍照、设计排版，联系印刷。配送中心和门店组织陈列商品。

4. 连锁店负责各门店的条幅。

5. 在超市入口处专门设立奖品兑换专柜。

6. 各店的中秋礼券由超市专人负责管理、登记，下班收回保管好。

## （三）其他节日活动策划

除了中秋节、圣诞节，我们每年过的节日还有春节、端午节、清明节、七夕节、重阳节、腊八节、元旦、儿童节、妇女节、劳动节、国庆节和教师节等，国外传进来的比较流行的节日有感恩节、万圣节等，这些节日无一不使商家赚得盆满钵满。

### ● 写作指南

在做节日促销活动策划时要注意以下几点。

明确节日促销活动的目标，除了迎合节日气氛，还要考虑到消费者希望商品经济实惠的心理，设计的活动要让消费者得到优惠。

促销主题力求耳目一新，吸引消费者的注意，而且要简短易记，争取让消费者留下深刻印象。

促销形式要创新，产品包装一定要与其他产品相区分，争取做到好看实用又时尚。

**特别提示**

节日促销一定要有节日氛围，节日氛围分两种，一种是现场氛围，这可以通过张贴海报、布置物品、播放音乐来渲染气氛，另一种气氛则是员工心情，这就需要组织者有力地调动员工的积极性，制定恰当的销售任务，按达成率情况进行奖赏。

● 参考范例

# 美容美发店圣诞元旦双节促销活动策划书

## 一、活动背景

圣诞元旦双节将至，人们纷纷穿上盛装，做好护理，以最美的状态迎接佳节的到来。近年节日经济所蕴藏的商机引起了大家的重视，美容院美发店如何根据自身的情况和资源，突破原有促销模式，充分利用节日消费特点来提升销售业绩，巩固顾客忠诚度，开拓新客源呢？大部分商家第一个念头就是打折。的确，打折促销是一个吸引人眼球，拉拢客户最快最直接的方法。可是这种方式显然是不明智的，因为这样会造成恶性循环，把价钱压得越来越低，甚至亏本。

××××集合多年的美容院经验，美容院美发店经营现状及圣诞节（元旦）的消费特点，确定了定位正确、主题鲜明、形式创新、文化氛围的促销原则，特策划此方案以供美容院美发店参考。

## 二、促销主题

圣诞元旦欢乐行，现金礼品大放送

## 三、促销目的

1. 利用竞品换购优惠拓展新客源。
2. 提升顾客消费金额（客单价），促进美容院销售业绩。
3. 加强与顾客之间的情感交流，巩固客户的忠诚度。

## 四、促销时间

××××年 12 月 23 日~××××年 1 月 6 日

## 五、促销形式

换购、抽奖、情感、送大头贴。

## 六、促销内容

### （一）打折

1. 活动期间，新顾客凭未消费完毕的其他美容院护理卡在本美容院美发店开卡，可获赠该护理卡所剩余次数的护理（注：不超过该卡一半的次数），同时享受正常开卡优惠政策。

2. 凭其他品牌护肤品空瓶（或包装盒）在美容院购买相应的产品，一个空瓶（或包装盒）可获九折优惠，二个空瓶（或包装盒）可获八五折优惠，三个空瓶（或包装盒）可获七八折优惠（注：总数不超过三个）。

**（二）送会员卡**

活动期间，所有老顾客可获赠由美容院美发店赠予的“感恩金礼卡”一张（金额为1月1日至11月30日顾客在本店消费总额的5%~10%，限在活动期间使用），活动期间凭此卡面值金额在美容院美发店可抵扣相应消费金额。

**（三）抽奖**

活动期间，凡在美容院美发店消费金额在×××元以上的顾客均可参加“幸运大转盘”的一次转盘机会，转盘里划分50～200元不等，由顾客转动转盘，指针指向哪个区域，就可以在会员卡里充多少钱。

**（四）送贺卡**

活动期间，顾客凡在美容院美发店消费均可填写心愿卡一张，悬挂于美容院内圣诞树上；老顾客均赠予精美圣诞贺卡（或新年贺卡）一张。

**（五）送发型图或大头贴**

很多客人都想看到一些自己没有过的发型，如果能采用发型设计软件给他们设计几个发型，或几个大头贴，在他们做完头发时送给他们，或发QQ给他们，客户一定会很高兴。

## 七、注意事项

1. 美容院美发店店内须进行适当布置，营造节日促销氛围，刺激顾客的购买欲望。

2. 活动宣传可通过店门悬挂横幅（或×展架），派发活动单页，电话告知老顾客等形式进行传播。

3. 制定活动销售目标，并分解给各美容师（发型师）相应任务，活动结束后按照达成率情况进行奖赏。

4. 采用管理软件给顾客建立好档案。

这些方式比单纯的打折促销效果好得多，顾客既可以换购又可以抽奖，还可以获得贺卡，挂在圣诞树上，把节日的气氛推向高潮。多元化的活动，陪顾客一同共度佳节，促销效果一定很好。

# 第十四章

## 公关活动策划——公关不能喊“cut”，活动秘诀要“get”

企业形象对企业的发展有着至关重要的作用，公关团队在维护企业形象，对外沟通方面起着尤为特殊的作用。当企业遇到危机时；当企业想要出尽风头，进行炒作时；当企业想要与合作伙伴搞好关系时，公关团队或者企业就需要密切策划公关活动，保证企业有序发展。

## 一、危机公关策划：好产品，不会被危机所打倒

任何一家企业在复杂的市场环境中都会遇到一些或大或小的公共关系危机，简称公关危机。公关危机具有意外性、破坏性和紧迫性，往往蔓延速度很快，负面效应或借助媒体成倍数地增加。

危机公关就是避免或减轻危机带来的严重损害而制定的管理措施和应对策略，包括危机规避、危机控制、危机的解决及解决后的发展等各项内容。

### ● 写作指南

应对公关危机需要遵循一些基本原则，原则如下：

#### 1. 危机公关上升到战略高度

要高度重视公关危机，放在战略的角度谨慎对待，处理事情时要有系统性、整体性和连续性，让全员都参与其中，决策由最高领导颁布或带头执行，确保执行的有效性。

#### 2. 客观全面了解事件，发现问题核心

不要只看表面现象，而是要全面了解整个事件，冷静观察问题的本质，找出问题关键，然后聘请专业公司出谋划策，解决问题。

#### 3. 处理问题速度要快

要用救火的心情和速度处理公关危机，因为这确实是十万火急的事情。公关危机就像一团火，烧的不是厂房，而是公司的品牌和整体信誉。不管是极小的事情还是重大事情都要及时处理，万不可错过时机，导致事件不断扩大与蔓延。

#### 4. 主动承担责任

在危机事件发生的第一时间应该将所有质疑的声音和责任承接下来，不能含糊其词，态度暧昧，用最负责任的态度与事实行动快速对事件进行处理。责任人的态度很重要，冷漠、推诿可能会令公众愤怒情绪增加，不利于事件解决。

### 5．保持有效的沟通机制

很多矛盾都来源于缺乏沟通，恰当的沟通能将很多事顺利解决。发生公关危机时，沟通是很有必要的工作。

首先要和全体员工沟通，使全体员工了解事件细节，从而配合公关活动，还要与媒体保持沟通，第一时间向媒体提供真实的事件情况，填补这一时期舆论的真空，防止小道消息造成谣言等更大危害。

其次还要与政府部门、合作伙伴密切沟通，得到支持、理解和帮助，从而顺利度过危机。

### 6．权威部门，专家解读

发生危机时不要急于摆脱干系而反驳，甚至打口水仗，这样的结果肯定会事与愿违，导致事态扩大。应该以一个积极的态度，不做太多的言辞，马上请第三方权威部门介入，为自己说话，当找到证据之后联系媒体，让媒体报道正面的自己。

### 7．转移视线

发生公关危机时，企业要在妥善处理后尽快转移公众视线，否则一直纠缠在危机事件中对企业很不利。企业这样做的方式既不是要推诿责任，也不是瞒天过海，而是在采取正确措施将事件妥善处理后尽快将事件的影响去除。方法有推出新产品、企业做慈善等。

### 8．在危机中创造商机

发生公关危机时，媒体和公众对企业的关注度很高，如果企业处理得当，不能能够化解危机，还可以提高品牌的知名度，树立更好的企业形象。

**特别提示**

由于现在处于移动互联网时代，微博作为社会化媒体中的代表，传播信息能力很强，速度很快，消息呈病毒式扩散，当发生公关危机时，企业一定要在 12~24 小时之内在微博中作出处理与回应，控制事态发展。

● 参考范例

## ×××饮料公司危机公关策划书

### 一、事件回顾

×××饮料公司在“3 · 15 消费者日”前夕发生食品卫生问题，结果被市卫生防疫部门罚款 5 000 元。主要原因是该公司近期生产的橙汁饮料令部分消费者饮用后出现了恶心呕吐的症状。市防疫部门接到举报，派监督员前去检查，发现公司卫生条件恶劣，立即查封了所有库存成品饮料。

这则新闻被媒体一经报道，立刻引发消费者的强烈反应，质疑声此起彼伏。但是公司不但没有接受批评，反而以媒体报道严重失实为由，向所在区法院提出控告，说市防疫部门徇私报复。这种不懂自我反省、指责他人的行径进一步加深了公众的抵制情绪。

公司终于意识到问题的严重性，决定立刻整改。为加强公司卫生管理，提高企业自身形象，特别策划这起危机公关方案。

### 二、市场分析

#### （一）背景分析

目前的饮料市场已经趋于饱和，而且有大多数的龙头企业带领，竞争对手十分强硬，这些企业的产品都深受消费者的喜爱，占据了大量的市场份额。虽然本公司也是一家知名的老牌饮料公司，本来还可以通过深入人心的营销策略立稳市场，但是饮料卫生及安全问题拖了公司后腿。

#### （二）企业形象与环境分析

消费者对于老品牌都有着独特的情怀，大多数老品牌对于消费者来说都有着深刻的回忆，这是许多事物无法替代的。但是质量问题也被消费者看重，特别是在食品安全问题日益严重的今天。如果老品牌能够秉承严谨的生产工艺，优质的生产环境，将会大受消费者的青睐。

随着经济的发展，消费者已经不仅仅局限于饮料产品的口感，大多数饮料已经慢慢向美容、养生等人们关注的问题靠拢。市场上产品不断增多，不断升级，而作为老字号的我们也需要不断地提升和挖掘自身的潜力来适应市场和客户不断变化的需求。

## 三、活动宗旨

改变企业在消费者心目中恶劣的形象，提升企业的整体水平，改良企业的生产设施，提高整体的卫生环境，重新在消费者心中树立良好的老字号形象。

## 四、活动主题

食品安全人人有责，重现经典从我做起！

## 五、活动对象

消费者、经销商、市卫生防疫部门、媒体朋友及广大的社会公众。

## 六、活动时间及地点

5 月 1 日：大型公关活动拉开序幕。公司将借此机会对企业内部卫生环境进行彻底的改造，并公开向广大民众致以歉意，对广大民众给予承诺。

5 月 5 日上午：召开新闻发布会，并带所有邀请的代表嘉宾参观我们的饮料生产线，切身实地感受我们的生产及感受我们改变的决心。

5 月 5 日下午：交流互动会正式举行，在共邀各界人士充分交流的同时，一同品尝我们的经典产品，通过重温回忆，对企业的发展提出宝贵的意见与看法。

## 七、流程设计

1. 请董事长发表讲话，对此次发生的卫生事件进行表态，明确公司整改和预防措施的落实，表明企业整改的恒心，以及知错就改的良苦用心，望广大民众给予机会与支持。

2. 由政府部门代表发表讲话，表示对此次事件的看法及对本企业改革意见的大力支持，树立企业在大众心目的信心。

3. 广大媒体和社会民众等相关人员自由提问，由公司发言人给予解答。

4. 带领群众前往生产线实地，零距离接触、检查企业食品安全及卫生环境。

5. 酒店宴宾，品尝企业产品，发表意见与看法。

## 八、媒介宣传

本次活动邀请了社会各界的人士并得到了广泛参与支持，政府部门的鼎力支持，除了户外的人员宣传、横幅宣传、手册宣传，也借助政府的传媒渠道、电视媒体和政府网站的宣传力度，对本次活动进行造势，积极营造社会效应，重拾消费者认可。

### 九、进度安排，物料准备

4月25日：场地预约、场地布置、人员安排、公关小姐、主持人、现场秩序安排等。

4月28日：预约政府机关人员、媒体工作者、社会名望人士、市卫生防疫站、消费者代表等。

5月2日：务必准备好活动的所有物资，包括宣传手册、宣传横幅、海报、齐全，组织节目等。

5月4日：场地安排，搭建宣传台，音响设备，现场布置等。

5月5日：现场秩序控制及参观流程控制。

### 十、费用预算（略）

### 十一、预期效果

预计此次活动让广大市民充分了解到企业的发展改革，重新树立了企业在消费者心目中的形象，也受到了政府机关的表扬，重振了企业在饮料市场的地位。

## 二、新颖出奇事件策划文案：事件营销的不二法门

新颖出奇事件在企业营销的过程中非常重要，企业通过策划、组织和利用具有新闻价值、社会影响及名人效应的人物或事件，吸引媒体和公众的注意，提高企业或产品的知名度，树立良好的品牌形象，最终促进销售，这就是所谓的“事件营销”。

事件营销其实就是一种营销手段，它包含了很多方面，如下所示。

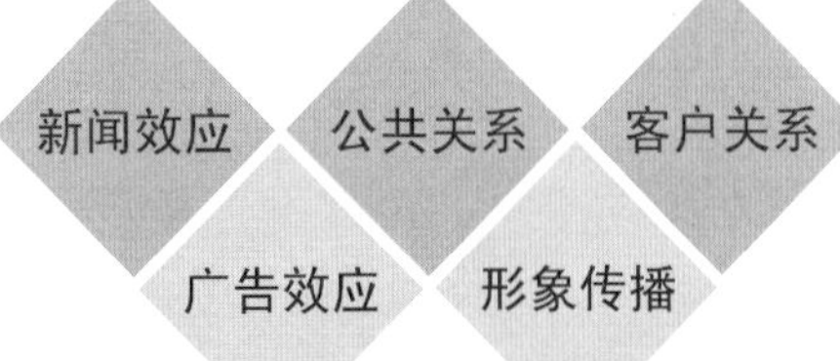

随着互联网的迅猛发展，事件营销获得了越来越多的发展契机。企业可以通过网络制造新闻话题或事件，获得公众关注。成功的事件营销案例越来越多。

## • 写作指南

如何成功策划和执行一个事件营销呢？首先我们要知道事件营销的特点。

1 **针对性**

事件营销最主要的特征就是针对性极强，在网络上比较活跃的事件中寻求商机，利用事件产生新意，引导公众注意相关性强的事件。

2 **主动性**

事件营销的主动权一直牢牢掌握在企业手中，这就决定事件要有隐蔽性，在未营销之前一定要高度保密，让企业带着公众的注意力走。

3 **风险不可控制性**

事件营销存着在不可预测的风险，事件营销在借力的同时可能会被其他公司借力，风头盖过自己的公司。如果事件营销的流程没有把控好，当企业处于舆论窗口时，可能会产生不利于企业口碑的话题。

4 **争议性**

事件营销一定要有争议性，这样才会让公众热烈讨论，在社会上形成热点。

策划和执行一个成功的事件营销需要以下步骤：

1 营销点子新奇，与企业相关

2 营销素材简洁，借势

3 营销传播快速集中，多媒体发布

4 事件营销增强互动，渠道配合

### 1. 营销点子新奇，与企业相关

策划事件营销时，企业要找准市场营销对象，在此基础上想出与企业相关的营销点子，而且点子一定要新颖出奇，吸引大家的注意力。

**2．营销素材简洁，借势**

营销素材并不是越多越好，而是要对素材做减法，在细节上下功夫，争取做到简洁，因为公众能记住的东西毕竟是有限的。借势指的是企业的营销要借助近来最流行的事件的风头提高自己产品或企业的知名度。

**3．营销传播快速集中，多媒体发布**

选好营销素材之后，就要进入营销传播阶段。一定要配合当下流行的氛围，快速发布，抓住有利时机。在形成热点之前要集中在某个领域进行发布，当热点形成后选择多媒体发布，提高公众覆盖面积。

**4．事件营销增强互动，渠道配合**

事件营销的目的要实现，必须在事件高潮时趁势出击，做线上线下活动，发布新品等。渠道配合也要做好，当事件营销影响力上升时，有人想要购买产品，要能将产品卖出去才行。

**特别提示**

在做事件营销时，除了借势，还可以制造事件，步骤如下：确定营销目标，分析一下当下的舆论环境，制定话题传达方案，组织话题实施的步骤，最后根据流程制造事件。

## ● 参考范例

### ×××小区开盘事件营销策划书

**一、活动目的**

1. 通过事件营销，快速引起××人群的关注，为项目入市造势。

2. 在××区域掀起“懒文化”热潮，与刚需群体形成共鸣，快速蓄客。

3. 通过网络转发及一系列促销活动，增强目标群体的参与及互动，提高现场到访率，加速认筹。

## 二、活动时间

8 月~10 月

## 三、活动目的

导入懒文化概念，引起关注，加速认筹，提高签单量。

## 四、活动内容

### （一）熊猫××亮相××

1. 组织 15～20 个人穿上熊猫装，扮成熊猫模样在××广场、××天地等人流最集中的商圈突然出现，然后摆出各种“懒”姿态，背贴和手旗上印有“懒屌丝语录”，如“别和我比懒，我懒得和你比。”“若不用呼吸也可以活着，我一定懒得呼吸。”

2. 在公交站和地铁站通过派发熊猫系列的小礼品，如扇子、纸巾、懒人语录等，传递懒文化，引发××人群的关注和共鸣。

3. 在软件园、社区等地巡展派单时，所有物料都印有熊猫××的形象。

4. 在车身广告、地铁 LED 大屏、××广场 LED 大屏等媒介上刊登熊猫××广告页面。

### （二）网络事件炒作

1. 在网络上发布“熊猫××”活动的照片及软文，炒作该事件，引发关注。

通过媒体报道、微博转发、论坛炒作、QQ 群发等一系列病毒式营销，快速引起关注和参与，从而顺势引出×××项目。

2. 微博、微信发起线上活动，有奖征集懒人懒事，凡参与者有机会获得 10~100 元话费充值。

3. 懒人经典语录、两只懒熊猫雷人对话等。

如：对付疲惫，睡觉；对付恐惧，睡觉；对付感冒，睡觉；对付饥饿，睡觉；对付失恋，睡觉；一觉治百病，一觉平天下，专注睡觉二十年。睡觉，值得信赖！

### （三）懒人计划

通过前面一系列的铺垫，引出×××项目并借机推出一系列懒人促销活动，加速认筹。

1. 懒得去还价，5 000 元认筹抵 2.5 万元。

2. 懒得去上班，躺着也能 1 天赚 1 万元。

认筹即享每天减 100 元的优惠，认筹超过 40 天可抽取“日进万金”的名额，享受每天减 1 万元的优惠。（限定名额 1~2 名，从开盘日期倒推 5 天开始，每天减 1 万元）

3. 懒得去排队，暑期大片免费看。

对诚意客户，通过电话或者短信邀约到××天地××××，免费观影。电影播放前有 20 分钟的项目介绍短片（对购房意向较强或到访次数较多的客户定为诚意客户，具体由××把握。需制作项目介绍短片，图片素材+配音）。

4. 懒得去挤车，看房专车随叫随到。

### （四）懒到家了

1. 懒到家了，开盘现场抽奖，0 首付，5 折房源。

2. 懒得去算计，老带新即享现金返还。

老客户带新客户，成交后老客户返还 1 000 元，新客户减 1 000 元。

3. 懒得去组队，大客户团购计划。

软件园、金融港、汽车产业园等客户均享受 99 折优惠（需出具工作证或其他相关证明）。

## 五、费用预算

### （一）熊猫××出街活动

服装道具：6 000 元（包括熊猫装、背贴、手旗标语等）

人员：11 000 元

交通运输费：2 000 元

其他杂费：2 000 元

总费用 21 000 元

### （二）宣传物料

X 展架、易拉宝、DM 单张、折页、海报、熊猫纸巾、熊猫扇。

### （三）电影包场

100 人场，4 000 元。

300 人场，11 000 元。

（四）送话费

10元、20元、30元、50元、100元充值话费不等。

总费用2 000元。

（五）网络EPR炒作

××、××、××、××等论坛置顶帖购买、网络灌水、微博/微信大号购买、互动转发、删帖等。

费用40 000元/月。

（六）网络硬广

待定。

## 三、新闻发布会策划：营造热点，让企业名声更响点

企业举办新闻发布会，是在发生具有重大积极影响的事情时，向新闻界公布消息，借助新闻提升企业或者产品形象。

企业举办的新闻发布会与其他新闻发布会一样，必须正规隆重，沟通活跃，传播方式优越。

新闻发布会虽然有记者，但它与记者招待会还是有所不同的。新闻发布会一定要有新闻发布才能举办，而记者招待会不一定有新闻发布，主要目的只是为了和新闻媒介公众进行沟通。当企业遇到纠纷、投诉、谴责等问题时，可以举行记者招待会进行沟通，解决问题。

### ● 写作指南

新闻发布会对企业如此重要，那么该如何策划新闻发布会呢？

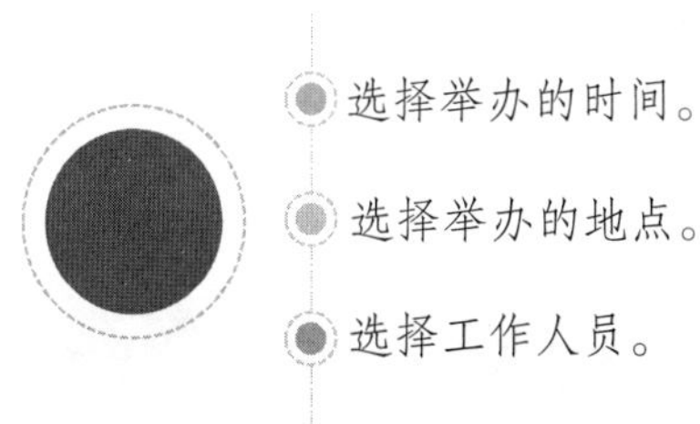

### 1．选择举办的时间

（1）新闻发布会一般在上午 10：00 或下午 3：00 举办，这样能够方便记者到达会场。确定好具体时间后，企业要提前 1~2 周向记者发出书面邀请，以便于记者安排好时间。

（2）新闻发布会的目的是吸引公众注意，如果与社会重大活动日期相撞，那么发布会的效果就会大打折扣，因为人们的注意力几乎都被重大社会活动吸引过去了。所以，新闻发布会要避免重大社会活动日子和纪念日等时间。

### 2．选择举办的地点

举办地点的选择要注意以下两个方面的问题：

**会场选址**

新闻发布会的会场要与新闻性质相融合，还要考虑到交通、新闻发布的硬件等因素，所以新闻发布会通常会在宾馆或者新闻中心等地方举行。

**布置会场**

会场的环境布置要考虑周全，比如气温、灯光、噪声问题等，可以让公关设计人员布置会场，既要体现企业精神，还要让记者有宾至如归的感觉。要在会场入口处设置签到处，座次安排要分清主次。

### 3．选择工作人员

（1）主持人在于掌握会议进程，调解会议气氛，促进会议顺利举办。

（2）主要发言人主要是面对记者提问，发表权威性的观点，需要头脑冷静，思维清晰，反应灵敏，语言表达能力很强。主要发言人一般由企业主要负责人或者部门负责人担任。

（3）发布会现场的服务人员一定要严格挑选，外貌和自身修养都很重要。他们的主要工作主要是安排客人签到入座，准备视听设备，分发宣传材料，安排餐饮等。

**特别提示**

新闻发布会的主题一定要清晰，切忌主题不清。偏离了主题的内容，在记者眼中就如同废物。

● 参考范例

# ×××电脑维修××工程学院实践基地落成新闻发布会策划书

## 一、背景

×××电脑维修于××××年成立，是一家专业从事电脑维修的综合服务公司。公司凭借一流的维修技术、先进的维修设备及良好的服务态度，已经成为××市500强之一。

## 二、新闻主题

×××电脑维修××工程学院实践基地落成

## 三、活动时间

××××年12月13~12月14日

## 四、活动地点

××工程学院图书馆报告厅

## 五、参与对象

### （一）特邀嘉宾

1. ×××电脑维修首席工程师
2. 学院招生就业工作处负责人
3. ××市经济与战略研究所所长

### （二）与会媒体

1. ××日报
2. ××电视台
3. ××其他主流媒体

### （三）企业相关内部人员

### （四）取得发布会入场券的学生

## 六、活动目的

1. 吸引优秀大学生进入×××电脑维修公司，吸纳人才。
2. 进一步提高×××电脑维修公司在××及××工程学院的知名度。

3. 塑造企业形象，深入服务理念。

## 七、宣传形式

互联网、电视、报纸、广播、宣传展板、海报、条幅、宣传单、宣传册等。

## 八、活动安排与流程

### （一）前期准备

| | |
|---|---|
| 现场布置 | 设置主席台、主题板，准备投影仪、麦克风、茶水、水果、糕点、纸巾、签到簿、签到笔，服务人员到位，桌子摆放整齐 |
| 室外布置 | 横幅、条幅、飘空气球、拱形门、红地毯、指示牌 |
| 迎宾指引设置 | 迎宾台、迎宾小姐、指示牌、指示语等 |
| 保安及咨询人员 | 负责人 1 名，设备调试技术人员 2 名，保安 8 名，咨询人员 4 名 |
| 医疗人员 | 幕后医疗人员 2 名 |
| 新闻通稿以及相关资料 | 会议议程、新闻通稿、演讲发言稿、公司宣传册、图片、纪念品、新闻负责人名片等 |

### （二）安排发布会

| | |
|---|---|
| 开场前 | 主持人上台，领导就座，礼仪小姐倒茶等 |
| 发布会开始，10:00~10:10 | 学院实践基地专题介绍片放映 |
| 10:10~10:15 | 主持人宣布会议开始，介绍来宾 |
| 10:15~10:20 | 代言人演唱宣传歌曲 |
| 10:20~10:40 | 首席工程师致辞 |
| 10:40~11:10 | 介绍公司，演示企业技术等 |
| 11:10~11:40 | 答记者问 |
| 11:40 | 主持人宣布发布会闭幕 |

### 九、现场控制

1. 前来的官员、经销商要有人陪同和沟通，要对记者一视同仁。

2. 协调人要能控制气氛，让气氛轻松活泼。

3. 答记者问时要由一位主答人负责回答，如果涉及专业性强的问题可以由他人辅助回答。

## 四、商务谈判策划书：运筹帷幄，谈好话，盼好价

不管是促成交易，还是解决争端，商务谈判的最终目的是为了争取经济利益。对企业来说，增加利润的方法无外乎三种：增加营业额、降低成本和谈判。商务谈判是企业实现经济目标的重要手段，也是获取市场信息、开拓市场的重要方式之一。

商务谈判活动应该遵循以下原则。

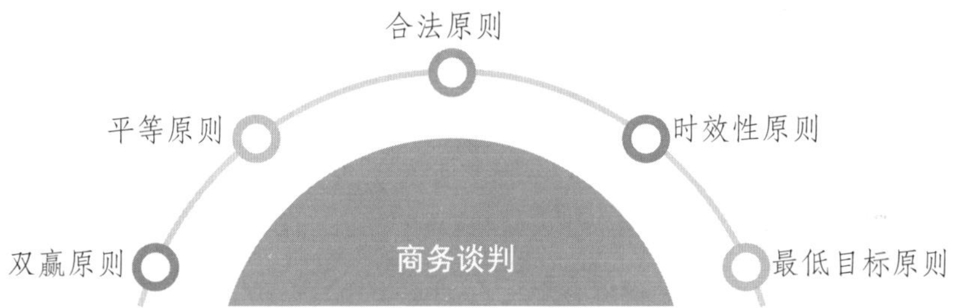


### • 写作指南

用“知己知彼，百战不殆”来形容谈判是再合适不过了。商务谈判一定要先明确谈判的目的，确定谈判团队，而且还要对公司的情况和谈判对方的情况有深刻的了解，对双方做一个优劣势分析，这样可以做到心中有数，有理有据，有条不紊。

策划时要根据谈判的三个阶段来谋划，这三个阶段分别为申明价值的初级阶段、创造价值的中级阶段和克服障碍的攻坚阶段。

**初级阶段**

双方彼此沟通各自的利益，申明能够满足对方需要的条件与优势。这一阶段要向对方多问问题，探寻对方实际需要，与此同时申明自己的利益需要。

**中级阶段**

这一阶段并未达成最大利益，所以要寻求最佳方案，即双方最大利益。

**攻坚阶段**

如果谈判双方彼此存在利益冲突，按照公平合理的客观原则协调利益；如果谈判者在决策程序中存在障碍，就需要无障碍的一方帮助另一方，以便于另一方顺利做出决策。

**特别提示**

根据商务谈判时面对的谈判对象不同，谈判人员要采用不同的谈判态度。如果谈判对象对企业很重要，但谈判内容或结果对公司不是很重要，就可以抱有稍微让步的心态来谈判，争取以后更有力的合作。那些谈判对象与谈判结果同样重要的，要保持一种友好合作的心态，争取达到双赢。

## 参考范例

# ×××建材公司商务谈判策划书

## 一、谈判目的

解决双方合资前的疑难问题，达到合资目的，并建立长期良好稳定的关系。

## 二、谈判团队人员

主要谈判人员：×××，制定策略，维护我方利益，主持谈判进程。

辅助谈判人员：×××，辅助主要谈判人员，做好各项准备，解决专业问题，做好决策论证。

记录员：×××，收集处理谈判信息，谈判时记录，审核修改谈判协议。

法律顾问：×××，解决相关法律争议及资料处理。

## 三、谈判双方公司背景

### （一）我方背景

1. 具有经营建材生意几十年的经验，资金雄厚。

2. 由于近几年来绿茶市场行情不错，准备用闲置资金投资绿茶市场。

3. 投资预算在150万元之内。

4. 投资回报率在20%以上，希望一年内回本。

5. 对绿茶市场的行情及有关绿茶的情况知之甚少，但对方提供了与此相关的各项资料。

### （二）对方背景

1. 该公司的绿茶产自美丽而神秘的××省，在那里的优越气候条件下生长出优质且纯正的绿茶，使其茶多酚含量超过35%，高于其他已知地茶类产品。茶多酚具有降脂、降压、减少心血管疾病和肿瘤疾病发生概率的功效。同时，它能提高人体免疫力，并对消化、免疫系统有益。

2. 该公司的绿茶品牌以及创意很好，品牌效应也正在逐步形成。

3. 该公司已经拥有一套完备的策划、宣传战略。

4. 销售渠道建设良好，在全省某一知名连锁药房及其他大型超市、茶叶连锁店都有铺货，销售状况很好。

5. 品牌知名度还有待提高，市场前景广阔。

6. 缺乏足够资金，需要吸引资金用于扩大生产规模，扩大宣传力度。

7. 现有的品牌、生产资料、宣传策划、营销渠道等一系列有形资产和无形资产，估算价值1 000万元人民币。

## 四、双方利益

### （一）我方核心利益

1. 争取到最大利润额。

2. 争取到最大份额股东利益。

3. 建立长期友好关系。

### （二）对方利益

争取到最大限额的投资。

## 五、双方优劣势分析

### （一）我方优势

1. 拥有闲置资金。

2. 可投资他处，选择性多。

### （二）我方劣势

1. 对绿茶市场的行情缺乏了解，没有专业知识作为支撑。

2、投资前景未明。

### （三）对方优势

1. 已注册生产某一品牌绿茶，品牌和创意都十分不错，品牌效应在省内正初步形成。

2. 已经拥有一套完备的策划、宣传战略。

3. 初步形成了一系列较为顺畅的销售渠道，在全省某一知名连锁药房及其他大型超市、茶叶连锁店都有设点，销售状况良好。

### （四）对方劣势

1. 品牌的知名度还不够；

2. 缺乏足够的资金，需要吸引资金。

## 六、谈判目标

### （一）战略目标

和平谈判，按我方的条件达成合资协议，取得我方希望的相应利润及股份。

合作方式：我方以资金形式投资，分季度注入资金，先期投资为 100 万元，具体情况由谈判决定，保险费用计入成本。

我方要求：

1. 对资产评估的 300 万元人民币进行合理的解释（包含：品牌、现有的茶叶及制成品、生产资料、宣传策划、营销渠道等）。

2. 要求年收益达到 20%以上，并且希望对方能够用具体情况保证其能够实现。

3. 要求对方对获得资金后的使用情况进行解释。

4. 要求占有 60%的股份。

5. 要求安排一定的监督人员对其整个环节进行参与监督，尤其是参与财务方面的管理。

6. 三年之内要求对方实现资金回笼，开始盈利。

（二）感情目标

通过此次合作，希望不仅能够达成合资目的，更能够建立长期友好关系。

## 七、谈判程序及具体策略

（一）开局

1. 感情交流式开局策略：谈及双方合作后情况，形成感情上的共鸣，把对方引入较融洽的谈判气氛中，创造互利共赢的模式。

2. 采取进攻式开局策略：营造低调谈判气氛，明确指出有多家投资供选择，提出持有高份额股份，以制造心理优势，使我方处于主动地位。

（二）中期阶段

1. 红白脸策略：两名谈判成员，一名充当红脸，另一名充当白脸辅助协议的谈成，把握住谈判的节奏和进程，从而占据主动。

2. 层层推进，步步为营的策略：有技巧地提出我方预期利益，先易后难，步步为营地争取利益。

3. 把握让步原则：明确我方核心利益所在，实行以退为进策略，退一步进两步，做到迂回补偿，充分利用手中筹码，适当时可以退让赔款金额来换取其他更大利益。

4. 突出优势：以资料作支撑，以理服人，强调与我方协议成功给对方带来的利益，同时软硬兼施，暗示对方若与我方协议失败，我方将立即与其他的投资商谈判。

5. 打破僵局：合理利用暂停，首先冷静分析僵局原因，再肯定对方形式，否定对方实质，以此来解除僵局；适时用声东击西策略打破僵局。

（三）休局阶段

如有必要，根据实际情况对原有方案进行调整。

（四）最后谈判阶段

1. 把握底线，适时运用折中调和策略，严格把握最后让步的幅度，在适宜的时机提出最终报价，使用最后通牒策略。

2. 埋下契机：在谈判中形成一体化谈判，以期建立长期合作关系。

3. 达成协议：明确最终谈判结果，出示会议记录和合同范本，请对方确认，并确定正式签订合同时间。

## 八、准备谈判资料

《中华人民共和国合同法》、《国际合同法》、《国际货物买卖合同公约》。

## 九、应急预案

1. 对方不同意我方占有60%的股份，而且不同意保险费计入成本。

应对方案："白脸"据理力争，适当运用制造僵局策略，"红脸"再以暗示的方式揭露对方的权限策略，并运用迂回补偿的技巧来突破僵局；或用声东击西策略就对方所报股份进行谈判；运用妥协策略适时放弃保险计入成本，并在适当时候甚至可以许诺提供厂房（以市场价的60%的价格），在48%的底线上谈判，或者要求对方给予20%以上的利润额。

2. 对方以我方不懂生产销售的理由拒绝我方人员参与各个流程。

应对方案：在要求参与对方财务管理的底线上要求上适当给予让步，并趁机要求增加2%~3%的股份占有率或者5%~10%的利润额。

3. 对方要求增加先期投资额。

应对方案：说明我方先期投资的理由，并将投资形式再阐述一遍，使得对方了解我方，我方可适当增加投资，但必须要求对方增加1%~2%的股份占有率。

# 第十五章

# 电子商务策划——触电网络时代，全新商机一触即发

现在是互联网时代，企业要想可持续发展，就必须跟得上时代，与互联网接轨。当企业触电互联网后，全新机遇扑面而来，只要企业勇于创新，改革营销模式，企业的发展和壮大不是问题。

## 一、网站策划：做一只“捕捉”客户的新时代 Spider

网站策划是对网站建设进行的系统性的规划，能够起到计划和指导的作用，对网站内容和网站维护进行定位。

有很多企业认为网站策划与网站设计差不多，只要懂设计就可以。其实这只是网页设计这一步，而网站策划包含的项目就很多了。

网站策划

网站策划存在很多误区，导致网站建设出现问题，网站流量极为稀少。

### 1．没有明确目的

很多企业只是看到别人做互联网赚钱，就跟风做互联网行业，但根本没有长远的规划，对网站策划也丝毫不知，这只是投机取巧罢了，就算成功也不会持续太久。

### 2．想法不切实际

企业拥有某些资源，认为自己具有优势，自己眼光独到，结果产生了一些异想天开的想法，但付诸实际后结果却不如自己所想。这很明显是没有进行前期的市场调查。

### 3．执行力太差

企业具有很好的网站构思，执行方案也非常完备，但结果还是没有完成，问题就在于执行力太差。

网站建设不只是需要页面精美大气，还需要在内容上下功夫。因为内容为王，网站再美观，内容杂乱，没有逻辑，浏览者怎么能相信企业呢？

## ● 写作指南

网站策划一般包含以下内容。

### 1. 市场分析

了解相关的行业市场，分析竞争者状况与自身状况。

### 2. 网站定位

明确网站建设的目的，然后确定网站的功能。

### 3. 网站技术

确定采用何种上网方案，是自己开发还是购买？网站安全措施方案、网页程序开发、服务器等问题都要得到解决。

### 4. 网站内容

企业网站的内容一般包括公司简介、产品介绍、服务内容、价格信息、联系方式、成交信息等。如果是电商类网站，还要提供注册、商品服务、信息搜索、订单、付款等功能。如果栏目众多，建议采用网站编程人员专门负责相关内容。

### 5. 网页设计

网页的美术设计要符合企业的整体形象，注意网页色彩、图片和版面的应用，而且网页要过一段时间做出相应改版。

### 6. 网站维护

相关的技术人员要定期对网站的服务器和硬软件进行维护，评估可能出现的问题。除此之外，数据库也要受到应有的重视。

**特别提示**

网站策划会在网站建设之后提供网络推广的服务，包括搜索引擎优化、广告投放、媒体资源购买和广告效果监测等。

● 参考范例

# ×××美食网站策划书

## 一、网站建设背景

全球经济正在进入信息化时代，数字经济，网络经济，信息经济正在逐渐成为经济发展的主流。网络凭借其卓越的互动性与便捷的交流手段正成为最有发展潜力与前途的新兴媒体，成为众商家备受关注的宣传热点。尤其是传统大型企业更应该充分利用互联网技术，为客户、合作伙伴在网上提供信息服务，并且借助互联网敏锐地捕捉商机。

当下旅游行业如日中天，利用网络宣传地方美食文化是如今最流行有效的方法。建设地方美食的网站不仅可以长期宣传地方美食文化，还可以提高地方知名度，同时还可以让游客更加了解地方的美食。所以，建设美食网站是地方美食文化发展的需要，也是旅游业和饮食业发展的需要。

## 二、网站建设的目的

1. 提高×××知名度，树立健康的企业形象

在快速的经济增长形式下，对于×××公司而言，公司的品牌知名度和形象至关重要。美食行业的品牌千千万万，竞争者数不胜数，要想从中脱颖而出，就要提升公司的品牌知名度和建立健康的公司形象，这些都是影响消费者是否购买该产品的重要因素。通过建立网站，企业的品牌和形象就可以通过互联网在全国乃至全世界范围内宣传。

2. 扩大公司经营规模，提高销售业绩

×××发挥现代网络技术优势，突破地理空间的局限性，让每一个想吃××美食的人都能及时吃到。这样公司的经营范围就扩大到了全国，而不只是一些城市。

## 三、市场分析

中国历来有“民以食为天”的传统，餐饮业作为我国第三产业中的一个支柱产业，一直在社会发展与人民生活中发挥着重要作用，特别是最近几年，我国餐饮业呈现出高速增长的发展势头，成为“热门”行业之一。与此同时，我国餐饮业发展的质量和内涵也发生了重大变化。

行业的经济领域和市场空间不断拓宽，经营档次和企业管理水平不断提高，经营业态日趋丰富，投资主题和消费需求多元化、产品化和国际化的发展步伐加快，餐饮现代化的进程不断推进。

餐饮行业进入网络营销必须注重行业的品牌建设和特色经营，提升餐饮业的文化品位和网络餐饮的文化特色。如果想融合电子商务，必须提高餐饮业的文化品位，摒弃传统餐饮业低层次的服务方式，走特色美食文化之路。

在自己的网站或自己的虚拟店面上，不能只是简单地介绍饭店的地址、订座电话或几张炒菜图片，一定要突出餐饮的深层次服务，如企业精神、特色菜肴、休闲、文化娱乐、在同行业中的特色优势、投诉处理、意见反馈甚至互动交流。

总之，餐饮业要触网，最重要的是要提升它的特色文化品位，重点定位在培养各阶层顾客对品牌的忠诚度上，处处体现出企业对客户的“爱心、欢乐、洁净、美味”的体贴；同时，也要兼顾网络文化的特点，让消费者能在网络上产生闻其香、诱其色、顺其意、进其餐的感觉。

## 四、网站定位

1. 让网站成为××市旅游美食的首要浏览网站门户。

2. 通过与各协会合作，定格网站的行业权威性。

3. 网站集成美食新闻发布管理、网站内容管理、美食路线定制系统管理、预定管理、广告发布管理、美食提示、友情链接、会员注册管理、订单管理、留言信息管理等诸多系统。

## 五、网站规划

### （一）网站特色

传统的美食网站大多是美食做法查阅平台，即供人浏览查阅美食信息，而我们强调的是客户服务和信息咨询平台，意指除了美食信息本身，浏览者或客户与美食网站之间互动的流程、渠道同样也是重要的建设内容，客户服务和信息咨询平台除了传统的美食做法查阅平台之外，还有与美食信息高度关联和便于搜索、智能化的美食知识库，综合性的智能美食搜索引擎，内容和信息浏览个性化，浏览方式人性化，与其他客户接触渠道的整合这些高级特性。

作为销售平台，具有线上收集客户资料及线上调查、一对一的广告和产品、促销时一对一网上营销的功用。

适应显示需求，挖掘潜在雪球，刺激新型需求，我们有理由相信，我们的网站将在不断的创新中发展，给广大消费者提供更好的产品和服务，从而使我们摆脱因准备美食带来的烦恼，共同进入便捷高效的生活。

用户可以在网站发布自制的美食路线，由我们向食客提供信息并反馈。这样双向的信息交流互动可以开拓更大的市场。

**（二）网站内容**

网站内容包括美食电子商务简介、服务内容、联系方式、会员注册、订单确认、信息保密措施、美食帮助等。

**（三）服务内容**

美食信息建设：按照美食信息的结构来编辑、整理和表现信息，每个美食要素介绍都分为四个级别。

1. 概况级

对××市美食情况的总结性介绍和评价。

2. 精选级

按高、中、低、经济型的四个档次分别推荐餐饮，介绍各自的特色。

3. 详细级

有关该餐饮店的数据信息，用户可按条件检索查询。

4. 补充级

提取帖子中食客对该美食的体验和评价。

**（四）顾客市场**

1. 富人盛宴

有一批高端的产品来满足富人的需求，这种需求是利润的一个来源。

××市的每一个点，每一个美食类型都有一批沉迷者，所以就需要培育一批真正的高端产品。

2. 白领乐园

白领人士是××市的潜在客源，这一批客源支付能力是比较强的。

3. 大众市场，普通游客和食客主要以好吃划算为主。

（五）盈利模式

网站信息量大，信息质量高，能获得较高的访问率，以此吸引网络广告。

提供网上的交易功能，从中获得收益。目前网上销售的产品和服务主要是饭店预定，打折优惠券等。

1. 从赞助商和伙伴关系等方面获取收入。

2. 开设名店名企单元，为加盟我们网站的美食机构提供服务，为他们发布美食产品，我们负责展示推广，让食客从网站上面订购相关的美食和服务，我们通过收取广告加盟费和抽取一定比例的交易费，或是根据食客的访问量进行收费。

3. 会员费。食客想要注册成为我们的会员，就必须缴纳一定的年费，而我们则为这些会员提供更多的服务和折扣。

## 六、网站结构

主页面分为“美食菜谱”“特色小吃”“饮食健康”“专题美味”“饮食导购”“食尚社区”“会员专区”等第一层栏目，每一个栏目下面都有次级菜单栏目，让浏览者更准确地找到需要的信息。

## 七、×××网的推广

1. 利用各个门户网站的人气来宣传。在门户网站相关版块定期发表相关的帖子，在帖子的底部签名档附带本站的链接。

2. 在相关户外旅游网站和白领经常光顾的网站发表文章，把美食和旅游及白领一族的健康联系起来，可以和点击量高的旅游网站建立友情链接，借助他们的人气来壮大自己，而这些网站对链接的网站质量有较高的要求，一般的网站是无法吸引他们的注意的。

3. 在××网论坛发表文章，召集网友建立论坛，成立广播电台。

4. 寻找一些全国连锁的实力商家进行合作，可以由它们提供最新的活动信息，通过网友了解各地加盟商的活动，在本站予以免费发布，这样可以实现双赢。

## 八、网站维护和测试

（一）网站测试

1. 建立网站内容发布审核机制，始终保持网站内容的合法性。

2. 保持网站服务器正常工作，对网站访问速度等进行日常跟踪管理。

3. 保持合理的网站内容更新频率。

4. 网站内容制作符合网站优化所必须具备的规范。

5. 重要信息如数据库、访问日志等需要备份。

6. 保持网站重要网页的持续可访问性，不受网站改版等原因的影响。

7. 对网站访问统计信息定期进行跟踪分析。

（二）网站维护

1. 最多 3 次点击可到达最详尽的内容和信息。

2. 最多 3 次点击可到达产品详细内容页面。

3. 定期对服务器的稳定性和安全性进行测试，对网站访问速度等进行日常跟踪管理。

4. 安装网站杀毒软件，对邮箱进行保护。

5. 对程序定期检查，并对数据库内容进行备份保存。

6. 测试网页浏览器和显示器的兼容性。

### 九、网站建设费用（略）

## 二、网络营销策划：网上大动静，只为了你埋单

网络营销也是一种营销活动，只不过媒介是网络。网络营销的目的是为了达到营销目标，创造企业利润。

网络营销的手段有很多。

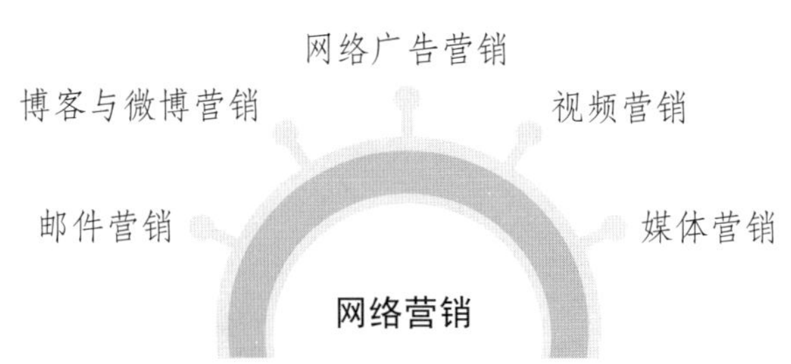


以上主要是网络推广，网络营销还包括电子商务这一重要元素。网络营销

并不是这两者简单的相加，而是传统营销理论在互联网上的应用和发展。由于消费群体的扩大，网络营销人才的需求越来越大。网络营销人才主要涉及网站运营、网店运营、搜索引擎优化、互动营销和网络推广等方面的人才。

网络营销为什么如此受青睐呢？这就不得不说一下它的优势所在了。

1 传播范围广，速度快，无时间地域限制，内容详尽。

2 减轻库存压力，降低运营成本。

3 互动传播信息，缩短企业与用户之间的距离。

4 多维营销，用户能够身临其境，对信息了解更详细。

5 缩短媒体投放进程，有可重复性和可检索性。

## ● 写作指南

网络营销策划书其实并没有固定的模式及格式，大致主要有以下几部分。

### 1. 策划的目的

为了防止企业在网络营销时缺乏统一的指导，需要确定营销目标，作为执行策划的动力。

### 2. 网络营销环境分析

将企业相关的产品、消费者和市场进行一番细致的分析，以便于厘清企业营销的方向，做到有的放矢。

### 3. 网络营销目标

该目标是在策划目的指导下确立的，是更具体的目标，也是在策划案执行期间要实现的经济效益。

### 4. 网络营销策略

主要包括产品策略、价格策略、促销策略等。

5．网络推广

阐述一下网络推广的各种策略，主要包括广告、搜索引擎、活动、软文等。

6．经费预算

合理地预算网络营销的推广，可以控制每一步的开支，节约成本。

特别提示

企业切忌盲目进行垃圾邮件营销和信息群发营销，即便在短期内可能会收获一些客户，但长远来看，企业受到的伤害比效果大得多。企业形象受到损害，而且时间一久，企业会失去对投资回报率的正确认识，很难再接受真正健康有益的网络营销服务和产品，以至错过发展机会。

## ● 参考范例

### ××茶叶网络营销策划书

#### 一、网络策划目的

中国是茶的故乡，是茶文化的发祥地。茶的发现和利用在中国有着悠久的历史，长盛不衰。××茶叶网络营销策划的目的是为了让××茶叶产品及品牌在日趋激烈的市场竞争中胜出。通过对自己茶叶产品的营销状况分析，结合自身的优点与缺点策划出符合自身的战略方法，在激烈的市场竞争中打出自己的一片天地，争取最大限度占领市场，更好地促进产品的销售。

#### 二、网络营销环境分析

（一）市场状况

茶市场竞争激烈、种类众多，但却有很多缺陷。一是茶叶生产的标准体系和卫生安全体系建设滞后；二是茶类丰富，产量大，品牌不大。例如，大众知道有普洱茶，却不知道有哪些品牌。整个普洱茶市场的品牌多却不强，即使网络上销售比较好××、×××等品牌的普洱茶，其知名度也仅是在网络上比较红而已。

茶叶行业目前多、乱、弱的特点导致整个行业出现无序竞争和低层次竞争，

消费者缺乏购买依据和方向。虽然有名的茶很多，但却没有一个响亮的品牌名字。因此，通过网络营销快速推广我们的茶叶品牌非常重要。

### （二）产品分析

普洱茶的品牌有很多，包括×××、××、××、××、×××、×××等。“×××”具有独特性，有与众不同之处，而其他品牌不是我们专有，消费者在其他店铺也能搜到类似产品。

### （三）消费者分析

普洱茶能够降血脂、血糖和血压，除此以外，还具有明目、化痰止咳、瘦身去脂和暖胃护胃的作用。其中不同的作用对应着不同的消费群体。

1. 白领

喝普洱茶能降低辐射、舒缓身心压力。

2. 男人

喝普洱茶能醒酒、明目安神。

3. 女人

喝普洱茶能美容瘦身、清火解毒。

4. 中老年人

喝普洱茶能降三高、抗衰老。

## 三. 网络营销策略

### （一）产品策略

我们产品众多，分为两类，一类是我们自己的产品，另一类是其他商家的产品。我们的产品有“×××”，具有独特性，在以后具有很大的发展潜力。每一种产品都有一定的生命周期，消费者长期用一种产品容易厌烦，研发新产品可以留住老顾客，同时吸引新顾客。

其他商家的产品有×××、×××、×××、××、××等。这些产品有助于消费者在搜索类似产品时候增加点击的概率，增加人气和销量，快速提升我们的信用等级。

根据普洱茶不同的功效及消费群体，我们销售各类普洱茶以满足不同消费者的需求。如×××茶的目标消费群体是白领；×××茶则是为了方便办公室白领。

产品组合销售：产品搭配销售，同时减去部分价格，既可以刺激消费，又能带动其他产品销售。

（二）价格策略

消费者的消费能力不一样，价格对消费者而言，有很重要的意义。

1. 折扣定价

部分出售已久且成本较低的商品，可以在后期或者节假日用折扣定价给予消费者优惠。

2. 尾数定价

价格在数字上不进位，保留零头，使消费者产生价格低廉的感觉。

3. 超低价格

选一款适合的茶叶，价格定得比较低，消费者在搜索产品的时候容易发现，进而进店增加人气，同时也促进了其他产品的销售。

（三）促销策略

1. 网络广告策略

根据不同的消费群体，可以在不同的网站上做广告，也可以在店铺的首页做广告，吸引消费者。

2. 销售促进策略

特价促销：对于消费者来说，特价促销可以吸引更多的消费者注意。可以在节日使用特价促销方式，通过低价来吸引顾客选购。

赠品策略：很多消费者喜欢小便宜，赠送小礼品容易使他们对店铺产生好感。当然也可以有“买一送一”或者“加一元赠送其他产品”等其他活动。

## 四、网站推广

（一）网络广告策略

1. 直通车

被淘宝直通车推广了的宝贝，只要想来淘宝买这种宝贝的人就能看到，大大提高了宝贝的曝光率，给店铺带来很高的流量和销量。

2. 邮件

每隔一段时间给经常光顾店铺的消费者发送邮件。

3. 店铺广告

策划期内前期推出产品形象广告；节假日、重大活动前推出促销广告。

### （二）搜索引擎营销

1. 关键词

消费者在购买过程中一般通过搜索引擎，输入产品的名称，再按分类寻找。设定好的关键词有助于消费者寻找想要的产品。

2. 站内的 SEO

站内链接：利用各个版块的内容相关性，以及网站地图，建大量的站内链接，提高页面的浏览量。

网站结构：使用 HTML 静态页面设计主页，减少框架和动态元素的使用。

### （三）活动营销策略

淘宝服务中有很多活动，尽量参加活动，增加店铺的曝光率。如试用中心活动、淘金币、聚划算团购等。参加活动要根据自己的条件而定。

### （四）软文推广

软文分别站到用户角度、行业角度、媒体角度来有计划地撰写和发布推广，促使每篇软文都能够被各种网站转载发布，以达到最好的效果。软文要写干货，标题要有吸引力，这样才能达到最好的宣传效果。

## 五、经费预算

1. 人员招募：1 000~1 500 元;
2. 市场调研：800~1 500 元;
3. 网站优化：500~1 200 元;
4. 网络宣传：8 000~15 000 元;
5. 杂费：1 500~2 000 元;

合计：11 800~19 200 元

# 第十六章

## 会议策划——这不是 Party，是企业的精神大会

企业开会并不是简简单单说几句话就结束了，开会有着极为明确的目的。为了保证开会的目的得到实现，必须进行会议策划，将会议的方方面面考虑周全，防止会议出现随意发言、不着边际的状况。

# 一、年终总结会策划：年终充电，满格迈入下一年

年终总结会是对一年中的某项工作的总体回顾、评估和总结，工作情况主要包括工作成绩、经验和问题。

只有汇总了工作经验，发现了工作问题，在下一年的工作中才会改正错误，将工作放入正轨。年终总结会是对过去一年内的工作所做的理性认识。

现实中，很多企业无法将年终总结会开下去，究其原因，无外乎工作内容同质性高，效率差，浪费时间，相互攀比业绩，形式主义等。而真正有价值的年终总结会应该有如下三个效果：

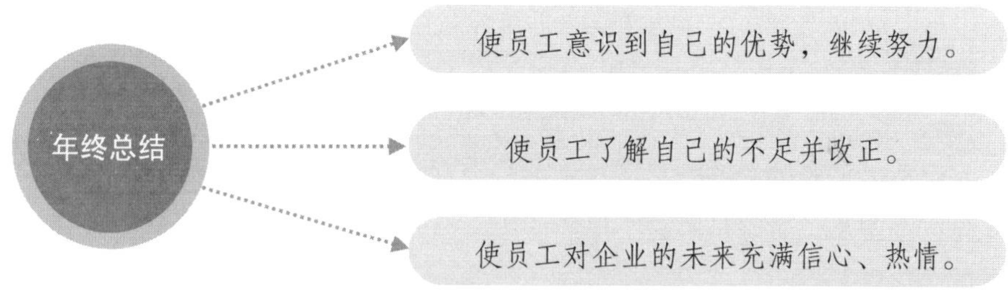


## ● 写作指南

年终总结会在进行策划时要坚持以下几个方向。

### 1．年终总结会要做排行榜

这个排行榜并不是把销售收入作为唯一的指标，而是结合市场状况、竞争对手状态、渠道状况、终端争夺、队伍建设和媒体维护等指标。

### 2．总结经验模式

企业要学习 MBA 教育的真谛，即案例教学。年终总结会上要汇总一年中用大量人力、物力、财力发生的业务行为中值得推广的经验模式。工作人员要在案例讲解中反思自己在市场上的问题，找到解决方法。

### 3．合理对员工进行培训

企业的营销人员经常会感到身体乏力，知识乏力，那么在年终时进行培训

显得十分重要。但培训人员要切实了解员工的需求，不能大、全、空，而是要将理论与实际案例相结合。

#### 4. 发现营销新高手

年终对企业进行一些调整是再正常不过的事情了，总部最大的收获估计是发现一些营销新人。对于一个营销团队而言，只有不断涌现人才，企业才能得以不断壮大。

#### 5. 员工发言，谈论公司出现的问题

企业要鼓励员工讲真话、讲实话，只有在年会上暴露出存在的问题，以后才能纠正。如果问题现在不提出来，业绩下滑很可能会出现。

#### 6. 不只要总结，还要对未来展望

企业和员工最关心的就是明年怎么样，政策会有哪些调整，企业在哪些资源上会有投入等。通过对未来一年的展望，企业可以充分调动员工的积极性。

特别提示

年终总结会切忌变成酒会、红包会，而是要成为学习会、教育会、交流会或者励志会。一年一度的聚会，让员工和企业充一次电，对未来一年的发展充足动力，这样的事情不可怠慢。

### ● 参考范例

## 公司年终总结会暨表彰大会

### 一、会议目的

为了加强公司员工凝聚力，丰富公司文化生活，表达公司对员工新春佳节的问候与关怀，展望公司新一年工作目标与计划，祝愿员工开开心心度过××××年新春佳节。

### 二、会议主题

××××房地产开发有限公司年终总结暨表彰大会

## 三、会议时间

××××年 1 月 25 日 14：00（暂定）

## 四、会议地点

项目部会议室

## 五、参会人员

公司全体员工（保安、保洁除外）

## 六、会议主要内容

### （一）优秀员工表彰大会（14:00~16:00）

活动当天由行政综管部负责布置会议现场，包括定制横幅、宣传栏、张贴对联、悬挂灯笼、采购花生、瓜子、水果等。

1. 全体参会人员到达会议室，并在指定位置就座。
2. 由公司总经理助理×××宣布会议内容并主持会议流程。
3. 由公司副总经理××宣布××××年度优秀员工获奖名单。
4. 优秀员工上台领奖，由公司总经理为优秀员工颁发荣誉证书及奖金。
5. 优秀员工与总经理合影留念（照相：××摄像：××）。
6. 优秀员工发表获奖感言。
7. 公司总经理做总结性发言。
8. 由副总经理××宣布春节放假具体安排，并口头通知晚间活动。
9. 大会结束，员工自由活动，等候晚宴聚餐。

### （二）晚宴聚餐（18:00~19:00）

1. 聚餐地点：在公司员工食堂或项目部大院（视具体情况而定）。
2. 加菜标准：建议当天晚餐餐费标准为 30 元/人，酒水另计。
3. 费用概算：以当日晚餐用餐人数为准，初步概算约 1 000 元。

### （三）娱乐活动（20:00~00:00）

1. 活动地点：×××KTV
2. 费用概算：初步概算约 1 500 元。

## 二、座谈会策划：自在谈，你说的对我很重要

座谈会是由主持人与受访者以聊天的方式讨论某项问题，主持人引导谈论。座谈会的人数一般在 6~10 人，通常在会议室内举行。

座谈会一般都会有一个主题，大家围绕同一个主题进行讨论。座谈会是交互性的，与一问一答式的面访不同。

主持人作为座谈会的核心，作用十分重要，这就要求主持人必须具备三个基本素质：互动亲和能力强；控制会议进程能力强；提问和倾听能力强。

### ● 写作指南

座谈会策划时要注意以下几个方面的问题。

1 **慎重选择与会人员**

与会人一定要有代表性，而且要看他们提供的信息是否可靠。

2 **准备要充分**

座谈会上的意见要大部分想到，提前考虑清楚如何回答，只有这样才可能收到良好的效果。

3 **讨论一定要深入**

主持人要充分调动与会人员的热情，增加讨论氛围，深入讨论问题，以便于发现问题，解决问题。

4 **善于引导**

为了更好地将座谈会带入正轨，主持人要善于引导，及时将与会人员可能出现的话题偏离矫正，以便于座谈会的顺利结束。

5 **及时总结**

座谈会结束后要及时总结，从而更具针对性地进行下一步的工作。

**特别提示**

座谈会的状态应该就像拉家常，气氛轻松，谈话热情。主持人在出现冷场时要适当制造一些轻松气氛，消除与会者的紧张情绪，调动大家的谈话热情。

● 参考范例

# 新员工座谈会策划书

## 一、座谈会背景

随着公司发展速度的加快，生产规模的不断扩大，员工数量的持续增加，为了使新员工能够尽快适应新的工作环境，更好地发挥工作的主动性与积极性，故举办此次新员工座谈会。

## 二、座谈会目的

1. 为构建员工与公司管理层的有效沟通，切实帮助广大员工解决工作和生活中的实际问题，营造良好的企业文化。

2. 减少流失率，增加员工的归属感与忠诚度。

3. 了解公司经营情况与未来发展战略与方向，充分调动员工的积极性、主动性和创造性。

## 三、地点

××会议室

## 四、时间

××××年 3 月 16 日 19:10~20:30

## 五、人员名单

### （一）生产一线新员工（1 个月以内进厂的）

1. 思想变动较典型，并且现在能认真踏实工作的新员工。

2. 沟通能力较好，性格活跃，敢于对公司提意见。

3. 平凡岗位任劳任怨，责任心强。

### （二）部分管理人员

××、×××、×××等。

## 六、座谈会议程（约 1.2 小时）

### （一）第一部分（10 分钟）

1. 行政人事部主持座谈会，说明本次座谈会的主题和目的，对于大家的发言表示衷心的欢迎，要求大家各抒己见，无须保留。

2. 介绍员工职业发展通道及公司用人理念、晋升空间、福利待遇等。

（二）第二部分（10 分钟）

上海公司经理×××介绍公司生产经营基本情况及公司未来发展规划。

（三）第三部分（30 分钟）

员工互动及提问，先由代表性员工进行前期的引导与带动（可事先选出一个新员工起带头作用），基本上要求每位员工都进行发言与提问，提问及建议范围不限（工作、生活、环境、伙食、宿舍、岗位、晋升）。

（四）第四部分（10 分钟）

由工作人员将准备好的便签发放到每个人手中，参会人员可以在上面书写自己参会心得或对公司的问题、建议等，稍后收集交给座谈会组织者。

（五）第五部分（15 分钟）

对便签提出的问题、建议所涉及的部门领导能当场解答的问题尽量当面解答。不能当场解决的由行政人事部工作人员记录下来，并及时给予答复。

（六）第六部分（5 分钟）

由本次座谈会的主持人进行本次会议的总结。

## 七、组织工作

1. 3 月 14 日前确定参与座谈会的人员名单。

2. 3 月 15 日前与车间衔接，并告之参与座谈会人员名单，最终确定到会人数。

3. 3 月 16 日上午 12:00 前，会议所需资料要准备到位。

4. 3 月 16 日晚上，会议拍照及会议记录、会后宣传。

## 八、注意事项

1. 引导员工发散思维，鼓励说出自己的想法及对大家、对团队有用的意见。

2. 注意话题的专一性，禁止将话题的中心思想扯偏，扯远。

3. 前期与会人员名单应充分参照方案第五条原则进行甄选，应具有广泛的代表性及参与性。

4. 前期应充分沟通与会人员班次，及时参加座谈会，确保参会率。

5. 提前确定新员工发言代表，通知其做好会议发言准备。

6. 在通知与会人员参会时告知其提前做好准备。

7. 座谈会全程应有行政人事部工作人员做好会议记录，完整记录员工所提问题和建议。整理好后交由行政人事部经理予以答复。

8. 应将行政人事部经理回复结果公布于宣传栏，便于广大员工监督和实施。

## 九、活动经费（略）

# 第十七章

# 培训策划——企业的底气从何来？员工先得有活力

企业要想有活力，有发展动力，人是至关重要的因素。不管是管理者还是基层员工，只有他们积极向上、专业知识扎实、服务态度良好，企业的发展才能走上正轨。所以，培训在企业变得越来越普遍，其重要性可见一斑。

## 一、管理干部培训策划：看，这样才有管理干部的样儿

企业的管理干部是通过协调他人的活动以达到企业目标的人，负责指挥和领导下属完成任务，在企业起着带头羊的作用。

管理干部培训的目的就是为了在一段时间内培养一批具备管理人员素质和专业知识、具备团队管理能力的管理人才，提高管理干部的整体素质，使其充分发挥潜力，这样企业才会得到更好的发展。

### ● 写作指南

管理干部培训的内容一般有：

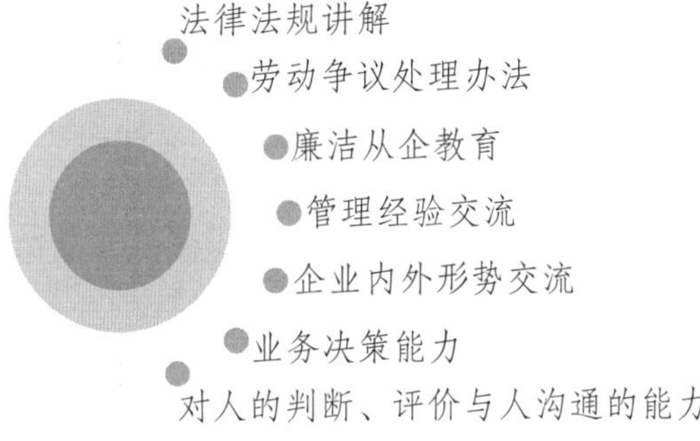

**特别提示**

企业的管理干部在平时也要不断地学习充电，认清企业的发展形势，随时作出调整。

### ● 参考范例

## ×××后备干部培训策划方案

为适应企业和市场的发展需要，逐步提高我公司后备干部的综合素质，打造一支企业管理岗位上的“正规军”，并在我公司形成一种规范的干部接班人培养及管理模式，我部建议对企业的后备干部进行为期两年的系统性培训，以达到“在培训中培养人才，在训练中筛选人才”的目的，具体方案如下：

## 一、项目名称

企业后备干部系统培训计划。

## 二、培训目的

用1~2年的时间，通过系统、正规的管理培训，培养一批真正掌握现代管理的基本技巧及思维模式，并具备良好的专业技能和实战技能的企业管理人才。

## 三、培训对象

各单位具有一定管理经验、管理潜质及发展空间的优秀后备管理人员。

## 四、培养方式

分五个环节进行，互相渗透。

### （一）理论课程

根据企业管理和市场拓展需要，设立相关的系统课程，包括基础的管理课程、个人素质提升课程、市场销售课程及团队合作项目。

### （二）实践操作

根据以上的课程设置，在每一课程后，以个人或小组的形式，实际攻克企业管理或市场拓展上的难关，从而提升个人的实战能力，主要采用“行动学习法”。

### （三）导师制

在培训期间，每组学员均安排一名职业生涯导师，每个培训项目推进时，每组均安排另一名行动学习项目导师，由导师进行相关辅导，共同完成实操项目的任务，并由导师考核学员的业绩及表现。

### （四）自学

每位学员每月必须根据各阶段的训练主题阅读一本书，并进行学习交流。

### （五）经验交流

加强企业内部骨干管理工作经验交流，同时外聘社会或企业的知名人士提供相应的讲座，以拓宽学员的视野。

## 五、培训内容

培训主要分两个阶段进行

### （一）基础阶段

本阶段以提高学员个人素质和管理能力为主，为期约一年，主要内容包括

以下几个方面：

1. 基础管理

通过一系列正规的课程学习，逐步培养学员的计划、领导、控制、协调、策略、问题解决、思维创新、主持会议及团队统帅的能力，其中包括：《高效经理人的6个加速器》、《高效会议》、问题解决等相关的基础管理课程，部分核心课程外聘老师，其余课程由企业内部培训师执行。

2. 个人综合素质

引入《个人成功激励》等素质课程及野外训练项目，以提升学员个人的感召力、意志、形象、沟通、自我管理等能力及培养成熟的心智。

3. 市场销售

引入相关营销课程，以逐步提高学员的个人销售及市场策划、拓展能力。

4. 实践活动

根据课程内容，每两个月订立一个行动学习项目，以小组或个人形式，以解决企业实际的管理难题或市场难关为切入口，安排实操性任务，在实际项目中执行“行动学习”。

### （二）进阶阶段

在第一阶段理论培训的基础上，本阶段将采用实战的形式，即由小组或个人通过完成项目，攻克课题，解决企业或市场的实际问题来提升学员的专业及实操能力。其中实际项目包括企业经营管理及实际操作、专业领域上的创新钻研、本岗位工作含市场拓展的三大课题。

在课题研究中，将实行“导师制”，由导师进行相关辅导、协助和严格的考核，在解决各类专业或管理的实际问题中提高学员的专业能力，特别是信贷管理能力、个人业务管理能力及市场拓展能力。

## 六、管理制度

在整个培训项目中，将实行严格的班组建制、准入制度、考核制度、奖励机制、上下车制度、“导师制”及学员档案制度。

1. 班组建制

设立后备干部培训计划领导小组，主要担任核心的管理作用，下设常务班委，负责日常管理工作，并向领导小组汇报，同时班组实行自治的管理模式。

2. 考核制度

根据各个阶段的培训任务，实行学分制，对学员的成绩、表现进行严格的考核，并记录在册，设立规范的学员档案管理，为我公司日后的人才使用提供客观可靠的依据。

3. 奖励制度

根据考核结果，对成绩及表现优秀者给予相应的奖励，或在实际岗位上进行晋升、调整。

4. 上下车制度

对于考核不及格者，或在培训期间未能严格执行管理及学习制度者，经领导小组研究批准后，采用“下车”制度，取消学习资格；一年学习结束后，在全班挑选60%各方面表现均较优秀的学员进入下一阶段的进阶班。

5. 导师制

根据培训任务及个人目标，在我公司内部管理层中安排导师对学员进行实操环节上的辅导，以完成相应的实际项目和提高实战能力。

## 七、执行办法

1. 8月18~8月20日进行人员面试筛选。

2. 10月28日下午进行开幕式。

3. 10月29~10月30日进行第一个课程：《高效经理人的6个加速器》。

4. ××××年10月下旬到××××年10月上旬完成相关的课程及实际项目操作。

5. ××××年10月至××××年10月为进阶班的专业训练。

## 八、说明事项

1. 由于上课或活动时间为每月的中下旬2~3天，一般安排在星期五到星期日，学员或学员的直接上司必须按照培训的具体时间合理安排好岗位工作。

2. 由于参加培训的人员多数为业务骨干或管理人员，在培训期间，各单位须做好其岗位的后备人选培养工作，以保证正常的工作推进。

3. 由于培训模式及要求，在培训期间需加大学员的在岗责任，各单位须按培训计划进行有效的协调，以保证培训工作的顺利进展。

## 二、企业内训策划：一堂量身定制的培训课

企业内训是为了提高企业内人员的素质、能力、工作绩效或者对企业的贡献而开展的有计划、系统性的培养训练活动。企业内训通常是企业内部有经验的人员或者通过招聘培训师来进行的。

企业内训的对象包含的范围很广，几乎包含企业的各个部门，比如生产车间部、产品研发部、技术研发部、销售部、人事部、财务部等。

企业内训要进行充分的课前调研，而且要针对目标企业进行，针对性较强，而且课程案例来自学员身边，简单易懂。

### ● 写作指南

企业员工的培养方法有很多，比如员工进修，继续教育等，而企业内训与之相比有着独特的优势。

#### 1．量身定制

企业内训有很明确的目的性，方向也很清晰，内训的整体流程，包括需求调研、内训机构、内训师选择、课程开发以及内训对象确定等都体现了企业内训极强的针对性。

#### 2．人均成本低

企业内训的主要成本为时间成本及支付给培训师的补贴，所以培训费用会大大降低，而且培训人数很多，能够体现其规模经济性，虽然总体费用较高，但人均成本较低。

#### 3．安排灵活，质量易控

企业内训是由企业自主决定的，培训地点一般在企业办公所在地。企业可以安排在淡季进行企业内训，既能保证培训人数，又不会影响正常工作。而且企业内训的各个环节可以由企业选择和决定，能够极好地控制培训质量。

那么，要想顺利地进行企业内训，取得良好的培训效果，企业该怎么办呢？其实，只要企业解决了以下问题，企业内训的质量一定会得到保证。

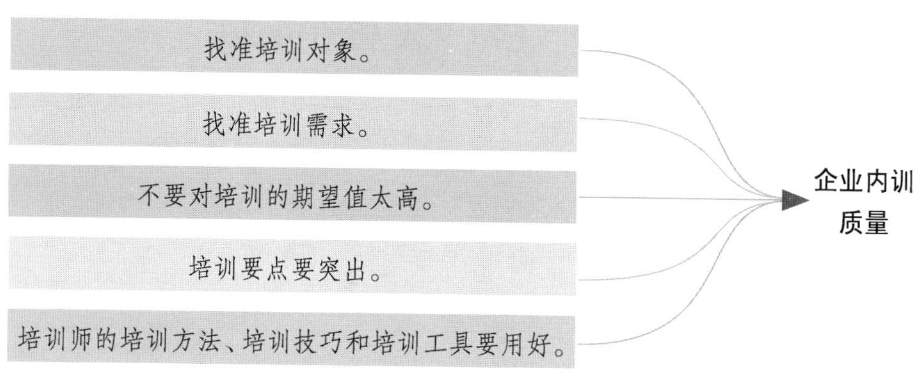

特别提示

为了提高培训质量，每次培训结束后都要书面评估培训效果，评估的对象主要是培训师的授课情况和学员的知识接受情况，然后对其进行分析，以改进之后的培训工作。

● 参考范例

# ×××化纤企业内训策划书

## 一、培训需求分析

进行培训需求分析是培训项目设计的第一步，对许多管理层来说，培训工作“既重要又茫然”，根本的问题在于企业对自身的培训需求不明确但又知道培训是非常重要的。因此我们必须对培训制定需求，将本企业发展目标和员工的生涯设计相结合来仔细设计和主动加强对员工的培训。需要注意的一点是：培训是为满足管理者的需要和工作任务的需要，不是单纯为满足员工需要。

下面主要从三个方面来分析培训的需求：

### （一）企业分析

众所周知，公司自创办以来发展迅速，尤其是今年 8 月后，公司的规模更是上了一个大的台阶，年产值超过 20 亿元，已经成为国内的大型化纤供应商。由此可见，从规模产值上看我们公司已经是一个大公司、大集团了，然而由于公司的发展速度太快，以致产生了一种发展的不平衡，也就是公司相关制度、

人员素质和公司的规模产值发展不平衡。尤其是我们公司的基层管理人员的素质，更是与我们的要求相距太远，因此，从公司的角度分析，对这些基层的管理人员的培训是一个迫切的要求。

### （二）任务分析

如今我们公司的基层管理人员所需承担的任务相当重要，不仅包括生产的有效管理、人员合理调配、员工的绩效考核等，还包括传达公司上层政策，宣扬公司企业文化等任务。然而，这些任务的有效完成，仅靠我们公司现有的基层管理人员的素质和水平是远远不能达到的。因此，要想顺利完成公司的各项任务，基层管理人员素质的提高就成为一个关键的因素。

### （三）人员分析

通过对我们公司现有基层管理人员情况的了解和调查，可知我们公司的基层管理人员具有以下特点：

1. 整体的文化素质偏低，大多数基层管理人员只具有中专或高中文化，个别只具有初中文化。

2. 具有较为丰富的现场操作和管理经验。我们的基层管理人员都是从基层的员工中提拔上来的，因此他们对于现场情况较为熟悉。

3. 缺乏再学习的动力和激情，由于长期工作的一成不变及工作生活的单调乏味，导致我们的基层管理人员失去了进一步提升的兴趣，或是单单有想法而没有付之行动的毅力和恒心。

4. 管理方法简单粗暴，由于本身的素质有限及长期处于一个管理较为混乱的环境当中（因为他们的前任们几乎都是如此），于是，在潜移默化之中就产生了恶性循环。

由此可知，我们公司的基层管理人员很有必要进行培训，以提高他们各方面的素质，激发他们再学习的动力，把我们公司整体的管理水平提升上来，这是我们公司发展的大势所趋和迫切要求。

## 二、管理人员的培训目标

### （一）能力提高的目标

1. 能掌握基本事实（认知能力）。

2. 具备有关的专业知识。

3. 对事物能持续保持有敏感的情感。

4. 具备解决问题和做出决策的技巧。

5. 具备社交能力。

6. 具备控制情绪的能力。

7. 有预警能力。

8. 有创意。

9. 思考敏锐。

10. 良好的学习习惯和技巧。

11. 有自我认知能力。

通过培训主要培养以上这些能力，需要注意的是，不同的人员和不同的岗位的侧重点不同。

（二）实际的量化目标

1. 由于培训而导致的工作数量上的提高（如产量的完成量，或每天平均审议的工作申请数量）。

2. 培训后工作质量的提高（如工作的货币成本、废料损失或错误数量）。

3. 培训后工作及时性的改善（如达到时间安排要求的情况）。

4. 作为培训结果的成本节约（如偏离预算情况、销售费用或成本费用）。

## 三、培训效果加强的措施

有效培训是多方积极参加的结果，培训要想充分有效地发挥更大的作用，最好能够对受训部门和受训员工进行以下三方面的培训前准备:

1. 在参加培训前，受训者应该知道自己希望从培训计划中获得什么，写出一个简单的期望并列出参加培训会对工作带来的好处。受训者可以根据这些期望目标有的放矢地参加培训。

2. 让所有受训员工知道参加培训并不仅是坐在教室里听讲，而应该带着一些问题，设定一些目标，利用课堂内外的各种机会积极地与讲师和其他学员主动交流。

3. 参加培训后，应该要求受训人写一份员工培训报告，呈交主管审阅，并交人力资源部存档，并能与相关同事分享，探讨如何将学到的东西应用到实际工作中。这样一来，才能在较大程度上保证培训的质量，从而让培训工作为企

业创造更多价值，也能够让培训评估能够有效地开展。

## 四、人力资源部的职责

人力资源部在培训过程中的职责：

1. 安排好培训的各项准备工作，安排好培训的课程、时间、场所、参加人员及培训方法的选择等，这些都是影响我们培训效果的重要因素，课程和参加人员的选择关系到我们培训效果的针对性作用的大小。

2. 与培训方做好各方面的协调工作，在培训过程中，做好培训方和受训方的桥梁，提高培训的针对性和有效性，提高培训的效果。

3. 对培训活动的全程进行控制及调配，对于培训过程中出现的问题和情况进行适时的反馈，并及时做出有效的调整。

4. 对培训进行各项评估，包括培训效果的评估，培训方水平的评估等，这能对培训成果进行巩固，让员工真正地从培训中学到于工作有用的东西。

## 五、评估活动的开展

人力资源部要全面筹划评估活动，在进行培训评估应考虑下面几个问题：

### （一）评估的目的是什么？

为了确保培训效果产出，公司投入了相当的资金，花了大量的人力和物力，必定要有所值，因此评估是为了改进培训质量、提升培训效果和降低培训成本。针对评估结果，重要的是要采取相应的纠偏措施并不断跟踪。

### （二）重点对培训的哪些方面进行评估？

主要是对三个方面进行评估：培训课程的针对性和实用性如何，受训人吸收的程度如何及受训内容在实际的工作中运用的程度及其效果。

### （三）谁将主持和参与评估？

由人力资源部牵头主持，而评估方尽可能是综合各方的意见，主要还是受训方的意见。

### （四）如何获得、收集、分析评估的数据和意见？

1. 以汇报的方式收集培训评估信息

职工完成培训回到部门工作，应及时向部门主管汇报培训效果。通过部门主管与该职工之间的双向交流，了解培训目标的完成情况，检查职工掌握的新知识、新技能，判别职工工作态度的变化。

2. 采用调查问卷收集培训评估信息

培训结束后，公司人力资源部给受训人发放评估表，要求受训人填写，人力资源部将这些表回收、归纳、整理分析，了解受训人对培训工作的意见，评估受训人在培训中取得的进步，以改进今后的培训工作。

3. 通过评估记录收集培训评估信息

今后每次进行培训活动都需做好培训的评估记录档案，评估记录是记载培训工作评估结果的档案资料。它有助于我们掌握过去历次培训工作的情况、经验和教训，为今后的培训工作提供借鉴。评估记录应力求做到健全、准确、详细。

4. 以什么方式呈报评估结果

人力资源部对培训评估调查表和培训结果调查表进行统计和分析。将收集到的问卷、访谈资料等进行统计分析整理合并，再结合学员的考核成绩，对此次培训项目给出公正合理的评估报告。

5. 评估培训的有效性和效益性

培训的有效性是指培训工作对培训目标的实现程度。培训的效益性则是判断培训工作给公司带来的全部效益，而不仅仅是判断培训目标的实现程度。

## 六、受训人员的考核

为了确保受训人员能够对培训产生足够的重视，以及提高他们学习的积极性和主动性，而且可以在考核中发现优秀的人才作为今后重点培养的对象，为公司做好人才储备。因此，对于此次培训务必要对受训人员进行考核。

### （一）考核内容

主要是考核受训人员是否在受训过程中认真对待，培训内容的吸收程度如何，以及在工作实践当中理论结合实际的效果如何等。

### （二）考核方式

1. 每次培训完填写员工培训报告表。
2. 每次培训课程的课后作业完成情况。
3. 培训课程结束后的结业考试。
4. 受训过程中及受训后在实际生产中实际的应用情况和效果的体现。

## 三、公开课培训策划：行业技能 Get 全，大家齐分享

企业的公开课培训是为企业单位的员工提供工作技能提升的培训服务，参加培训的人群涵盖社会各个阶层，有刚刚参加工作的初级销售人员，也有具备资深从业经历的高级经理。

公开课培训首先要明确培训需求，找准培训目标，然后依此制定培训课程。公开课培训不仅要提升员工的技能、知识，还要转变其观念，从而激发更大的潜力，推动企业和个人不断进步，实现组织和个人的双重发展。

### ● 写作指南

企业公开课培训与企业内训是有所不同的，主要体现在以下几点。

| 对比项目 | 企业公开课 | 企业内训 |
| --- | --- | --- |
| 受众不同 | 受众是不同企业的人，他们聚集在一起，由企业之外的机构进行培训。培训地点、时间和方式由培训机构决定 | 主要是企业内部员工参加 |
| 形式不同 | 形式包括大型研讨会、高峰论坛、体验式培训等 | 主要是视频教学、沙盘模拟等 |
| 效果不同 | 内容基本上是固定的 | 由于企业内训针对性非常强，故培训效果更好，培训内容是由企业主导 |

**特别提示**

企业公开课培训的效果容易受学员的心情影响，所以一定要选择一个环境优美，远离干扰的地方进行培训，这样学员可以放松心情，促进学习。而且培训时一定要纪律严格，否则很可能会扰乱讲课秩序，影响培训效果。

● 参考范例

# ××房地产公司公开课培训方案

## 一、培训背景

房地产公司销售人员的个人形象代表着公司的企业文化，映射着企业的形象，某些程度上也代表着地产项目的形象。优秀的销售人员必须在工作中增强自己的服务意识，提高自己的服务水平。销售人员应该有着整洁的仪表，亲和的仪容，做事积极主动，微笑满面，态度诚恳，礼仪要进退有序。

房地产公司应本着以顾客满意为导向原则，以客户服务为中心，“内强个人素质，外塑品牌形象”，这正是对服务和礼仪作用的中肯评价。

## 二、培训目标

本次公开课培训主要是针对房地产行业营销团队和项目营销模式，对一线营销代表在客户方面的仪容仪表、专业用语、行为举止和其他礼仪进行详细的讲解，指导性、实操性和示范性都十分到位。

## 三、培训课程

### （一）仪容仪表

通过自己的外在展现自己，让客户尊重你，对你产生信任。所以销售人员要达到以下要求：

1. 身体整洁：每天洗澡，保持身体清洁无异味。
2. 精神饱满：注意饮食卫生，注重劳逸结合，让自己精神焕发。
3. 女性淡妆：女性销售代表需要化淡妆。
4. 口气清新：每天刷两次牙，保持牙齿洁白，口气清新。
5. 制服整齐：制服要经常换洗，穿着要整齐。

### （二）电话礼仪

电话礼仪是工作中经常用到的，因为销售要时刻通过电话与客户联系。打电话已成为一门学问，打电话时说话的语调、语气和说话方式都能体现出你的业务能力和个人素质。

### （三）售楼员对客户服务

售楼员需传递公司的信息，掌握客户对楼盘的兴趣，还要帮助客户选择需要的楼盘；售楼员需回答客户的提问，以打消客户购买楼盘的疑虑。

### （四）专业知识

房地产销售人员必须要有良好的专业知识，比如熟悉商品房销售的流程，熟悉房屋销售合同条款。房屋销售合同主要包括房屋买卖合同、商品房预售合同和商品房销售合同。这三种合同之间有着本质的不同。

商品房销售合同指的是房地产开发商将依法开发并建成的商品房通过买卖行为转移给他人的合同；房屋买卖合同指的是房主将依法拥有产权的房屋通过买卖行为转让给他人的合同；商品房预售合同则指的是房地产开发商在取得预售许可证之后将正在建设之中的房屋预先售给买方的合同。

### （五）接待客户的流程

1. 客户走进现场时即起身迎接，问好，并作简单自我介绍。

2. 在沙盘处向客户简要介绍商品房的基本情况，询问客户基本情况。

3. 让客户休息片刻，递上一份详细资料，在客户阅读资料的同时向其推荐，征求客户意见。

4. 主动邀请客户一起去推荐的房屋观看，待客户满意时向客户说明房价和付款方式，并在客户离开之前记下联系方式，以便于后续的沟通。

## 四、培训要求

1. 参加培训者需要穿正装。

2. 准备好培训资料，包括教学白板、白板笔、音响、电脑多媒体投影仪、幕布、笔记本电脑、数码相机、录像机等。

3. 布置好会议室，要求布置典雅，最好有鲜花和条幅，互动场地要宽敞。

## 五、培训费用（略）